Studienbücher der Wirtschaft

Lehr- und Studienbücher für das praxisorientierte Studium der Wirtschaftswissenschaften

Materialwirtschaft
Grundlagen, Methoden, Techniken, Politik

 **Studienbücher der Wirtschaft**

Lehr- und Studienbücher für das praxisorientierte Studium der Wirtschaftswissenschaften

Herausgegeben von Prof. Dr. Walter Dürr und Prof. Rudolf Michel, beide FH Dortmund

Bereits erschienen:

Betriebswirtschaftslehre
- Allgemeine Betriebswirtschaftslehre. Band 1: Der Aufbau des Betriebes. Von Adolf E. Luger
- Allgemeine Betriebswirtschaftslehre Band 2: Funktionsbereiche des betrieblichen Ablaufs. Von Adolf E. Luger, Hans-Georg Geisbüsch und Jürgen M. Neumann.

Recht
- Wettbewerbsrecht. Von Wolfgang Schünemann, unter Mitarbeit von Hans-Peter Spliethoff.
- Handels- und Gesellschaftsrecht. Von Joachim Quittnant, Hans Peter Schauwecker und S. Streckel.

Rechnungswesen I
- Grundlagen der Kostenrechnung: Kostenrechnung I. von Rudolf Michel, Hans-Dieter Torspecken und Uwe Großmann.
- Neuere Formen der Kostenrechnung: Kostenrechnung II. Von Rudolf Michel und Hans-Dieter Torspecken.
- Handels- und steuerrechtlicher Jahresabschluß. Von Hans Hantke.

Statistik
- Wahrscheinlichkeitsrechnung und Schließende Statistik. Von Walter Dürr und Horst Mayer.
- Beschreibende Statistik. Von Horst Mayer.

Mathematik
- Differential- und Integralrechnung. Von Guntram Garus und Peter Westerheide.
- Lineare Algebra. Von Harald Köhler.
- Finanzmathematik. Von Harald Köhler.

Organisation / Personal
- Organisation in der Unternehmung. Von Walter Weidner, unter Mitarbeit von Gerhard Freitag, Erich Gernet und Klaus Ulbrich.
- Arbeitswissenschaft. Von Herbert Hardenacke, Willi Peetz und Günter Wichardt.

- Personalführung im Betrieb. Von Manfred Richter.
- Personalmanagement. Von Karl-Klaus Pullig.

Finanzierung und Investition
- Investitionsanalyse. Von Günter Weinrich und Ulrich Hoffmann.
- Finanzierung. Von Hilmar J. Vollmuth.

Unternehmensführung
- Praxis der Managementtechniker. Von Henner Hentze, Klaus-Dieter Müller und Helmut Schlicksupp.
- Management. Von Rüdiger H. Jung und Meinolf Kleine

Unternehmensplanung und -steuerung
- Operation Research. Von Walter Dürr und Klaus Kleibohm.
- Handbuch Controlling. Von Rainer Bramsemann

Absatzwirtschaft / Außenwirtschaft
- Marketing. Von Adolf E. Luger und Dieter Pflaum.
- Marktforschung. Von Hans-Jürgen Rogge.
- Das internationale Geschäft. Von Klaus Rother.

Fertigungswirtschaft
- Materialwirtschaft. Von Rallis M. Kopsidis.

Rechnungswesen II
- Bilanzanalyse und Bilanzpolitik. Von Albin Kerth und Jakob Wolf.

Informationswesen / Datenverarbeitung / Informatik
- Betriebsinformatik. Von Udo Bleimann, Dieter Dippel, Günter Turetschek und Klaus Wente.
- Datenverarbeitung für Betriebswirte. Von Uwe Großmann.
- Dialogprogrammierung. Von Gerhard Platz.
- Methoden der Software-Entwicklung. Von Gerhard Platz.
- Das Informationswesen in der Unternehmung. Von Erich Gernet.

 Carl Hanser Verlag München Wien

Rallis M. Kopsidis

Materialwirtschaft

Grundlagen, Methoden, Techniken, Politik

3., überarbeitete Auflage
Mit 71 Abbildungen

Carl Hanser Verlag München Wien

Prof. Dr. Rallis M. Kopsidis
Fachhochschule Münster

Die Deutsche Bibliothek — CIP-Einheitsaufnahme

Kopsidis, Rallis M.:
Materialwirtschaft : Grundlagen, Methoden, Techniken, Politik
/ Rallis M. Kopsidis. — 3., überarb. Aufl. — München ; Wien :
Hanser, 1997
  (Studienbücher der Wirtschaft)
  ISBN 3-446-19163-1

Dieses Werk ist urheberrechtlich geschützt.
Alle Rechte, auch die der Übersetzung, des Nachdrucks und der Vervielfältigung
des Buches oder Teilen daraus, vorbehalten. Kein Teil des Werkes darf ohne
schriftliche Genehmigung des Verlages in irgendeiner Form (Fotokopie, Mikrofilm
oder einem anderen Verfahren), auch nicht für Zwecke der Unterrichts-
gestaltung — mit Ausnahme der in den §§ 53, 54 URG ausdrücklich genannten
Sonderfälle —, reproduziert oder unter Verwendung elektronischer Systeme
verarbeitet, vervielfältigt oder verbreitet werden.

© 1997/2002 Carl Hanser Verlag München Wien
Internet: http://www.hanser.de
Fotosatz: Rudolf Schaber, Wels, Österreich
Druck und Bindung: Druckhaus „Thomas Müntzer" GmbH, Bad Langensalza
Umschlaggestaltung: Kaselow Design
Printed in Germany

Das Konzept der Reihe

Die **Studienbücher der Wirtschaft** sind besonders geeignet, Lehrveranstaltungen an Universitäten, Fach- und Gesamthochschulen und Instituten der beruflichen Weiter- und Fortbildung zu begleiten. Gleichermaßen sind sie für Studenten und Praktiker zum Selbststudium geeignet, denn das Reihenkonzept trägt dem Lerncharakter folgendermaßen Rechnung:

- Systematische Aufbereitung praxisrelevanter Fragen
- Theoretische Grundlagen ohne übertriebenen Lehrmeinungsstreit
- Herausstellungen der wesentlichen und typischen Sachverhalte
- Lernzielangaben bzw. Arbeitshinweise für jedes Kapitel
- Veranschaulichung durch zahlreiche Beispiele und Abbildungen
- Vertiefung durch Kontrollfragen und/oder Übungsaufgaben und Lösungen
- Umfangreiches Glossar mit Erläuterung wichtiger Begriffe und Inhalte.

Auf wissenschaftlicher Grundlage berücksichtigen diese Studienbücher vor allem Möglichkeiten der berufsfeldbezogenen Anwendung, um so die Verbindung von Studium und Praxis herzustellen.

Die Autoren der Studienbücher sind Professoren an Universitäten, Fach- und Gesamthochschulen sowie Lehrbeauftragte aus der Wirtschaft. Sie verfügen über langjährige Erfahrungen in der Praxis und in der Lehre an Hochschulen, Akademien und vergleichbaren Institutionen. Ihre Erfahrung bringen sie sowohl in der Auswahl als auch in der methodischen Darbietung der Lehrinhalte zum Ausdruck.

In dieser Verbindung von Praxis und Lehre, die dem Erfordernis der praktischen Anwendung entspricht, liegt der besondere Wert der Reihe.

Die Herausgeber

Vorwort des Verfassers

Der Wunsch meiner Studenten nach einer Zusammenfassung des Stoffes über „Materialwirtschaft" veranlaßte mich, das vorliegende Buch zu verfassen.

Entsprechend den Anforderungen der Reihe „Studienbücher der Wirtschaft" sollte ein praxisorientiertes Lehr- und Studienbuch entstehen. Diesen Anforderungen versuchte ich durch die Auswahl des behandelten Stoffes und durch die Art der Darstellung nachzukommen.

Um die Verpflichtungen nach einem praxisorientierten Studienbuch zu erfüllen, wählte ich für die Abhandlung eine Mischung aus Fragen des „Materialmanagements" mit ihren spezifischen Optimierungsproblemen und der Beschreibung von Arbeitsprozessen und -techniken. Der Studienbuchcharakter soll durch die kapitelweise Formulierung von Lernzielen, die Anwendung von Beispielen und grafischen Darstellungen, den Abschluß eines jeden Kapitels mit Kontrollfragen und durch die Beifügung eines Glossars am Ende des Buches besonders betont werden. Damit hoffe ich, sowohl den Studien- und Berufsinteressen der Studierenden weitgehend entgegenzukommen, als auch den Anforderungen der Praxis an „Materialwirte" gerecht zu werden.

Diese Hoffnung, das gesteckte Ziel zu erreichen, wäre ohne die Unterstützung, die ich von vielen Seiten erfahren habe, um einiges geringer. Mein Dank für die geleistete Hilfe gilt zunächst den Herausgebern Prof. Dr. Walter Dürr und Prof. Rudolf Michel von der Fachhochschule Dortmund. Sie leisteten mir durch Kritik und Rat einen wertvollen Beistand und zeigten Verständnis für großzügige Termine. Zu besonderem Dank fühle ich mich verpflichtet gegenüber den Kollegen Prof. Adolf E. Luger, Fachhochschule Pforzheim, Prof. Dr. Helmut Kobelt, Fachhochschule Münster, und Prof. Dr. Axel Stein, Fachhochschule Münster. Kollege Luger lektorierte das Manuskript und korrigierte den Umbruch. Die Kollegen Kobelt und Stein lasen und korrigierten Teilgebiete des Manuskriptes. Dank schulde ich auch Frau Anke Waltenrath. Sie hat mit sehr viel Geduld die Schreibarbeiten erledigt.

Münster, im März 1989   Rallis M. Kopsidis

Vorwort des Verfassers zur dritten Auflage

Seit dem Erscheinen der ersten Auflage dieses Buches vor acht Jahren fand im Bereich der Materialwirtschaft eine rapide Entwicklung des EDV-Einsatzes und eine gewisse Verschiebung der Gewichte der einzelnen Teilbereiche statt. Sie haben jedoch die Hauptprobleme der Materialwirtschaft, nämlich das Problem der Bedarfsermittlung, des Einkaufs, des Transports und der Lagerung nicht substanziell verändert. Aus diesem Grund kann das Grundschema des Buches und sein Charakter als praxisorientiertes Studienbuch beibehalten werden.

Einige Änderungen, Ergänzungen, Aktualisierungen und Präzisierungen an vielen Stellen und die neue Konzipierung des Absatzes der Erfolgsmessung in der Materialwirtschaft erschienen mir als sinnvoll und sind durchgeführt worden.

Münster, im Juni 1997   Rallis M. Kopsidis

Inhaltsverzeichnis

	Abbildungsverzeichnis	14
	Abkürzungs- und Symbolverzeichnis	16
0	**Einleitung**	19
1	**Das Wesen der Materialwirtschaft**	20
1.0	*Lernziele*	20
1.1	*Der Bedarf und die Versorgungsfunktion eines Betriebes*	20
1.2	*Definition der Beschaffung durch ihre Objekte*	24
1.2.1	Die allgemeine Beschaffung	24
1.2.2	Die eingeengte Beschaffung	25
1.2.3	Die Beschaffung in der Betriebspraxis	25
1.3	*Definition der Beschaffung durch ihre Verrichtungen*	26
1.3.1	Der erweiterte Beschaffungsprozeß	27
1.3.2	Der eingeengte Beschaffungsprozeß	28
1.3.3	Beschaffung gleich Einkauf	28
1.4	*Die Materialwirtschaft als betriebliche Teilaufgabe*	29
1.4.1	Definition der Materialwirtschaft durch ihre Objekte	30
1.4.2	Definition der Materialwirtschaft durch ihre Verrichtungen	32
	Kontrollfragen	33
2	**Die Bedarfsermittlung**	34
2.0	*Lernziele*	34
2.1	*Wesen der Bedarfsermittlung*	34
2.2	*Planung des Materialsortiments (Materialrationalisierung)*	35
2.2.1	Die Wertanalyse	36
2.2.2	Die Materialstandardisierung	39
2.2.2.1	Die Materialnormung	39
2.2.2.2	Die Produkttypung	40
2.2.3	Die Materialnummerung	41
2.2.4	Die ABC/XYZ-Analyse	43
2.3	*Die laufende Materialbedarfsplanung*	45
2.3.1	Auftragsorientierte (deterministische) Materialbedarfsplanung	46
2.3.1.1	Materialbedarfsplanung durch Stücklistenauflösung (analytische Bedarfsermittlung)	49
2.3.1.2	Materialbedarfsplanung durch Auflösung von Teileverwendungsnachweisen (synthetische Bedarfsermittlung)	56

2.3.1.3	Materialbedarfsplanung nach dem Gozintoverfahren	56
2.3.2	Verbrauchsorientierte (stochastische) Materialbedarfsplanung	61
2.3.2.1	Der arithmetische Mittelwert	64
2.3.2.2	Der gewogene Mittelwert	65
2.3.2.3	Gleitende Mittelwerte	66
2.3.2.4	Die exponentielle Glättung 1. Ordnung	67
2.3.2.5	Die Trendrechnung	71
2.3.2.6	Die exponentielle Glättung 1. Ordnung mit Trendkorrektur	75
2.3.2.7	Die exponentielle Glättung 2. Ordnung	76
2.3.2.8	Bedarfsprognose bei saisonal schwankendem Materialverbrauch	77
2.3.2.9	Bedarfsprognose unter Berücksichtigung der Prognosefehler (Fehlervorhersage)	79
	Kontrollfragen	84
3	**Der Einkauf**	86
3.0	*Lernziele*	86
3.1	*Wesen des Einkaufs*	86
3.2	*Die Bedarfsmeldung*	87
3.2.1	Formen der Bedarfsmeldung	87
3.2.2	Inhalt der Bedarfsmeldung	88
3.3	*Bestellvorbereitende Aufgaben des Einkaufs*	88
3.3.1	Die Beschaffungsmarktforschung	89
3.3.1.1	Informationsbedarf des Einkaufs	90
3.3.1.2	Informationsquellen	91
3.3.1.3	Informationssammlung	92
3.3.1.4	Die Anfrage als traditionelle Befragungsform des Einkaufs	92
3.3.1.5	Informationsverarbeitung	94
3.3.1.6	Der Angebotsvergleich als traditionelle Informationsverarbeitung im Einkauf	94
3.3.1.7	Informationsweiterleitung und -aufbewahrung	97
3.3.2	Kontaktpflege mit den Anbietern	97
3.4	*Die Bestellung*	98
3.4.1	Juristische Betrachtung der Bestellung	99
3.4.1.1	Wichtige Vertragsarten für den betrieblichen Einkauf	99
3.4.1.2	Spezialverträge der betrieblichen Einkaufspraxis	100
3.4.1.3	Verträge mit Gleitpreisklauseln	101
3.4.1.4	Inhalt der Bestellung	104
3.4.1.4.1	Die Bestellqualität	104
3.4.1.4.2	Die Bestellmenge	104
3.4.1.4.3	Der Preis und die Zahlungsbedingungen	105
3.4.1.4.4	Der Liefertermin und der Erfüllungsort	105
3.4.1.4.5	Die Verpackungsart und die -kosten	105

3.4.1.4.6	Die Lieferbedingungen	106
3.4.2	Organisation der Bestellung im Betrieb	107
3.4.2.1	Kleinbestellungen	108
3.4.2.2	Form der Bestellung	108
3.4.2.3	Bestelländerung	108
3.4.2.4	Bestellbestätigung	109
3.4.2.5	Bestellstatistik	109
3.5	*Überwachungs- und Kontrollaufgaben des Einkaufs*	110
3.5.1	Terminüberwachung	110
3.5.2	Warenannahme und Reklamation	110
3.5.3	Rechnungsprüfung	112
3.6	*Recycling im Einkauf*	112
	Kontrollfragen	112
4	**Der betriebliche Transport**	114
4.0	*Lernziele*	114
4.1	*Der Materialtransport im Rahmen des betrieblichen Transportwesens*	114
4.2	*Gütertransportarten und ihre Bedeutung in der Bundesrepublik Deutschland*	115
4.3	*Die Eigenschaften der Verkehrsmittel*	117
	Kontrollfragen	118
5	**Die Lagerung**	119
5.0	*Lernziele*	119
5.1	*Wesen der Lagerung*	119
5.1.1	Lagerfunktionen	119
5.1.1.1	Die Ausgleichs- bzw. Pufferfunktion	120
5.1.1.2	Die Sicherheits- bzw. Vorratsfunktion	120
5.1.1.3	Die Spekulationsfunktion	120
5.1.1.4	Die Veredelungsfunktion	121
5.1.1.5	Die Assortierungs- und Darbietungsfunktion	121
5.1.2	Lagerstufen	121
5.2	*Lagerarten und Lagertypen*	122
5.2.1	Gliederung nach Lagergütern	124
5.2.1.1	Das Materiallager	124
5.2.1.2	Das Erzeugnislager	124
5.2.1.3	Das Handelswarenlager	124
5.2.1.4	Das Werkzeuglager	124

5.2.1.5	Das Materialabfallager	125
5.2.1.6	Das Büromateriallager	125
5.2.2	Gliederung nach der Bedeutung	125
5.2.3	Gliederung nach dem Standort	125
5.2.4	Gliederung nach dem Eigentümer	125
5.2.4.1	Kommissions- bzw. Konsignationsläger	125
5.2.4.2	Lagereien	125
5.2.5	Gliederung nach Bauart	126
5.2.6	Gliederung nach der angewandten Lagertechnik	126
5.2.6.1	Mittel der Lagertechnik	126
5.2.6.1.1	Packmittel	126
5.2.6.1.2	Lagereinrichtung	128
5.2.6.1.3	Transportmittel	132
5.2.6.2	Flach- bzw. Bodenläger	132
5.2.6.3	Stapel- bzw. Blockläger	133
5.2.6.4	Regalläger	133
5.2.7	Gliederung nach dem Automatisierungsgrad	134
5.2.7.1	Manuelle Läger	134
5.2.7.2	Mechanisierte Läger	134
5.2.7.3	Automatisierte Läger	135
5.2.8	Gliederung nach der Zentralisierung	136
5.3	*Teilaufgaben der Lagerung*	138
5.3.1	Die Einlagerung	138
5.3.2	Die Überwachung und Pflege der Bestände	140
5.3.3	Die Umformung	141
5.3.4	Die Wartung der Lagereinrichtung	141
5.3.5	Die Auslagerung	141
5.3.6	Die Lagerbuchhaltung	146
5.3.6.1	Die Verbrauchsrechnung	147
5.3.6.2	Die Bestandsrechnung bzw. Bestandsführung	148
5.3.6.2.1	Bewertung mit dem Anschaffungswert	150
5.3.6.2.2	Bewertung mit dem Wiederbeschaffungswert	152
5.3.6.2.3	Bewertung mit Verrechnungspreisen	153
5.3.6.3	Die Inventur	153
5.3.6.3.1	Die Stichtagsinventur	154
5.3.6.3.2	Die permanente Inventur	156
5.3.6.4	Die Lagerstatistik	156
5.3.7	Die Materialdisposition	158
5.3.7.1	Die auftragsorientierte (deterministische) Materialdisposition	160
5.3.7.2	Die verbrauchsorientierte (stochastische) Materialdisposition	162
5.3.7.2.1	Das Bestellpunktverfahren	163
5.3.7.2.2	Das Bestellrhythmusverfahren	169
5.3.7.3	Die Terminrechnung in der Materialdisposition	171
	Kontrollfragen	173

6	**Politik der Materialwirtschaft (Materialmanagement)**	176
6.0	*Lernziele*	176
6.1	*Wesen der materialwirtschaftlichen Politik*	176
6.2	*Ziele der Politik der Materialwirtschaft*	177
6.3	*Mittel der Politik der Materialwirtschaft*	180
6.3.1	Die Organisation als Ordnungsinstrument der Politik der Materialwirtschaft	180
6.3.1.1	Die Konzeption der Materialwirtschaft	181
6.3.1.2	Die Konzeption der Einkaufsabteilung	183
6.3.1.2.1	Zentral- oder Dezentraleinkauf	183
6.3.1.2.2	Die Organisation innerhalb des Einkaufs	184
6.3.1.3	Die Konzeption der Beschaffung	185
6.3.1.4	Die Konzeption der Logistik	186
6.3.1.5	Die Politik der Bezugsquellen und die externe Organisation	187
6.3.1.5.1	Der Konzernbezug	188
6.3.1.5.2	Die Gegengeschäfte	189
6.3.1.5.3	Die Kooperation	189
6.3.1.6	Das Personal und die Ausrüstung mit technischen Hilfsmitteln	190
6.3.1.7	Die Bereitstellungsmethoden	192
6.3.2	Operative Instrumente der Politik der Materialwirtschaft	193
6.3.2.1	Die Qualitätspolitik	195
6.3.2.2	Die Mengenpolitik	196
6.3.2.3	Die Preispolitik	202
6.3.2.4	Die Terminpolitik	203
6.3.2.5	Die Lieferantenpolitik	203
6.3.2.6	Die Nebenleistungspolitik	204
6.3.2.7	Die Werbepolitik	204
6.3.3	Hilfsmittel der praktischen Beschaffungspolitik	205
6.3.3.1	Beschaffungspolitische Grundsätze und Richtlinien	205
6.3.3.2	Das Beschaffungshandbuch	206
6.4	*Das Kontrollsystem der Materialwirtschaft*	206
6.4.1	Die Parallelkontrolle	206
6.4.2	Die Revision	207
6.4.3	Die Erfolgsmessung in der Materialwirtschaft	208
6.4.3.1	Erfolgsmessung mittels eines Produktivitätsansatzes	209
6.4.3.2	Erfolgsmessung mittels der Sparsamkeit	210
6.4.3.2.1	Messung der Sparsamkeit mit Hilfe eines Ist-Ist-Vergleichs	211
6.4.3.2.2	Messung der Sparsamkeit mit Hilfe eines Soll-Ist-Vergleichs	212
	Kontrollfragen	214
	Glossar	216
	Literaturverzeichnis	230
	Stichwortverzeichnis	234

Abbildungsverzeichnis

Abb. 1.1	Das Produktionsfaktorensystem nach Gutenberg	21
Abb. 1.2	Der Betriebsprozeß	23
Abb. 1.3	Objekte der allgemeinen Beschaffung	24
Abb. 1.4	Objekte der eingeengten Beschaffung	25
Abb. 1.5	Beschaffungsobjekte in der Praxis	26
Abb. 1.6	Der erweiterte Beschaffungsprozeß	28
Abb. 1.7	Der eingeengte Beschaffungsprozeß	28
Abb. 1.8	Objekte der Materialwirtschaft	30
Abb. 1.9	Objekte der Beschaffung und der Materialwirtschaft im Vergleich	31
Abb. 1.10	Beschaffungs- bzw. Materialwirtschaftsprozeß	32
Abb. 2.1	Aufgaben der Bedarfsermittlung	35
Abb. 2.2	Methoden der Materialrationalisierung	36
Abb. 2.3	Arten der Wertanalyse	37
Abb. 2.4	Arten der Standardisierung	39
Abb. 2.5	Arten von Materialnummern (-schlüsseln)	43
Abb. 2.6	Darstellung einer ABC-Klassifikation	44
Abb. 2.7	Verfahren der Materialbedarfsplanung	46
Abb. 2.8	Beispiel einer Erzeugnisstruktur nach Fertigungsstufen	47
Abb. 2.9	Beispiel einer Erzeugnisstruktur nach Dispositionsstufen	48
Abb. 2.10	Beispiel einer Erzeugnisstruktur nach Auflösungsstufen	48
Abb. 2.11	Baukastenmäßige Erzeugnisstruktur von E_1	49
Abb. 2.12	Beispiel einer Baukastenstückliste für G_1	50
Abb. 2.13	Beispiel einer Baukastenstückliste für G_2	50
Abb. 2.14	Beispiel einer Baukastenstückliste für E_1	50
Abb. 2.15	Beispiel einer Mengenübersichtsstückliste für E_1	51
Abb. 2.16	Beispiel einer Strukturstückliste für E_1 nach Fertigungsstufen	51
Abb. 2.17	Beispiel einer Strukturstückliste für E_1 nach Dispositionsstufen	52
Abb. 2.18	Analytische Bruttobedarfsermittlung durch Auflösung der Stückliste der Abbildung 2.17	53
Abb. 2.19	Analytische Nettobedarfsermittlung	55
Abb. 2.20	Allgemeines Schema einer Nettobedarfsermittlung	56
Abb. 2.21	Darstellung eines Gozintographen	57
Abb. 2.22	Direktbedarfs- bzw. Baukastenmatrix der Abbildung 2.21	58
Abb. 2.23	Gesamtbedarfsmatrix des in der Abbildung 2.22 dargestellten Beispiels einer Direktbedarfsmatrix	59
Abb. 2.24	Mengenübersichtsmatrix der in der Abbildung 2.23 dargestellten Gesamtbedarfsmatrix	60
Abb. 2.25	Input-Output-Matrix der in der Abbildung 2.23 dargestellten Gesamtbedarfsmatrix und des Primärbedarfsvektors der Abbildung 2.21	61
Abb. 2.26	Horizontaler Bedarfsverlauf	62
Abb. 2.27	Trendmäßig steigender oder fallender Bedarfsverlauf	63

Abbildungsverzeichnis

Abb. 2.28	Saisonmäßiger Bedarfsverlauf	63
Abb. 2.29	N- und α-Werte, die einem gleichen Durchschnittsalter entsprechen	71
Abb. 2.30	Darstellung einer Verbrauchszeitreihe und der dazugehörigen Trendgeraden	73
Abb. 2.31	Prognosewahrscheinlichkeit und Servicegrad	81
Abb. 2.32	Beispiel der Überprüfung des Prognoseverfahrens durch den Fehlerkoeffizienten	83
Abb. 3.1	Aufgaben des Einkaufs	87
Abb. 3.2	Informationsbedarf des Einkaufs	91
Abb. 4.1	Beispiel eines Material- und Produktflusses	115
Abb. 4.2	Gütertransport- bzw. Güterverkehrsarten	116
Abb. 5.1	Lagermotive, -zwecke und -funktionen	120
Abb. 5.2	Lagerstufen	122
Abb. 5.3	Lagerarten	123
Abb. 5.4	Mittel der Lagertechnik	127
Abb. 5.5	Palettenauswahl	130
Abb. 5.6	Regalauswahl	131
Abb. 5.7	Beispiel eines Zentrallagers	137
Abb. 5.8	Beispiel von Dezentrallägern	137
Abb. 5.9	Teilaufgaben der Lagerung	139
Abb. 5.10	Kommissionierungsarten	143
Abb. 5.11	Auswahl von Einflußgrößen der Kommissionierleistung	145
Abb. 5.12	Bewertungsverfahren	149
Abb. 5.13	Verfahren der Materialdisposition	161
Abb. 5.14	Materialdisposition ohne Sicherheitsbestände bei konstantem Verbrauch (V), konstanter Wiederbeschaffungszeit (t_w), optimalem Höchstbestand (B_h), konstanter Periodenlänge und optimaler Bestellmenge (q_{opt})	164
Abb. 5.15	Grafische Bestimmung des optimalen Servicegrades	166
Abb. 5.16	Materialdisposition mit Sicherheitsbeständen (B_s) bei konstantem Verbrauch (V), konstanter Wiederbeschaffungszeit (t_w), optimalem Höchstbestand (B_h), konstanter Periodenlänge und optimaler Bestellmenge (q_{opt})	167
Abb. 5.17	Materialdisposition mit Sicherheitsbeständen und variablem Verbrauch (B_m-B_h-Strategie)	168
Abb. 5.18	Materialdisposition nach dem Bestellrhythmusverfahren (t-B_h-Strategie) mit Sicherheitsbeständen	170
Abb. 6.1	Beispiel eines Zielbündels der Materialwirtschaft	179
Abb. 6.2	Beispiele der Konzeption „Materialwirtschaft"	182
Abb. 6.3	Beispiel der Konzeption „Einkaufsabteilung"	185
Abb. 6.4	Beispiele der Konzeption „Beschaffung"	186
Abb. 6.5	Vier Auslegungsmöglichkeiten der Logistik	187
Abb. 6.6	Marktseitenverhältnisse und Marktformen unter der Koinzidenzannahme	194
Abb. 6.7	Grafische Darstellung der Bestimmung der optimalen Bestellmenge	200

Abkürzungs- und Symbolverzeichnis

α	Gewichtungs-, Glättungsparameter
a	Periodenunabhängiger Verbrauch
A	Input-Output-Matrix
$\bar{A}$	Durchschnittsalter der Verbrauchswerte
$\tilde{a}$	Schnittpunkt der Trendgeraden und der an den zeitlichen Mittelpunkt der Abszisse versetzten Ordinate
AGBG	Gesetz zur Regelung des Rechts der Allgemeinen Geschäftsbedingungen
β	Gewichtungs-, Glättungsparameter
b	Steigungsmaß der Trendgeraden
Bd.	Band
BGB	Bürgerliches Gesetzbuch
B_h	Höchstbestand
BIE	Bundesverband Industrieller Einkauf e.V.
BK	Beschaffungskosten
B_m	Meldebestand
bzw.	beziehungsweise
γ	Gewichtungs-, Glättungsparameter
CEN	Comité Européen de Normalisation
C&F	Cost and freight
CIF	Cost, insurance, freight
D	Direktbedarfsmatrix
D/A	Documents against acceptance
DB	Durchschnittsbestand
dBK	Veränderung der Beschaffungskosten
D/C	Documents against cash
d.h.	das heißt
DIN	Deutsches Institut für Normung
d_{ij}	Element der Direktbedarfsmatrix
dK	Veränderung der Kosten der Materialwirtschaft
dLK	Veränderung der Lagerkosten
D/P	Documents against payment
DV	Datenverarbeitung
EDV	Elektronische Datenverarbeitung
etc.	et cetera
f.	folgende Seite
FAS	Free alongside ship
ff.	folgende Seiten
Fifo	First in, first out

FK	Fehlerkoeffizient
FOB	Free on bord
G	Gesamtbedarfsmatrix
g_{ij}	Element der Gesamtbedarfsmatrix
G_t	Gewichtungsfaktor
HGB	Handelsgesetzbuch
Hifo	Highest in, first out
i	Zeitindex, Güterindex
i/100	Prozentsatz
ISO	International Standardization Organization
K	Gesamtkosten der Materialwirtschaft
$\overline{K}$	Mittlerer Bedarfskoeffizient
K'	Grenzkosten der Materialwirtschaft
K_B	Fixkosten je Bestellung
K_{eff}	Effektive Kommissionierleistung
K_{th}	Theoretische Kommissionierleistung
λ	Vielfaches der Standardabweichung
l	Lohnanteil im Preis
L_B	Lohn am Bestelltag
L_D	Lagerdauer
LHKS	Lagerhaltungskostensatz
Lifo	Last in, first out
LK	Lagerkosten
LKS	Lagerkostensatz
Lofo	Lowest in, first out
M	Mengenübersichtsmatrix
m	Zeitlicher Mittelpunkt
MAD	Mittlere absolute Abweichung
M_B	Materialpreis am Bestelltag
MBK	Mittelbare Beschaffungskosten
ME	Mengeneinheit
M_L	Materialpreis am Liefertag
m^3	Kubikmeter
n	Bestellhäufigkeit, Anzahl der Güter des Einkaufssortiments
n_{opt}	Optimale Bestellhäufigkeit
o.ä.	oder ähnlich
p	Einstandspreis
§	Paragraph
P_B	Preis am Bestelltag

PI_L	Preisindex nach Laspeyres
PI_p	Preisindex nach Paasche
%	Prozent
q	Bestellmenge
Q	Gesamtbedarf
q_{opt}	Optimale Bestellmenge
Q_L	Mengenindex nach Laspeyres
Q_p	Mengenindex nach Paasche
r	Korrelationskoeffizient
RK	Restkosten
s	Standardabweichung
S	Primärbedarfsvektor
SG	Servicegrad
SK	Sicherheitskoeffizient
t	Zeitindex
t_D	Lieferzeit
t_E	Bearbeitungszeit im Einkauf
t_k	Kontrollzeit
t_L	Bearbeitungszeit im Lager
t_m	Zeitlicher Mittelpunkt
t_s	Sicherheitszeit
t_w	Wiederbeschaffungszeit
u.a.	unter anderem
u.ä.	und ähnliches
UBK	Unmittelbare Beschaffungskosten
UH	Umschlagshäufigkeit
u.U.	unter Umständen
V	Verbrauch
$\overline{V}$	Durchschnittsverbrauch
V^*	Prognoseverbrauch
$a\overline{V}$	Arithmetisches Verbrauchsmittel
$g\overline{V}$	Gewogenes Verbrauchsmittel
Z	Kapitalbindungskosten

0 Einleitung

Zur Erreichung seines Zweckes benötigt ein **Betrieb** eigene und fremde Leistungen. Die Gesamtheit dieser Leistungen bildet den **Betriebsbedarf**. Die Bedarfsdeckung ist also eine Grundaufgabe eines Betriebes, eine betriebliche Grundfunktion. Aus diesem Grund gehört sie zum Untersuchungsgegenstand der **Betriebswirtschaftslehre**. Hier, wie auch in der Betriebspraxis, wird sie oft „**Materialwirtschaft**" genannt. Diese Bezeichnung mag den Belangen eines Industriebetriebes entsprechen. Denen eines Handelsbetriebes wird sie jedoch nicht gerecht. Handelsbetriebe benötigen kaum „Materialien". Deswegen werden sowohl in der betriebswirtschaftlichen Literatur als auch in der Betriebspraxis auch andere gleichbedeutende Bezeichnungen verwendet. Die häufigsten davon sind die der „**Beschaffung**" und des „**Einkaufs**".

Unabhängig von der Bezeichnung umfaßt die Behandlung der betrieblichen **Bedarfsdeckungsfunktion** im Rahmen der **Betriebswirtschaftslehre** die Analyse der gegenseitigen Abhängigkeiten zwischen ihr und den restlichen **Betriebsfunktionen**, die Ableitung der erforderlichen Bedarfsdeckungsarbeiten, das Aufdecken von „Gesetzmäßigkeiten" bei diesen Arbeitsabläufen und die Herausstellung von Methoden und Techniken, mit denen diese Aufgabe gelöst wird.

Dies entspricht auch den Aufgaben dieses Buches, das in erster Linie ein Lehrbuch sein soll. Das Hauptgewicht wird jedoch auf die Darstellung von Methoden und Techniken gelegt, d.h. auf die praktischen Gestaltungsmöglichkeiten der Aufgaben der „Materialwirtschaft". Insofern wendet sich dieses Buch nicht nur an Studierende, sondern auch an interessierte Praktiker.

Um diesen Aufgaben gerecht zu werden, wird im ersten Kapitel das Wesen der „Materialwirtschaft" dargestellt. Damit eine praxisnahe „Materialwirtschaft" entworfen werden kann, wird von einem Industriebetrieb ausgegangen. Darüber hinaus wird ein großer Industriebetrieb unterstellt, um die Gesamtproblematik abhandeln zu können. Die darauffolgenden Kapitel sind den einzelnen Aufgaben der Materialwirtschaft gewidmet. Das zweite Kapitel behandelt die **Bedarfsermittlung**. Im dritten Kapitel wird der **Einkauf** dargestellt. Danach folgt im vierten Kapitel die Beschreibung der **Lagerung**. Die Prozeßdarstellung schließt mit der Untersuchung des betrieblichen **Transports** im fünften Kapitel. Im Anschluß daran erfolgt abschließend im sechsten Kapitel eine Besprechung der **Politik der Materialwirtschaft**.

1 Das Wesen der Materialwirtschaft

1.0 Lernziele

In diesem Kapitel soll der Leser

- die betriebliche Bedarfsdeckung als Betriebsfunktion kennenlernen und in den Betriebsprozeß einordnen können;
- mit den Definitionsmerkmalen der Beschaffung und der Materialwirtschaft vertraut werden;
- die Objekte der Beschaffung und der Materialwirtschaft erlernen;
- die für die betriebliche Bedarfsdeckung notwendigen Arbeiten bestimmen können.

1.1 Der Bedarf und die Versorgungsfunktion eines Betriebes

Die vom Menschen zu seiner *Bedürfnisbefriedigung* benötigten *Wirtschaftsgüter* werden in einer arbeitsteiligen *Volkswirtschaft* zum weitaus größten Teil von den produktiven Wirtschaftseinheiten, den **Betrieben**, erzeugt (zur begrifflichen Klärung des Betriebes vgl. z.B. WÖHE, G.: Einführung in die Allgemeine Betriebswirtschaftslehre, S. 2 ff.). Hierfür werden **Produktionsfaktoren** eingesetzt. Dazu gehören die Arbeit des Menschen und produktive Güter. Sie haben die Eigenschaft, sinnvoll miteinander kombiniert, neue Güter zu produzieren. Nach GUTENBERG ist es üblich, die Produktionsfaktoren in die Gruppe der *Elementarfaktoren* und den *dispositiven Faktor* aufzuteilen (vgl. GUTENBERG, E.: Einführung in die Betriebswirtschaftslehre, S. 27, und vor allem derselbe: Grundlagen der Betriebswirtschaftslehre, Bd. 1, Die Produktion, S. 11 ff.). Zu den Elementarfaktoren werden die ausführende **Arbeit**, die **Betriebsmittel** und die **Werkstoffe** gezählt. Die ausführende Arbeit drückt den objektbezogenen Einsatz von physischen und psychischen menschlichen Fähigkeiten zur Verwirklichung der Betriebsziele aus. Sie kann körperliche oder geistige Arbeit bzw. eine Mischung davon sein. Die Betriebsmittel umfassen die technische Apparatur des Betriebes. Dazu zählen neben den Anlagen, Maschinen, Werkzeugen, Fuhrpark und Büroeinrichtung auch Grundstücke und Gebäude.

Die *Werkstoffe* sind Sachgüter, welche im Produktionsprozeß eingesetzt werden und hier direkt in das entsprechende Produkt eingehen oder seiner Herstellung indirekt dienen. Durch Umformung, Substanzänderung oder Einbau von Werkstoffen entstehen neue Güter, die je nach dem Fertigungsgrad *Halbfertig-* (Halbzeug-) oder *Fertigerzeugnisse* (Fertigprodukte) darstellen. Zu den Werkstoffen werden Roh-, Hilfs- und Betriebsstoffe gezählt. **Rohstoffe** sind strenggenommen aus der Natur gewonnen und noch nicht weiterbe- oder -verarbeitete Sachgüter, wie Kohle, Eisenerze, Kupfererze u.ä. Sie gehen in die Produktion ein, verlieren ihre Form und Eigenschaften und erhalten durch Be- oder Verarbeitung eine neue Form und neue Eigenschaft. Sie bilden die Hauptbestandteile der daraus erzeugten Güter. Im weiteren Sinne werden auch bereits be- oder verarbeitete Teile, die eigentlich Halbfertigerzeugnisse (Halbzeug) darstellen, als Rohstoffe bezeichnet, wenn sie im betrachteten Betrieb eine weitere Be- oder Verarbeitung erfahren (vgl. WÖHE, G.: Einführung in die Allgemeine Betriebswirtschaftslehre, S. 332).

Hilfsstoffe gehen ebenso wie die Rohstoffe unmittelbar in das neu erzeugte Gut und üben hier Hilfsfunktion aus. Die Be- oder Verarbeitung der Rohstoffe bzw. die Verbesserung ihrer Leistung ist oft nur durch den Einsatz von Hilfsstoffen möglich. Bei der Automobilherstellung zählen z.B. Leim, Nieten, Schrauben u.ä. zu den Hilfsstoffen.

Betriebsstoffe werden benötigt, um die Betriebsmittel in Bewegung zu setzen bzw. um sie zu reparieren, zu pflegen und zu warten. Sie umfassen alle Energieformen, sämtliche Kraft- und Schmierstoffe, die Verschleißwerkzeuge und Ersatzteile, die Kühl- und Reinigungsmittel, Büromaterial, Vordrucke, Formulare u.ä.

Zum dispositiven Faktor gehört die **leitende Arbeit** des Menschen im Rahmen des Willensbildungsprozesses einschließlich der **Durchsetzung** und **Überwachung** der getroffenen Entscheidungen. Diese Faktorgruppe enthält neben der dispositiven menschlichen Arbeit auch die Methoden der *Organisation*, der *Planung* und der *Kontrolle*. Der dispositive Faktor bildet die **Betriebsführung, -leitung** bzw. das **-management** (vgl. Abb. 1.1).

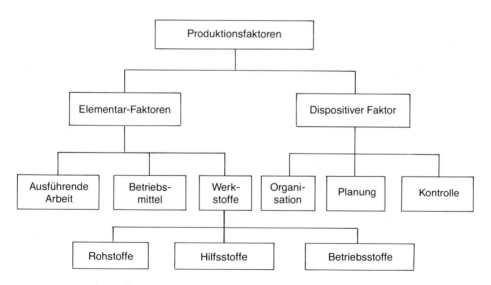

Abbildung 1.1 Das Produktionsfaktorensystem nach GUTENBERG

Neben den bereits beschriebenen Produktionsfaktoren benötigt ein Betrieb in einer modernen Verkehrswirtschaft **Finanzmittel** in Form von Geld und Krediten. Außerdem kommt kaum ein Betrieb ohne **Handelswaren** und fremde, am Markt bezogene **Dienstleistungen** aus. Produktionsfaktoren, Finanzmittel, Handelswaren und fremde Dienstleistungen machen den **Betriebsbedarf** aus. Ein Teil der benötigten Produktionsfaktoren und Finanzmittel werden von dem Betriebseigentümer erbracht. Ein weiterer Teil wird im eigenen Betrieb erzeugt bzw. von ihm erwirtschaftet. Ein letzterer Teil muß ebenso wie die Handelswaren auf den entsprechenden Märkten besorgt werden. Während es sich bei den vom Eigentümer selbst und dem vom eigenen Betrieb gedeckten Bedarf um *Subsistenzbedarf* handelt, stellt der am Markt gedeckte Bedarfsteil den *originären Bedarf* eines Betriebes dar. Voraussetzung also für die betriebliche **Leistungserstellung** wie auch für die Wahrnehmung aller Betriebsfunktionen ist die Versorgung des Betriebes mit dem, was er hierfür benötigt. Es ist üblich, diese Versorgungsfunktion als „**Beschaffung**", „**Einkauf**" oder „**Materialwirtschaft**" zu bezeichnen. Unabhängig von der Bezeichnung ist die Versorgungsfunktion, zeitlich betrachtet, die erste Funktion des Betriebsprozesses. Sie verbindet den Betrieb mit den Märkten der von ihm benötigten Leistungen anderer Wirtschaftssubjekte. Diese Märkte bilden die *Beschaffungsmärkte* des betrachteten Betriebes (vgl. Abbildung 1.2). Das Vorhandensein der erforderlichen Vorleistungen ermöglicht erst den zweiten Schritt ihrer Kombination und damit der Erstellung der Betriebsleistung.

Alle betrieblichen Aktivitäten erhalten erst durch die Festlegung des **Betriebszweckes** einen Sinn. Dieser wiederum wird in erster Linie durch den Willen der Betriebsleitung unter Berücksichtigung des Rechts- und Wirtschaftssystems der Volkswirtschaft festgelegt. In einer marktwirtschaftlich organisierten Volkswirtschaft existieren nebeneinander private, öffentliche oder gemischte Betriebe mit einem gemeinnützigen (bedarfs- oder kostendeckenden) bzw. erwerbswirtschaftlichen Zweck.

Autonome Betriebe mit einem erwerbswirtschaftlichen Zweck werden **Unternehmungen** genannt (vgl. zur Klärung der Begriffe des Betriebes und der Unternehmung GUTENBERG, E.: Einführung in die Betriebswirtschaftslehre, S. 12 ff., LUGER, A. E.: Allgemeine Betriebswirtschaftslehre, Bd. 1, Der Aufbau des Betriebes, S. 30 ff.). Die Gesamtheit ihrer Aktivitäten dient dem **Erwerbsprinzip,** d.h. der Erwirtschaftung von Einkommen in selbständiger Position. Dies erfordert die Vermarktung der erstellten Leistungen zu Bedingungen, welche die Erzielung eines **Gewinns** möglich machen.

Das wiederum bedeutet, daß eine Unternehmung unter Abschätzung der eigenen Fähigkeiten zur Leistungserstellung und nach Abwägung von Risiken und Chancen auf ihren Beschaffungs- und Absatzmärkten ein möglichst günstiges Ergebnis anstreben soll. Das Betriebsergebnis ist um so günstiger, je höher der Gewinn bzw. je niedriger der Verlust liegt. Gewinne entstehen, wenn die Erlöse größer sind als die Kosten. Das zwingt eine Unternehmung, nach **Erlösmaximierung** und **Kostenminimierung,** d.h. nach **Gewinnmaximierung** zu streben.

Die Forderung nach Kostenminimierung gilt wegen der relativen Knappheit der Ressourcen ganz allgemein für alle Betriebe, unabhängig von dem jeweiligen Betriebszweck und bei allen betrieblichen Aktivitäten. Sie stellt das **Wirtschaftlichkeitsprinzip** dar. Dieses gilt auch für die Bedarfsdeckung. Es besagt, daß

- eine bestimmte Bedarfsdeckung, d. h. eine qualitativ, quantitativ und zeitlich genau festgelegte Versorgung mit den geringsten Kosten angestrebt werden soll (Minimalauslegung des Prinzips der Wirtschaftlichkeit bzw. Sparsamkeitsprinzip), oder
- mit bestimmten Kosten eine qualitativ, quantitativ und zeitlich bestmögliche Versorgung erreicht werden soll (Maximalauslegung der Wirtschaftlichkeit bzw. Produktivitätsprinzip).

Die Funktionen Beschaffung (Bedarfsdeckung), Produktion (Leistungserstellung) und Absatz (Leistungsvermarktung) genügen, um den *Betriebsprozeß* hinreichend zu beschreiben (vgl. Abbildung 1.2). Eine sinnvolle Ausführung dieser Funktionen allein kann die Erfüllung des Betriebszweckes herbeiführen. Deswegen werden sie betriebliche *Haupt-* oder *Grundfunktionen* genannt. Der Betriebsprozeß besteht jedoch aus mehreren Haupt-, Hilfs- und Nebenfunktionen (vgl. hierzu z. B. WÖHE, G.: Einführung in die Allgemeine Betriebswirtschaftslehre, S. 21; SCHÄFER, E.: Die Unternehmung, S. 131 ff.; FISCHER, G.: Die Betriebsführung, Bd. 1, Allgemeine Betriebswirtschaftslehre, S. 45 ff.). Damit alle diese Funktionen in der zeitlichen Entwicklung einen sinnvollen Betriebsprozeß ausmachen, müssen sie organisiert, geplant und kontrolliert werden. Das bedeutet: Sie bedürfen der Funktion der **Betriebsführung** bzw. **Betriebsleitung**.

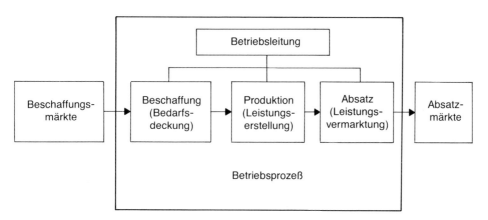

Abbildung 1.2 Der Betriebsprozeß

Die für die Verwirklichung der wirtschaftlichen Bedarfsdeckung bereits genannten zuständigen Funktionen der ***Beschaffung***, des ***Einkaufs*** und der ***Materialwirtschaft*** werden weder in der betriebswirtschaftlichen Literatur noch in der Betriebspraxis einheitlich definiert. Deswegen soll im folgenden mit Hilfe der Bedarfsobjekte und der Teilaufgaben der Versorgungsfunktion eine begriffliche Klärung erfolgen.

1.2 Definition der Beschaffung durch ihre Objekte

Übereinstimmend wird die Zuständigkeit der Beschaffung auf den *originären Bedarf* eines Betriebes beschränkt. Deswegen wird die Beschaffung als die Verbindung des Betriebes mit den Märkten der von ihm benötigten Leistungen anderer Wirtschaftssubjekte betrachtet. Die Zusammensetzung des originären Bedarfs eines Betriebes ist vorwiegend von der Art des Betriebes abhängig. Ein Industriebetrieb weist z.B. einen anderen Bedarf aus als ein Handels-, Bank- oder Versicherungsbetrieb. Dies führt vor allem in der Literatur zu unterschiedlichen Interpretationen der Beschaffung.

1.2.1 Die allgemeine Beschaffung

Zu den Objekten der **allgemeinen Beschaffung** zählt der gesamte originäre Betriebsbedarf. Er umfaßt alle benötigten und vom Markt bezogenen Produktionsfaktoren, Handelswaren und Finanzmittel (vgl. Abbildung 1.3). Zur Vereinfachung lassen sich die ausführende und die dispositive Arbeit zu der Bedarfsgruppe *Personal* zusammenfassen. Ebenso können die vom Markt bezogenen Betriebsmittel, Werkstoffe einschließlich der Zuliefer- bzw. Bauteile (Halbzeug), Handelswaren und Dienstleistungen zu der Bedarfsgruppe *originärer Bedarfsgüter* gezählt werden. Geld und Kredite bilden dann die Bedarfsgruppe *Finanzmittel*.

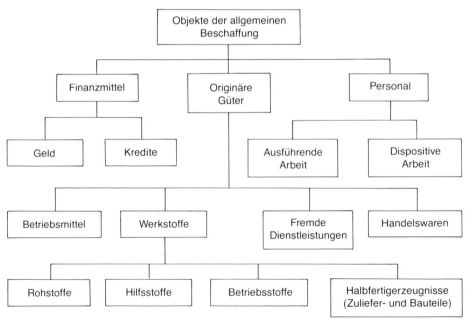

Abbildung 1.3 Objekte der allgemeinen Beschaffung

Demnach übernimmt die Beschaffung die wirtschaftliche Versorgung des Betriebes mit Finanzmitteln, originären Gütern und Personal (vgl. z. B. LÖFFELHOLZ, J.: Repetitorium der Betriebswirtschaftslehre, S. 391). Diese Definition dient zwar dem Verständnis des Beschaffungswesens eines Betriebes schlechthin. Für die Belange der arbeitsteiligen Praxis ist sie jedoch unpraktisch.

1.2.2 Die eingeengte Beschaffung

In der Praxis und in der funktional orientierten betriebswirtschaftlichen Literatur wird wenig Gebrauch von der *allgemeinen Beschaffung* gemacht. Nur in sehr kleinen Betrieben werden die für die Versorgung eines Betriebes mit Finanzmitteln, Personal und originären Gütern notwendigen Verrichtungen von einer Stelle vorgenommen. In größeren Betrieben wird die Versorgung mit Finanzmitteln an sich für so umfangreich und bedeutend betrachtet, daß hierfür eine selbständige betriebliche Hauptfunktion, die *Finanzierungsfunktion*, gebildet wird. Folgt man dieser Argumentation, dann engt sich der Gegenstand der Beschaffung auf Personal und Güter ein (vgl. Abbildung 1.4).

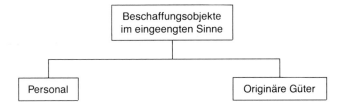

Abbildung 1.4   Objekte der eingeengten Beschaffung

Dabei soll die Versorgung mit Personal durch die **Personalabteilung** und die mit Gütern durch die **Einkaufsabteilung** erfolgen (vgl. GUTENBERG, E.: Einführung in die Betriebswirtschaftslehre, S. 22).

1.2.3 Die Beschaffung in der Betriebspraxis

Eine Zusammenlegung der Personal- und der Einkaufsabteilung findet sich in der Praxis nur bei kleinen Unternehmungen und hier auch selten. Die Aufgaben beider Abteilungen sind verschiedenartig und setzen jeweils unterschiedliche Kenntnisse, Eigenschaften und Fähigkeiten der damit beauftragten Mitarbeiter voraus. Darüber hinaus sind sie schon in mittleren Betrieben jeweils für sich so umfangreich, daß eine Trennung und Verselbständigung vorteilhaft ist. *Die Beschaffung ist hier zuständig für die wirtschaftliche Versorgung des Betriebes mit den Gütern seines originären Bedarfs.* Darunter sind alle am Markt zu beziehenden Produktionsfaktoren enthalten mit

Ausnahme des Personals. Darüber hinaus fallen unter die **originären Bedarfsgüter** eines Betriebes **fremde Dienstleistungen** und **Handelswaren**. Die hier erfaßten originären Produktionsfaktoren bestehen aus den **Betriebsmitteln** und den **Werkstoffen**, zu welchen auch das bezogene **Halbzeug** gehört. Der Einfachheit wegen werden sie zu der Gruppe der **originären Einsatzsachgüter** zusammengefaßt (vgl. Abbildung 1.5).

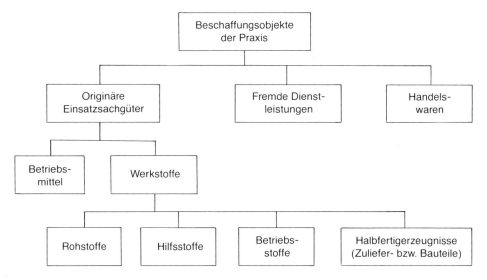

Abbildung 1.5 Beschaffungsobjekte in der Praxis

1.3 Definition der Beschaffung durch ihre Verrichtungen

Die globale begriffliche Bedeutung der Beschaffung wird durch die Begriffe „*Bereitstellung*", „*zur Verfügung stellen*" und „*Versorgung*" wiedergegeben (vgl. z.B. GUTENBERG, E.: Einführung in die Betriebswirtschaftslehre, S. 22; THEISEN, P.: Beschaffung und Beschaffungslehre. In: GROCHLA, E., WITTMANN, W. (Hrsg.): Handwörterbuch der Betriebswirtschaft, Bd. 1, Spalte 494 ff.; Bundesverband Materialwirtschaft und Einkauf e.V. (Hrsg.): Gabler-Lexikon Material-Wirtschaft & Einkauf, Stichwort Beschaffung, S. 31 f.).

Alle diese Begriffe drücken unmißverständlich aus, daß die **Beschaffungsaufgabe** erfüllt ist, d.h. der **Beschaffungsprozeß** beendet ist, wenn der Übergabe der Beschaffungsgegenstände an die Bedarfsträger nichts im Wege steht. Je nach dem konkret angewandten *Bereitstellungsprinzip* erfolgt der letzte Akt der Bereitstellung direkt vom Lieferanten oder vom Lager.

Schwieriger als die Bestimmung der Beendigung des Beschaffungsprozesses ist die Festlegung seines Beginns und damit der zu ihm gehörenden Teilfunktionen.

1.3.1 Der erweiterte Beschaffungsprozeß

Strenggenommen ist die Ermittlung des Bedarfs eines Betriebes eine Angelegenheit der jeweiligen Bedarfsträger. Demnach müßte der Anfang des Beschaffungsprozesses unmittelbar nach der Benachrichtigung der Beschaffungsstelle über das Vorliegen eines Bedarfsfalles angesetzt werden. Dies würde jedoch bedeuten, daß die **Bedarfsermittlung** ohne Beteiligung der Beschaffungsstelle stattfindet. Dies trifft allerdings nicht zu. Bei der Bedarfsermittlung werden u. a. zahlreiche Informationen über Lieferfähigkeit, -zeiten, Produktentwicklung, Preise, Lieferanten u. ä. gebraucht, die am besten von der Beschaffungsstelle beigesteuert werden können. Deswegen ist es von Vorteil, wenn die Beschaffungsstelle bei der Bedarfsermittlung mitbeteiligt wird. Diese Beteiligung erfolgt bei vielen Betrieben bereits bei der *Produktentwicklung*. In solchen Betrieben ist die Beschaffungsstelle z. B. gleichwertiges Mitglied des *Wertanalyseteams*. Darüber hinaus ist es selbstverständlich, der Beschaffungsstelle das Recht einzuräumen, den Bedarfsträgern Substitutionsvorschläge unterbreiten zu dürfen und die Bedarfsmenge und -termine zu kontrollieren und gegebenenfalls nach Rücksprache zu ändern. Außerdem wird ein bereits ermittelter Periodenbedarf durch die Beschaffung disponiert. Darüber hinaus ist es oft erforderlich, Beschaffungsüberlegungen ohne einen konkreten Bedarfsfall anzustellen. Dies zeigt, daß die **Bedarfsermittlung** von der Beschaffungsstelle mitgetragen wird. Aus diesem Grund ist der Anfang des Beschaffungsprozesses bei den Bedarfsermittlungsarbeiten anzusetzen.

Nachdem die *Bedarfsgegenstände, -mengen* und *-termine* ermittelt worden sind, muß dafür gesorgt werden, daß die für ihren Einsatz notwendigen Rechte, wie z. B. Eigentumsrecht, am Markt erworben werden und die vereinbarten Lieferungen erfolgen. Dies erfolgt i. d. R. durch den Kauf. Deswegen heißen diese Aufgaben **Einkauf** und werden durch die **Einkaufsabteilung** wahrgenommen.

In der Regel liegen Angebots- und Bedarfsort nicht an einem Ort. Das bedeutet, daß Transportdienste notwendig sind. Sie können mit Hilfe des Einkaufs entweder von Dritten besorgt werden oder vom betrachteten Betrieb selbst übernommen werden. Die für die Bedarfsdeckung erforderliche Überwindung des Raumes zwischen Lieferungs- und Bedarfsstandort bildet die Teilaufgabe des **Transports**. Für den Transport der Bedarfsgüter ist der Einkauf verantwortlich. Durchgeführt wird er vom eigenen Transportwesen, von fremden Transportbetrieben oder von den Lieferanten.

Bei der Überschreitung der Betriebsgrenzen werden die Lieferungen kontrolliert und gegebenenfalls angenommen. Hierbei handelt es sich um die Teilaufgabe des **Wareneingangs** oder **Warenannahme.** Sie ist eigentlich eine der Teilaufgaben des Einkaufs. Der Einkauf delegiert jedoch die Warenannahme oft an die Bedarfsträger, eine Kommission oder an das Lager und behält i. d. R. die Federführung. Die Bedarfsträger kommen in Frage, wenn es sich dabei um Nichtlagerprodukte handelt. Ist das der Fall, und liegt eine den Vertragsvereinbarungen entsprechende Lieferung vor, dann ist mit der Warenannahme der Beschaffungsprozeß beendet.

Von einer Kommission werden komplizierte technische Apparaturen abgenommen, und zwar erst, nachdem sie eine gewisse Zeit probegelaufen sind. Mit der Abnahme der gelieferten Apparaturen ist auch ihr Beschaffungsprozeß beendet. Handelt es sich jedoch bei den gelieferten Gegenständen um Lagerprodukte, dann erfolgt die Annahme vom **Lager**. Der Beschaffungsprozeß ist in diesem Fall zu Ende, wenn im Bedarfsfall die *Auslagerung* vorgenommen wird.

Bedarfsermittlung, Einkauf, Transport, Warenannahme und **Lagerung** sind Teilaufgaben, in die sich die **Beschaffungsfunktion** zerlegen läßt. Zeitlich sinnvoll aneinandergereiht, ergeben sie den *erweiterten Beschaffungsprozeß* (vgl. Abbildung 1.6).

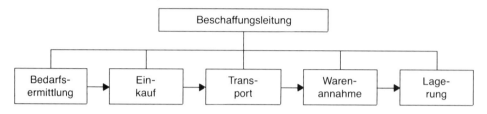

Abbildung 1.6 Der erweiterte Beschaffungsprozeß

1.3.2 Der eingeengte Beschaffungsprozeß

Wegen der nicht zwingenden Zuordnung der Bedarfsermittlung und von Teilen der Transportaufgabe zur Beschaffung wurde Anfang der siebziger Jahre vor allem von dem damaligen „BUNDESVERBAND INDUSTRIELLER EINKAUF" (BIE) ein auf die Teilaufgaben des Einkaufs, der Warenannahme und der Lagerung eingeengter Beschaffungsprozeß propagiert (vgl. Abbildung 1.7).

Abbildung 1.7 Der eingeengte Beschaffungsprozeß

Da die Warenannahme oft vom Lager durchgeführt wird, besteht der **eingeengte Beschaffungsprozeß** eigentlich nur aus den Teilaufgaben des **Einkaufs** und der **Lagerung**.

1.3.3 Beschaffung gleich Einkauf

Eine weitere verrichtungsmäßige Deutung der Beschaffung, die sowohl in der Literatur der Betriebswirtschaftslehre (vgl. z.B. GUTENBERG, E.: Einführung in die Betriebswirtschaftslehre, S. 22) als auch in der Praxis (vgl. BATTELLE-INSTITUT: Methoden und Organisation des Industriellen Einkaufs, Bd. 1: Funktionen, Organisation, Politik, Kooperation, Personalwesen, Tafel 2, S. 7) verbreitet ist, setzt die **Beschaffung** gleich **dem Einkauf**. Dabei wird von einer Unterordnung der Beschaffung gegenüber anderen betrieblichen Funktionen ausgegangen. Das bedeutet u.a., die Festlegung des Bedarfs erfolgt jeweils durch die Bedarfsstelle. Erst die Meldung eines Bedarfsfalles setzt die Beschaffungsaktivitäten in Gang, die darauf abzielen, den gemeldeten Bedarf qualitativ, quantitativ und zeitlich zu decken. Dies erfolgt durch eine *ordnungsgemäße Lieferung*. Eine solche Lieferung liegt vor, wenn sie in allen Punkten mit der Bestellung übereinstimmt. Ist dies der Fall, dann bedeutet sie die Beendigung des Beschaffungsprozesses.

Bis in die jüngste Vergangenheit hinein galt die *Bestellung* und die *Sicherung der Lieferung* als die klassische Beschaffungs- bzw. Einkaufsaufgabe. Dabei wurde oft vom Anforderer nicht nur der Typ bzw. die Art des zu bestellenden Gutes festgelegt, sondern auch der Lieferant vorgegeben (vgl. IBM: Der Einkauf in der IBM Deutschland, S. 3). Unter diesen Umständen blieb die Beschaffung bzw. der Einkauf ein ausführendes Organ des Anforderers. Darüber hinaus bedarf es bei einer solchen Auslegung der Beschaffung besonderer organisatorischer und planerischer Anstrengungen, um eine *Koordination* zwischen Bedarfsermittlung, Beschaffung, Transport und Lagerung herbeizuführen.

1.4 Die Materialwirtschaft als betriebliche Teilaufgabe

Allem Anschein nach vermochten die Bestrebungen des „BUNDESVERBANDES INDUSTRIELLER EINKAUF E.V." nicht, die in der Praxis verbreitete Gleichsetzung von Einkauf und Beschaffung durch den von ihm propagierten Beschaffungsbegriff rückgängig zu machen und der Beschaffung eine größere Verantwortung und Selbständigkeit zu verschaffen. Deswegen verstärkte sich Mitte der siebziger Jahre die Betrachtung der Beschaffung unter materialwirtschaftlichen Gesichtspunkten. Sichere Zeichen dafür liefern nicht nur die Publikationen des Verbandes und seine Umbenennung in „BUNDESVERBAND MATERIALWIRTSCHAFT UND EINKAUF E.V." 1974. Die Einbeziehung der Materialwirtschaft in den Rahmenstoffplan des vom „DEUTSCHEN INDUSTRIE- UND HANDELSTAG" konzipierten Weiterbildungslehrganges *„Industriefachwirt"* und das Angebot eines eigenständigen Weiterbildungslehrganges *„Fachkaufmann Einkauf/Materialwirtschaft"* machen das wachsende Interesse der Praxis an materialwirtschaftlichen Kenntnissen deutlich.

Folge davon war ein sprunghaftes Anwachsen der Publikationen über Probleme der **Materialwirtschaft**. Während 1970 die Literatur zu Theorie und Praxis der Beschaffung kaum mehr als vierzig Titel aufwies (vgl. Beschaffungstheorie. Im Materiallager steckengeblieben. In: Der Volkswirt, 24. Jg., Nr. 17, 24. 4. 1970, S. 109 ff.), ist sie heute unüberschaubar.

Der Begriff der **Materialwirtschaft** bringt unmißverständlich zum Ausdruck, daß es sich hierbei um die Bewirtschaftung von Materialien handelt. Allerdings sind weder

der Begriff des Materials noch die Verrichtungen der Materialwirtschaft einheitlich definiert. Deswegen ist für die Darstellung des Wesens der Materialwirtschaft ein ähnliches Vorgehen notwendig, wie dies hier für die Beschreibung der Beschaffung angewandt wurde. Das bedeutet: Zunächst wird das Material als Objekt der Materialwirtschaft betrachtet, und dann erfolgt eine Darstellung der Teilaufgaben der Materialwirtschaft.

1.4.1 Definition der Materialwirtschaft durch ihre Objekte

In einem Teil der betriebswirtschaftlichen Literatur werden unter ‚**Material**' sowohl **Einsatzsachgüter** als auch **Absatzsachgüter** verstanden (vgl. z.B. STEINBRÜCHEL, M.: Die Materialwirtschaft der Unternehmung, S. 14).

Im Vergleich zu den bereits dargestellten Objekten der Beschaffung in der Betriebspraxis enthält dieser Materialbegriff keine **Dienstleistungen** und nicht alle Einsatzsachgüter. Davon fehlen nämlich die **Potentialfaktoren ‚Betriebsmittel'**. Im Gegensatz dazu enthält dieser Materialbegriff die im eigenen Betrieb hergestellten Halb- und Fertigprodukte bzw. Absatzgüter des betrachteten Betriebes, die nicht zu den Beschaffungsobjekten gezählt wurden.

Konsequenterweise müßte eine solche Materialwirtschaft die Belange der betrieblichen Funktionen der Beschaffung, der Fertigung und des Absatzes berühren. Eine solche Auffassung mag dem Anliegen des integrierten **Materialflusses** dienen, ob sie auch für die Beschaffungs-, Produktions- und Absatzentscheidungen von Nutzen ist, ist fraglich.

Verbreiteter ist dagegen die Auffassung, die Objekte der Materialwirtschaft auf die **Einsatzsachgüter** und zwar auf deren *Verbrauchsfaktoren (Repetierfaktoren)* zu beschränken (vgl. Abbildung 1.8). Das sind solche Faktoren, die nach ihrem Einsatz aufhören, als solche zu existieren (vgl. BUSSE VON COLBE, W., LASSMANN, G.: Betriebswirtschaftstheorie, Bd. 1, Grundlagen, Produktions- und Kostentheorie, S. 77).

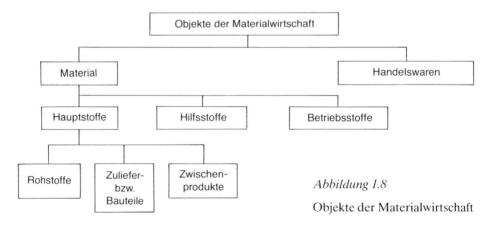

Abbildung 1.8
Objekte der Materialwirtschaft

WITTMANN nennt diese Faktoren ausdrücklich **Materialfaktoren** (WITTMANN, W.: Betriebswirtschaftslehre. In: Handwörterbuch der Wirtschaftswissenschaften, Bd. 1, S. 585 ff.). Dieser Materialbegriff umfaßt sämtliche **Werkstoffe**, unabhängig davon, ob sie vom Markt bezogen oder selbst hergestellt worden sind. *Materialien sind Sachgüter, die zur Herstellung von anderen Gütern eingesetzt werden.* Je nach dem dabei geleisteten Beitrag können sie in **Haupt-, Hilfs-** und **Betriebsstoffe** unterteilt werden (vgl. Abbildung 1.8). Die Hauptstoffe sind entweder in einem rohen Zustand **(Rohstoffe)** oder bereits bearbeitete Teile. Erfolgte die Bearbeitung im Eigenbetrieb, dann handelt es sich um **Zwischenprodukte**. Sind sie dagegen bearbeitet bezogen worden, dann gehören sie der Gruppe der bezogenen **Lieferteile** an, die in die **Zuliefer- und Bauteile** gegliedert werden kann.

Für viele *Sachleistungsbetriebe* ist es oft vorteilhaft, ihr Angebotssortiment mit **Handelswaren** zu ergänzen. Handelswaren sind zwar Sachgüter, aber keine Verbrauchsfaktoren. Aus diesem Grund können sie nicht als Materialien im oben definierten Sinne betrachtet werden. Trotzdem werden sie zu den Objekten der Materialwirtschaft gerechnet (vgl. z.B. GROCHLA, E.: Materialwirtschaft. In: KERN, W. (Hrsg.): Handwörterbuch der Produktionswirtschaft, Spalte 1257 ff.).

Im Vergleich zu den Beschaffungsobjekten der Betriebspraxis beinhaltet die Materialwirtschaft einerseits zusätzlich noch die selbsterzeugten *Zwischenprodukte*, andererseits ist sie nicht zuständig für *fremde Dienstleistungen* und *Betriebsmittel* (vgl. Abbildung 1.9). Die übrigen Bedarfsgegenstände, d.h. die Werkstoffe einschließlich

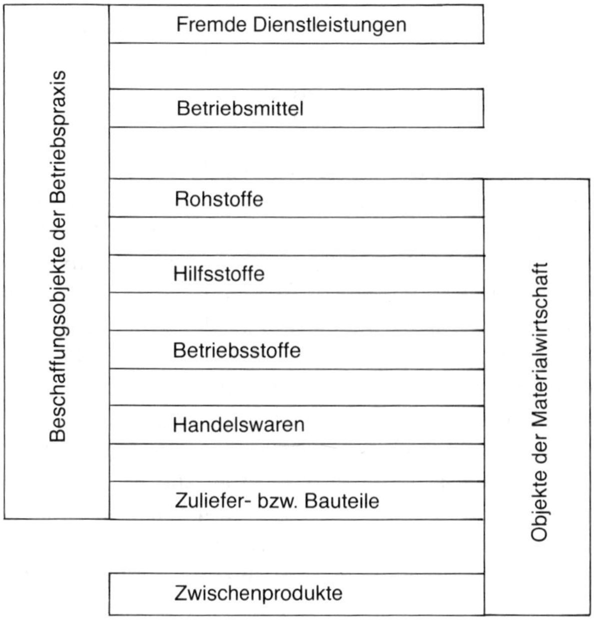

Abbildung 1.9

Objekte der Beschaffung und der Materialwirtschaft im Vergleich der Zuliefer- und Bauteile und der Handelswaren, bilden gemeinsame Objekte der Beschaffung und der Materialwirtschaft.

1.4.2 Definition der Materialwirtschaft durch ihre Verrichtungen

Die inhaltliche Bedeutung der Materialwirtschaft wird, wie auch die der Beschaffung, durch den zentralen Begriff der *„Bereitstellung"* ausgedrückt (vgl. z.B. GROCHLA, E.: Grundlagen der Materialwirtschaft. Das materialwirtschaftliche Optimum im Betrieb, S. 15 f.). Deswegen müßten Beschaffung und Materialwirtschaft gleich wichtig sein und die gleichen Teilaufgaben beinhalten. Das hieße dann, daß der bereits dargestellte erweiterte Beschaffungsprozeß auch auf die Materialwirtschaft übertragbar wäre (vgl. Abbildung 1.10).

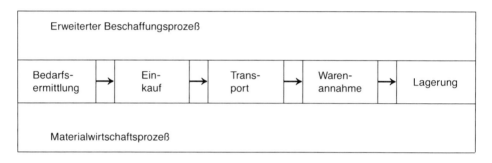

Abbildung 1.10   Beschaffungs- bzw. Materialwirtschaftsprozeß

Allerdings bringt die Bezeichnung ‚Beschaffung' die Marktorientierung (kaufmännische Seite) stärker zum Ausdruck, während die der ‚Materialwirtschaft' die innerbetriebliche Orientierung (technische Seite) betont. Aus diesem Grund ist die Materialwirtschaft bei den Teilaufgaben der Bedarfsermittlung, des Transportes und der Lagerung stärker beteiligt als die Beschaffung. Die Aktivitäten der Materialwirtschaft reichen z. B. bei der Bedarfsermittlung bis in den Bereich der **Arbeitsvorbereitung (Materialplanung)** hinein. Bei einer mehrstufigen Produktion ist die Materialwirtschaft im Gegensatz zu der Beschaffung auch für die Versorgung der nachgelagerten Stufen mit den entsprechenden Zwischenprodukten zuständig. Das bedeutet, daß sie im Vergleich zu der erweiterten Beschaffung auch für den Zwischenprodukttransport und deren Lagerung zuständig ist. In der Praxis werden die Aufgaben der Bedarfsermittlung, der Warenannahme und des Transportes zum Teil vom Einkauf bzw. den Bedarfsträgern und zum Teil vom Lager verrichtet. Deswegen kann auch der **Materialwirtschaftsprozeß** durch die Teilaufgaben des **Einkaufs** und des **Lagers** beschrieben werden.

Darüber hinaus besteht bei einigen betriebswirtschaftlichen Autoren und bei einem Teil der Praxis die Neigung, die Materialwirtschaft dem Lagerwesen gleichzustellen. Literaturtitel wie „Materialwirtschaft und Einkauf" (vgl. ARNOLDS, H., HEEGE, F., TUSSING, W.: Materialwirtschaft und Einkauf) und die Verwendung der Bezeichnung „Fachkaufmann Einkauf/Materialwirtschaft" für einen Weiterbildungskurs der Industrie- und Handelskammer und für das entsprechende Abschlußzeugnis stützen dieses Vorgehen.

Im Rahmen des vorliegenden Lehrbuchs wird vom *erweiterten Beschaffungsprozeß* ausgegangen. Verrichtungsmäßig wird also eine Übereinstimmung zwischen Beschaffung und Materialwirtschaft unterstellt. Das bietet die Möglichkeit, sämtliche Teilaufgaben der Materialwirtschaft zu behandeln und entspricht durchaus der Handhabung in Teilen der Praxis. Als Objekte der Materialwirtschaft werden in erster Linie Materialien und Handelswaren betrachtet. Die Ausführungen lassen sich jedoch in relevanten Bereichen auf sämtliche Einsatzgüter übertragen. In einigen Fällen, wie z.B. bei der Darstellung des Einkaufs, wird sogar von sämtlichen Gütern ausgegangen, um die Untersuchung möglichst praxisgebunden durchzuführen.

Demnach kann die Materialwirtschaft als die betriebliche Aufgabe definiert werden, die den Güterbedarf des Betriebes wirtschaftlich zu decken hat.

Dabei kann ein Bedarf als gedeckt betrachtet werden, wenn die benötigten Güter in den benötigten Qualitäten und Mengen zu den benötigten Terminen den Bedarfsträgern bereitgestellt sind. Die Frage nach den Methoden und Techniken der Durchführung dieser Aufgabe ist gleichbedeutend mit der Frage nach den Methoden und Techniken der **Bedarfsermittlung**, des **Einkaufs**, des **Transports**, der **Warenannahme** und der **Lagerung**, die im folgenden behandelt werden.

Kontrollfragen

1. Stellen Sie den Betriebsprozeß dar.
2. Beschreiben Sie das System der Produktionsfaktoren im Zusammenhang mit dem Betriebsbedarf und der Materialwirtschaft.
3. Was bedeutet das Prinzip der Wirtschaftlichkeit für die Materialwirtschaft?
4. Erläutern Sie die begrifflichen Inhalte der Beschaffung und der Materialwirtschaft.
5. Beschreiben Sie die Teilaufgabe der Beschaffung und der Materialwirtschaft und stellen Sie sie als Prozeß dar.

2 Die Bedarfsermittlung

2.0 Lernziele

Dieses Kapitel soll dem Leser

- die Beziehung zwischen Bedarfsermittlung, Bedarfsrechnung und Bedarfsplanung zeigen;
- die Materialsortimentsplanung und einzelne Maßnahmen der Materialrationalisierung näherbringen;
- Methoden der auftrags- und verbrauchsorientierten Materialbedarfsplanung vermitteln;
- die Beziehung zwischen Bedarfsermittlung und Materialdisposition verdeutlichen.

2.1 Wesen der Bedarfsermittlung

Wie bereits dargestellt, bilden die zur Erfüllung des Betriebszweckes benötigten Güter den Güterbedarf eines Betriebes. Die Ermittlung dieses Bedarfs beinhaltet jedoch nicht nur das Herausfinden der *Arten der Bedarfsgüter*. Sie umfaßt darüber hinaus auch die Ermittlung der *Bedarfsmengen* und der *Bedarfstermine*. Zur Ermittlung der Bedarfsmengen und -termine sind zahlreiche Berechnungen erforderlich. Sie alle machen die **Bedarfsrechnung** aus. Das Hauptinteresse der Bedarfsermittlung ist dem künftigen Bedarf gewidmet. Deswegen ist die **Bedarfsermittlung** mehr als eine Berechnung. Sie enthält auch die Festlegung des zukünftigen Bedarfs. Diese Entscheidung vermittelt der Bedarfsermittlung das Merkmal der **Bedarfsplanung**.

Die folgenden Ausführungen beschränken sich entsprechend den Interessen der Materialwirtschaft in erster Linie auf den Bedarf des Produktionsbereiches an Materialien und den Bedarf des Verkaufs an Handelswaren. Die gewonnenen Aussagen lassen sich jedoch ohne weiteres auch auf die Ermittlung des Bedarfs anderer betrieblicher Bereiche übertragen.

Ausgangspunkt der Überlegungen ist der **Primärbedarf**. Darunter sind die Aufträge der Kunden eines Betriebes zu verstehen. Die Grundaufgabe der Bedarfsermittlung ist es, den Primärbedarf in **Sekundär-** und **Tertiärbedarf** umzuwandeln. Dabei beinhaltet der Sekundärbedarf den Bedarf an Rohstoffen, Zuliefer- bzw. Bauteilen und Zwischenprodukten. Der Tertiärbedarf umfaßt den Bedarf an Hilfs- und Betriebsstoffen.

Die Umwandlung des Primärbedarfs in Sekundär- und Tertiärbedarf kann bei gegebenem Angebotssortiment und gegebener technischer Ausrüstung eines Betriebes als eine grundsätzliche Frage nach dem **Materialsortiment** ohne Bezug auf das konkrete Geschehen im Betrieb in der Zeit betrachtet werden. Sie kann aber auch als eine von Änderungen des *Produktionsprogrammes* in der Zeit abhängige Entscheidung über die benötigten Materialien, Materialmengen und Bedarfstermine untersucht werden.

Die Beantwortung der generellen Fragen nach den benötigten Materialien, losgelöst von konkreten Aufträgen des Betriebes zu bestimmten Terminen, ist Aufgabe der **Planung des Materialsortiments**. *Die Ermittlung des laufenden Bedarfs art-, mengen- und terminmäßig wird von der* **Materialbedarfsplanung** *übernommen* (vgl. Abbildung 2.1).

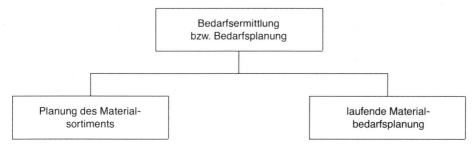

Abbildung 2.1 Aufgaben der Bedarfsermittlung

2.2 Planung des Materialsortiments (Materialrationalisierung)

Unter einer **Materialsorte** sind Materialien aus dem gleichen Stoff, gleicher Art und gleichen Ausführungen hinsichtlich der Größe, Güte, Form u. ä. zu verstehen.

Aufgabe der Planung des Materialsortiments ist es, festzulegen, welche Materialsorten bzw. welche Kombinationen davon (Baugruppen) benötigt werden. Dies ist in erster Linie eine technische Aufgabe. Sie ist jedoch nicht unabhängig von wirtschaftlichen Einflußgrößen.

Ist ein Zwischen- bzw. Fertigprodukt ausschließlich von bestimmten Materialien in nur einem bestimmten Einsatzverhältnis herstellbar, dann ist das Materialsortiment hauptsächlich von der „Technik" abhängig. Ist es dagegen möglich, ein Zwischen- bzw. Fertigprodukt durch alternative Materialien und bzw. mit alternativen mengenmäßigen Einsatzverhältnissen anzufertigen, dann ist die Bestimmung des Materialsortiments sowohl ein technisches als auch ein wirtschaftliches Problem. Bei gegebenem technischen Wissen und gegebener technischer Ausrüstung eines Betriebes ist sein Materialsortiment im letzteren Fall von den Kosten der einzelnen Materialien abhängig. Gesucht wird das Materialsortiment, das den Anforderungen der Bedarfsträger genügt und gleichzeitig die niedrigsten Materialkosten verursacht. Von besonderer Wichtigkeit hierbei ist die *Sortimentsbreite*. Enthält das Materialsortiment viele Ausführungen einer Materialsorte, dann handelt es sich um ein breites Sortiment. Werden dagegen wenige Sorten eingesetzt, dann liegt ein enges Sortiment vor. Je bereinigter das Materialsortiment ist, desto niedriger sind ceteris paribus die **Materialkosten**.

Die Festlegung des Materialsortiments nach technischen Gesichtspunkten unter Berücksichtigung seines Einflusses auf den Ver- und Einkauf sowie die Finanzierung ist Aufgabe der **Konstruktion**. Einige Betriebe setzen zu diesem Zweck die **Wertanalyse** ein, weil sie meinen, nur dadurch bestmögliche Lösungen zu erhalten. In beiden Fällen obliegt es der Konstruktion, den Materialbedarf für jedes Erzeugnis mit Hilfe von Zeichnungen, Bauplänen, Rezepten, Stücklisten u. ä. zu beschreiben (vgl. die Ausführungen unter 2.3.1).

Das Ziel jeder Planung ist es, bestmögliche Lösungen anzubieten. Ziel der Konstruktion bzw. der Wertanalyse muß die Ermittlung des bestmöglichen Materialsortiments sein. Bestmöglich bedeutet hier: Die ermittelten Materialien lassen sich mit den niedrigsten Kosten in die von den Endabnehmern gewünschten Fertigprodukte umwandeln. Die Maßnahmen hierzu im Rahmen der Planung des Materialsortiments sind unter der Bezeichnung der **Materialrationalisierung** bekannt. Dazu sind neben der traditionellen **Konstruktion** das Verfahren der **Wertanalyse**, die Maßnahmen der **Materialstandardisierung**, der **Nummerung** und der **ABC-Analyse** zu zählen (vgl. Abbildung 2.2).

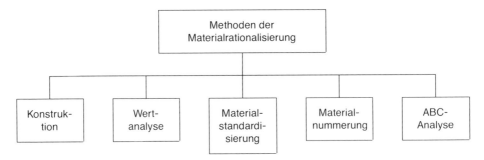

Abbildung 2.2 Methoden der Materialrationalisierung

2.2.1 Die Wertanalyse

Es entspricht den allgemeinen Erfahrungen, daß in Mangelsituationen die Bestrebungen nach Materialeinsparung bzw. nach kostengünstigeren Ersatzmaterialien zunehmen und dadurch erfolgreich sind. Seine Erfahrungen darüber während des Zweiten Weltkrieges veranlaßten den amerikanischen Ingenieur Lawrence D. Miles, diese Bestrebungen zu systematisieren und sie im betrieblichen Alltag bei der Planung und Rationalisierung des Materialsortiments anzuwenden (vgl. MILES, L. D.: Techniques of Value Analysis and Engineering). Damit entwickelte er ein Verfahren, das die Bezeichnung **Wertanalyse** trägt.

Die Wertanalyse war zunächst eine Methode zur Rationalisierung des Materialsortiments für die laufenden Fertigprodukte **(Produkt-Wertanalyse, Value Analysis)** und zur Planung des Materialsortiments für neu zu entwickelnde Fertigprodukte **(Konzept-Wertanalyse, Value Engineering)**.

Später jedoch wurde die Wertanalyse verallgemeinert und auch für Verwaltungsabläufe eingesetzt **(Arbeitsablauf-Wertanalyse, Value Organisation, Value Administration, Value Management)** (vgl. Abbildung 2.3).

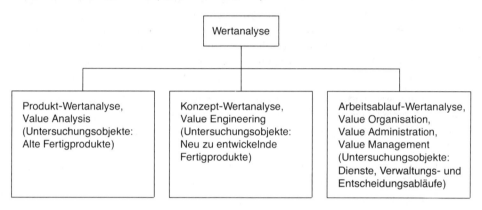

Abbildung 2.3   Arten der Wertanalyse

Die „SOCIETY OF AMERICAN VALUE ENGINEERING" (S.A.V.E.) definiert die Wertanalyse als *„die systematische Anwendung bewährter Techniken zur Ermittlung der Funktionen eines Erzeugnisses oder einer Arbeit, zur Bewertung der Funktionen und zum Auffinden von Wegen, um die notwendigen Funktionen mit den geringsten Gesamtkosten verläßlich zu erfüllen"* (zitiert nach DEMMER, K. H.: Wertanalyse. In: Management Enzyklopädie, Bd. 6, S. 547 ff.).

Die Bestimmung des Materialsortiments mit Hilfe der Wertanalyse erfolgt streng durch die Festlegung der zur Herstellung der Fertigprodukte *notwendigen Funktionen* der einzelnen Materialien. Voraussetzung dafür ist jedoch die vorherige Ermittlung der von ihren Endabnehmern *gewünschten Funktionen* der Fertigprodukte. Dabei wird unter Funktion die vom Material bzw. Fertigprodukt natürlich oder charakteristisch ausgeübte Tätigkeit verstanden. Die Ausrichtung nach Funktionen soll das Denken von den einzelnen Materialien und generell von den einzelnen Gütern als Einheiten auf die in der Regel kleineren Einheiten der Funktionen verlagern. Dies und die strenge Begrenzung der Fertigproduktfunktionen ausschließlich auf die gewünschten und der Materialfunktionen lediglich auf die notwendigen bilden ein Merkmal der Wertanalyse.

38   Die Bedarfsermittlung

Durch sie sollen Materialien mit überflüssigen, wie auch solche mit nicht ausreichenden Funktionen vermieden und gegebenenfalls neue Materialien entwickelt werden. Damit sollen im Vergleich zu der herkömmlichen Bestimmungsmethode des Materialsortiments durch die Konstruktion allein Kosteneinsparungen erzielt werden.

Die Herstellung der Beziehung zwischen Wünschen der Endabnehmer, Fertigprodukt- und Materialfunktionen setzt eine Fülle von Informationen und Aktivitäten voraus, die kaum von einer Arbeitskraft bewältigt werden können und zweckmäßigerweise auch nicht allein von Mitarbeitern einer Abteilung durchgeführt werden sollen. Vielmehr soll jede wertanalytische Untersuchung durch ein **Wertanalyseteam** durchgeführt werden. Als Teammitglieder sollen Mitarbeiter der Produktion, der Konstruktion, der Arbeitsvorbereitung, des Rechnungswesens, des Verkaufs und des Einkaufs ausgewählt werden. Nach Möglichkeit sollen alle betrieblichen Teilbereiche, die direkt von den Arbeitsergebnissen betroffen werden, dem Wertanalyseteam angehören. Die Federführung soll einer direkt der Betriebsleitung unterstellten Stabsabteilung Wertanalyse übertragen werden. Abgesehen von sonstigen Vorteilen kann die Gruppenarbeit hier die Überwindung von Abteilungsegoismen bewirken.

Eine ständige Anwendung der Wertanalyse, und zwar auf verschiedene Objekte mit jeweils unterschiedlichen Zielen, macht — in Anbetracht der Kompliziertheit der zu klärenden Beziehungen — die Ausarbeitung eines *systematischen Vorgehens* unumgänglich.

Nach DIN 69910 besteht das systematische Vorgehen der Wertanalyse aus folgenden 6 Grundschritten und den dazugehörenden Teilschritten:

Grundschritt 1:   Vorbereitende Maßnahmen
Teilschritt 1.1:   Auswählen des Objektes der Wertanalyse und Stellen der Aufgaben
Teilschritt 1.2:   Festlegen des quantifizierten Zieles
Teilschritt 1.3:   Bilden der Arbeitsgruppen
Teilschritt 1.4:   Planen des Ablaufs

Grundschritt 2:   Ermitteln des Ist-Zustandes
Teilschritt 2.1:   Beschaffung von Informationen und Beschreiben des Objektes der Wertanalyse
Teilschritt 2.2:   Beschreiben der Funktionen
Teilschritt 2.3:   Ermitteln der Funktionskosten

Grundschritt 3:   Prüfen der Funktionserfüllung
Teilschritt 3.1:   Prüfen der Funktionserfüllung
Teilschritt 3.2:   Prüfen der Kosten

Grundschritt 4:   Ermitteln von Lösungen; Suche nach allen denkbaren Lösungen

Grundschritt 5:   Prüfen der Lösungen
Teilschritt 5.1:   Prüfen der sachlichen Durchführbarkeit
Teilschritt 5.2:   Prüfen der Wirtschaftlichkeit

Grundschritt 6: Vorschlagen und Verwirklichen einer Lösung
Teilschritt 6.1: Auswählen der Lösung(en)
Teilschritt 6.2: Empfehlen einer Lösung
Teilschritt 6.3: Verwirklichen der Lösung

Die Ergebnisse der Wertanalyse können zwar als bestmögliche Lösungen hinsichtlich der Beziehung der Materialfunktionen zu den Materialkosten betrachtet werden. Im Rahmen der Planung des Materialsortiments müssen jedoch die Materialfunktionen in Materialsorten bzw. Kombinationen davon umgewandelt werden. Hierbei können zusätzliche **Rationalisierungseffekte** erzielt werden, wenn die Wertanalyse durch die herkömmlichen **Standardisierungsmaßnahmen** ergänzt wird.

2.2.2 Die Materialstandardisierung

Standardisierung bedeutet Vereinheitlichung einer Vielfalt von ähnlichen Dingen durch die Schaffung allgemein anerkannter Gruppen und der dazugehörenden Gruppenmerkmale, d.h. durch die Schaffung von **Normen** und **Typen**. Im betrieblichen Produktionsbereich bezieht sich die Schaffung von Normen, also die Normung, auf die Elemente und Teile der Fertigprodukte, d.h. auf die Materialien. Die Standardisierung von Fertigprodukten selbst erfolgt durch die Schaffung von Typen, also durch die Typung (vgl. Abbildung 2.4).

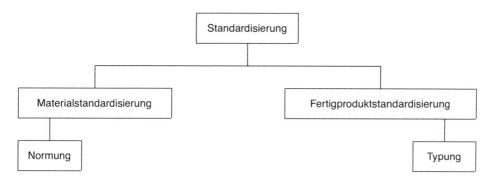

Abbildung 2.4 Arten der Standardisierung

2.2.2.1 Die Materialnormung

Die Erfahrung zeigt, daß für einen bestimmten Produktionszweck eine Vielzahl von Materialien mit im wesentlichen ähnlichen Qualitäten, Formen, Abmessungen, Größen u.ä. eingesetzt werden kann. Verfährt ein Betrieb danach, dann ist zu prüfen, ob dies nicht Kosten verursacht, die gespart werden könnten. Wird anstatt der Qualitäts-, Form-, Abmessungs- und Größenvielfalt jeweils eine genau beschriebene Qualität, Form, Abmessung und Größe festgelegt, d.h. die entsprechenden **Normen** entwickelt und eingesetzt, ohne das Produktionsergebnis negativ zu beeinflussen, dann sind nicht nur Materialkosteneinsparungen zu erwarten. *Produktivitätssteigerungen in der Konstruktion und Fertigung werden sich ebenfalls einstellen.* Aus diesen Gründen sind vor allem Industriebetriebe bestrebt, ihr Materialsortiment durch **Normung** zu straffen.

Die Entwicklung und Durchsetzung von Normen ist nicht nur ein betriebliches Anliegen bzw. ein Anliegen von Betriebsverbänden. Die Rationalisierungseffekte der Normung sollen auch der Allgemeinheit nutzen. Unter Berücksichtigung dieses Gesichtspunktes definiert DIN 820 die Normung als *„die planmäßige, durch die interessierten Kreise gemeinschaftlich durchgeführte Vereinheitlichung von materiellen und immateriellen Gegenständen zum Nutzen der Allgemeinheit"*.

Die überbetriebliche Standardisierung auf nationalen Ebenen in der Bundesrepublik Deutschland wird vom „DEUTSCHEN INSTITUT FÜR NORMUNG E.V." (DIN) getragen. Seine Normen tragen das Zeichen DIN. Das DIN beteiligt sich auch bei der Internationalen Standardisierungsarbeit der „INTERNATIONAL STANDARDIZATION ORGANIZATION" (ISO) und des „COMITÉ EUROPÉEN DE NORMALISATION" (CEN). Darüber hinaus gibt es eine Reihe von Verbänden, die sich als spezialisierte nationale Normungsträger betätigen. Hierzu gehören z.B. der „VEREIN DEUTSCHER INGENIEURE" (VDI), der „FACHVERBAND DER AUTOMOBILINDUSTRIE" (VDA), die „DEUTSCHE POST" und der „VERBAND DEUTSCHER ELEKTROTECHNIKER" (VDE).

2.2.2.2 Die Produkttypung

Durch Variation einiger Merkmale eines Grundproduktes entstehen mehrere Grundformen des gleichen Produktes, die verschiedene **Typen** des Ausgangsprodukts darstellen. Eine Typenvielzahl mag aus absatzpolitischen Gesichtspunkten wünschenswert sein. Sie verursacht jedoch auch zusätzliche Entwicklungs-, Konstruktions-, Fertigungs-, Einkaufs-, Transport-, Lagerungs- und Absatzkosten. Ergibt eine *Rentabilitätsuntersuchung*, daß die Kosten einiger Produkttypen höher sind als ihre direkten und indirekten Umsätze, dann ist eine **Typenbereinigung**, d.h. Verringerung der Anzahl der angebotenen Typen, in Erwägung zu ziehen. Wird ein solches Vorhaben verwirklicht, dann wird es als **Typung** bezeichnet. Ihre Rationalisationseffekte erstrecken sich auf Einsparungen von eben erwähnten Kosten.

Der Rationalisierungseffekt der Typung kann u.U. von einer unerwünschten Umsatzminderung infolge der *Sortimentsbereinigung* begleitet sein. In einem solchen Fall eignet sich anstatt der Typung das ***Baukastensystem***. Hierbei handelt es sich um den Einsatz normierter Bauteile bzw. -gruppen, die mehrfach unterschiedlich zusammengesetzt werden können und jeweils einen anderen Typ des Grundproduktes darstellen.

Das Baukastensystem ermöglicht nicht nur die Verwirklichung der Rationalisierungsvorteile durch die Materialnormung bei gleichzeitigem Ausschluß der unerwünschten Wirkungen der Typung. Im Gegensatz zur Typung bewirkt es eine Ausweitung des Angebotssortiments und dadurch möglicherweise eine Umsatzsteigerung.

2.2.3 Die Materialnummerung

Die **Materialnummerung** ist ein Teilproblem der **Sachnummerung**, die einen eigenständigen Nummernbereich von auftragsunabhängigen Tatbeständen, wie z.B. Fertigungsprodukten, Materialien, Betriebsmitteln und Arbeitsplätzen, darstellt. Die mit Hilfe der Konstruktion oder der Wertanalyse festgelegten Materialsorten bzw. ihre Baugruppen tragen in der Regel einen Namen. Abgesehen davon, daß nicht alle Materialien einen Namen haben, sind die verwendeten Namen weder eindeutig genug, noch lassen sie für Nichtfachleute immer alle Materialmerkmale erkennen. Darüber hinaus sind sie oft sehr lang. Das bedeutet, sie vermögen nicht Materialverwechslungen auszuschließen und eine für alle gültige Zuordnung der einzelnen Materialien nach gewünschten Merkmalen zu gewährleisten. Außerdem beansprucht ihre EDV-mäßige Bearbeitung viel Speicherkapazität.

Um diese Schwäche der Materialnamen zu beseitigen, werden die Materialien durch Nummern bezeichnet. Jedem Material wird eine Nummer zugewiesen, die als Informationsträger dient. Jede Nummer enthält in verschlüsselter Form *(Materialcode; Materialschlüssel; Nummernschlüssel)* alle zu eindeutiger Kennzeichnung *(**Identifizierung**)* eines Materials notwendigen Informationen. Darüber hinaus kann sie auch die für eine gewünschte Zuordnung in vorausbestimmten Materialgruppen mit ausgewählten Merkmalen *(**Klassifizierung**)* erforderlichen Informationen enthalten. Eine Nummer kann aus einer Folge von Ziffern (numerische Nummer), einer Folge von Buchstaben (Alphanummer) oder aus einer Folge von Ziffern und Buchstaben miteinander kombiniert (alphanumerische Nummer) dargestellt werden (vgl. Abbildung 2.5).

Die einfachste Lösung ist, einen identifizierenden Nummernschlüssel zu entwickeln. Hierzu reicht eine laufende Durchnumerierung aller Materialien mit Hilfe von numerischen Nummern oder Alphanummern. Abgesehen davon, daß Alphanummern umständlich und schwer zu übersetzen sind, leisten beide Vorschläge bestenfalls nur eine eindeutige Identifizierung. Eine solche Nummer wird *Identnummer* genannt. Eine Klassifizierung vermögen solche Nummernschlüssel nicht zu liefern.

Beispiel

1827 = Material- bzw. Artikelnummer für Holzschraube 6 × 15 mm, Rundkopf, aus vernikkeltem Stahl.

Eine Klassifizierung, z.B. nach

- Materialgruppe,
- Materialuntergruppe,
- Materialsorte,
- Materialstoff,

- Abmessungen,
- Lagerstandort,
- Dispositionsart,
- Einkaufsstelle u.ä.,

42 Die Bedarfsermittlung

vermittelt jedoch dem Benutzer des Nummernschlüssels zusätzliche Informationen, die ihm erlauben, seine Arbeit rationeller zu gestalten. Allerdings ist die Entwicklung von klassifizierenden Nummernschlüsseln wesentlich -arbeitsaufwendiger als die von identifizierenden Schlüsseln. Der Ausdruck aller zur eindeutigen Identifizierung notwendigen Materialmerkmale kann die Anzahl der Nummernstellen stark anwachsen lassen. Außerdem bieten sie nicht eine Gewähr, daß die für die einzelnen Merkmale vorgesehenen Stellen auch künftig ausreichen werden. Ist dies für ein Merkmal nicht der Fall, dann „platzt" der ganze Nummernschlüssel.

Beispiel

4523616152307 = Klassifizierende Material- bzw. Artikelnummer für Holzschraube 6 × 15 mm, Rundkopf, aus vernickeltem Stahl.

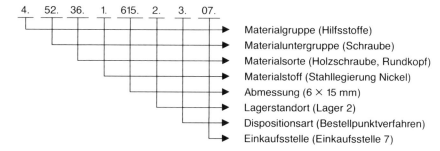

Zu den klassifizierenden Nummernschlüsseln gehören auch sogenannte *sprechende Nummern*, die alphanumerisch dargestellt werden.

Beispiel

HS 615RSTN = Sprechende Nummer für Holzschraube 6 × 15 mm, Rundkopf, aus vernickeltem Stahl.

Die als Beispiel dargestellte Nummer enthält die Anfangsbuchstaben und die Abmessungen der zugrunde gelegten Schraube. Solche sprechenden Schlüssel sind zwar einfach zu gestalten, werden aber bei einer größeren Anzahl von Materialien unübersichtlich und könnten leicht mehrfach belegt werden.

Ebenfalls den klassifizierenden Nummernsystemen ist das *dekadische System* zuzuordnen. Die Gesamtheit der Materialien wird zehn einstelligen (0—9) Materialausgangsgruppen zugeordnet. Jede einstellige Gruppe kann weiter in zehn zweistellige Gruppen aufgeteilt werden. Damit können insgesamt 10^{10} = 10 000 000 000 Materialpositionen ausgewiesen werden. Jede Stelle bzw. Stellengruppe weist ein bestimmtes Merkmal des Materials aus. Die einzelnen Merkmale sind streng hierarchisch voneinander abhängig. Solche Nummernsysteme werden *Verbundnummern-Systeme* genannt. Sie bergen in sich die Gefahr des „Platzens", wenn die einmal festgelegte Merkmalshierarchie geändert wird.

Diese Gefahr wurde durch die Entwicklung von Nummernsystemen mit Parallelverschlüsselung behoben. Parallelschlüssel bestehen aus Nummern mit einer Identnummer und einer oder mehreren Klassifizierungsnummern. Die Ident- und Klassifizierungsnummern sind voneinander unabhängig. Jede Materialsorte erhält eine Identnummer. Sie kennzeichnet das Material eindeutig. Unabhängig von der Identnummer werden die gewünschten Materialmerkmale durch die Klassifizierungsnummer zum Ausdruck gebracht.

Beispiel
Parallelverschlüsselung für Holzschraube 6 × 15 mm, Rundkopf, aus vernickeltem Stahl.

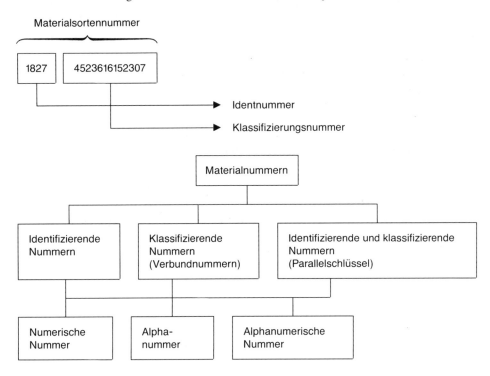

Abbildung 2.5   Arten von Materialnummern (-schlüsseln)

2.2.4 Die ABC/XYZ-Analyse

Ausgangspunkt der Überlegungen bei der **ABC-Analyse** als Instrument der Materialrationalisierung ist die Annahme einer ungleichen Bedeutung der einzelnen Materialien. Der Zweck der ABC-Analyse besteht in der Klassifizierung jedes Materials entsprechend seiner Bedeutung in die dafür geschaffene Materialgruppe A, B oder C. Dies kann dann eine unterschiedlich intensive Behandlung der einzelnen Materialien im Rahmen des materialwirtschaftlichen Prozesses erlauben. Der Rationalisierungseffekt soll durch die Steuerung der Bearbeitungsintensität erzielt werden. Bedeutungsvolle Materialien werden materialwirtschaftsmäßig intensiver behandelt als weniger bedeutungsvolle.

Die Bedeutung der originären Materialien wird in der Praxis häufig allein durch deren Einkaufswert bestimmt. Die Bedeutung der selbstproduzierten Teile wird dagegen durch deren Herstellungskosten ausgedrückt. Materialien mit einem höheren Einkaufswert bzw. höheren Herstellungskosten sind bedeutungsvoller als solche mit einem niedrigeren Einkaufswert bzw. niedrigeren Herstellungskosten. Für solche Materialien lohnt es sich eher, z.B. eine genaue Bedarfsrechnung anzustellen, verstärkt Beschaffungsmarktforschung zu betreiben, eine strenge Lieferantenauswahl vorzunehmen.

Zu diesem Zweck ist das Bedarfssortiment einer Periode (in der Regel eines Jahres) in seine Elemente, die Materialien, zu zerlegen. Diese wiederum sollen beginnend mit dem Material mit dem höchsten Jahreseinkaufswert bzw. den höchsten Jahresherstellungskosten nach ihrem Jahreswert geordnet werden. Erfahrungsgemäß wird der größte Teil des gesamten Einkaufswertes bzw. der Herstellkosten von wenigen Materialien bewirkt. Werden die Reihen der Materialien und deren Einkaufswerte bzw. Herstellkosten jeweils kumuliert, in Beziehung gebracht und in Prozenten ausgedrückt, dann ergibt sich ein Bild ähnlich dem der folgenden Abbildung 2.6.

Die angenommene Beziehung zeigt, daß 20% der Materialien 80% des Einkaufswertes bzw. der Herstellungskosten verursachen. Diese Materialien sind hier der A-Gruppe zugeordnet worden. Der Materialgruppe B sind 30% der Materialien mit einem Wertanteil von nur 10% zugeteilt worden. Der letzten Gruppe C schließlich

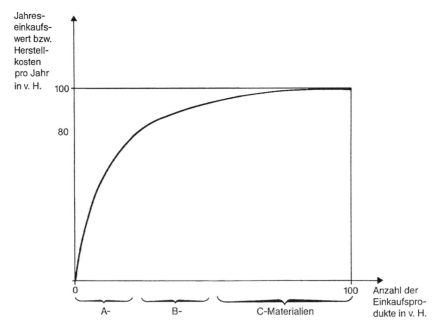

Abbildung 2.6 Darstellung einer ABC-Klassifikation

sind 50% der Materialien mit einem Wertanteil von ebenfalls nur 10% zugesprochen worden. Die Festlegung der Zugehörigkeit der Materialien zu den Materialgruppen A, B und C ist betriebsindividuell von der Einkaufs- bzw. materialwirtschaftlichen Leitung vorzunehmen.

Es ist jedoch oft notwendig, die Bedeutung der einzelnen Materialien an Hand von mehreren Kriterien statt nur auf Grund ihres Einkaufswertes bzw. ihrer Herstellungskosten zu bestimmen. In solchen Fällen müssen entsprechend mehrere ABC-Analysen durchgeführt werden und ein allgemeinklassifizierendes Modell (scoring model) entwickelt werden. Es ist z. B. üblich, bei der Klassifizierung der Materialsorten nach ihrer Prognosegenauigkeit die Gruppen X, Y und Z zu bilden. Materialien mit einer hohen Prognosegenauigkeit werden der X-Klasse zugerechnet. Materialien mit einer mittleren Prognosegenauigkeit gehören der Y-Klasse an und Materialien mit einer geringen Prognosegenauigkeit werden Z-Materialien genannt. Solche multiple Klassifizierungen werden ABC/XYZ-Analyse genannt.

2.3 Die laufende Materialbedarfsplanung

Im Gegensatz zu der Planung des Materialsortiments ist die *Planung des Materialbedarfs* an das konkrete betriebliche Geschehen einer Zeitperiode gebunden. Überdies werden durch sie nicht nur die *Bedarfsarten* (Bedarfsmaterialien) festgelegt. Sie bestimmt darüber hinaus auch die *Bedarfsmengen* und die *Bedarfstermine*.

Die Länge der Planungsperiode ist vom *Planungshorizont* der Planer abhängig. Der wiederum wird durch die zur Verfügung stehenden Informationen bestimmt. Je länger die Planungsperiode ist, desto geringer sind allerdings im allgemeinen die Informationen über die Einflußgrößen und ihre Einflußintensität. Das bedeutet, daß je länger die Planungsperiode ist, desto größer ist die Unsicherheit und Ungewißheit von Planungsentscheidungen. Dies führt dazu, Pläne in lang-, mittel- und kurzfristige aufzuteilen. Je längerfristiger Pläne sind, desto gröber sind jedoch ihre Aussagen.

Die Materialbedarfsplanung ist Aufgabe sowohl der Materialwirtschaft als auch der Fertigung. Die Fertigung erstellt im Rahmen der Arbeitsvorbereitung und hier speziell bei der Arbeitsplanung den *Materialbedarfsplan*, um die benötigten Materialien von der Materialwirtschaft anzufordern. Wenn ein lang-, mittel- und kurzfristiger *Produktionsplan* aufgestellt wird, liegen in der Regel auch die entsprechenden Materialpläne vor. Dies ist jedoch nicht immer der Fall. Einige Betriebe begnügen sich nur mit einem kurzfristigen Produktionsprogramm, wenn überhaupt. In solchen Fällen kann eine termingerechte Bereitstellung der angeforderten Materialien gefährdet werden. Um diese Gefahr zu mindern bzw. völlig zu beseitigen, ist die Materialwirtschaft gezwungen, eigene Materialbedarfspläne aufzustellen. Das gleiche gilt auch für Materialien, die nicht im Bedarfsplan der Fertigung enthalten sind. Solche Materialien sind z. B. die Betriebsstoffe. Darüber hinaus unterscheidet sich die Materialbedarfsplanung der Materialwirtschaft von der der Fertigung auch hinsichtlich des Inhaltes. Während die Fertigung nur ihren Bedarf, den **Bruttobedarf**, ermittelt, ist die Materialwirtschaft gleichzeitig auch an dem **Bestellbedarf**, dem **Nettobedarf**, interes-

46 Die Bedarfsermittlung

siert. Hierzu sind die Marktsituation und die Bestell- und Lagerbestände zu berücksichtigen. Ausgehend vom Bruttobedarf und seiner zeitlichen Verteilung innerhalb der Planungsperiode sind die **Bestände**, die **Bestellmengen** und **-termine**, die **Wiederbeschaffungszeit**, die **Anliefertermine** u.ä. festzulegen. Bei dieser Aufgabe der Materialwirtschaft handelt es sich um die Materialdisposition.

In diesem Kapitel werden vorwiegend Methoden der Bedarfsplanung behandelt. Es wird jedoch auch auf Teilprobleme der **Bestandsrechnung** eingegangen, insofern sie z.B. für die Berechnung des Nettobedarfs notwendig sind. Eine ausführliche Betrachtung der Materialdisposition erfolgt im Rahmen der Darstellung des Lagerwesens.

Es ist üblich, die Methoden der Materialbedarfsplanung je nach verwendeter Ausgangsgröße in zwei Gruppen einzuteilen. Bei der einen Gruppe handelt es sich um **auftragsorientierte (deterministische)** Verfahren. Die zweite Gruppe enthält **verbrauchsorientierte (stochastische)** Prognosemethoden. Einige dieser Methoden (vgl. Abbildung 2.7) werden im folgenden dargestellt.

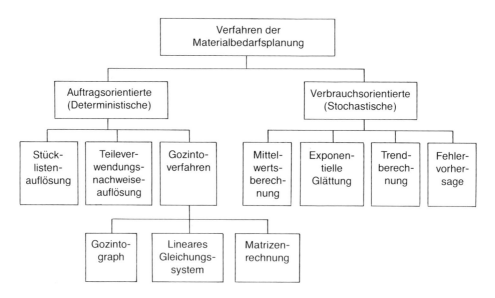

Abbildung 2.7 Verfahren der Materialbedarfsplanung

2.3.1 Auftragsorientierte (deterministische) Materialbedarfsplanung

Ausgangspunkt der Bedarfsplanung sind hier Kunden- oder Lageraufträge (Auftragsorientierung), die den Primärbedarf angeben. Sind neben dem Primärbedarf auch die Strukturen der Fertigerzeugnisse z.B. in Form von Stücklisten oder Teileverwendungsnachweisen bekannt, dann kann daraus der **Bruttosekundärbedarf** genau und sicher *(deterministisch)* errechnet werden. Vom Bruttobedarf kann dann der Nettobedarf nach der allgemeinen Formel

Nettobedarf = Bruttobedarf − Bestände

ermittelt werden. Er stellt den Bedarf an originären Materialien *(Einkaufsbedarf)* oder an selbst herzustellenden Zwischenprodukten dar.

Erzeugnisstrukturen können grafisch oder listenförmig dargestellt werden. Obwohl grafische Darstellungen für Zwecke der Materialbedarfsplanung nicht eingesetzt werden, sollen sie hier behandelt werden, weil sie die Erzeugnisstrukturen anschaulich machen und so dem Verständnis der Stücklistenorganisation dienen.

Grafische Darstellungen werden Erzeugnisbäume, Stammbäume, Aufbauübersichten, Gozintographen o. ä. genannt. Sie bestehen aus Knoten und Verbindungslinien. Die Knoten enthalten die einzelnen Sachnummern. Die Verbindungslinien drücken die Beziehung zwischen Input und Output aus. Die Zahlen auf den Linien bzw. neben den Sachnummern geben die **spezifischen Verbräuche** der übergeordneten Zwischen- bzw. Fertigerzeugnisse an. Sie drücken die benötigten Mengen eines Materials zur Erzeugung einer Mengeneinheit des übergeordneten Zwischen- bzw. Fertigerzeugnisses aus.

Erzeugnisstrukturen können nach *Fertigungs-* bzw. *Baustufen*, nach *Dispositions-* oder *Auflösungsstufen* aufgebaut sein. Die nach Fertigungsstufen aufgebauten Erzeugnisstrukturen folgen dem fertigungstechnischen Ablauf des betrachteten Erzeugnisses (vgl. Abbildung 2.8). Dabei ist es üblich, die Stufenzählung entgegen dem Fertigungsablauf vorzunehmen. Die höchste Fertigungsstufe des Erzeugnisses E_1, seine Fertigstellungsstufe, wird mit 0 gekennzeichnet.

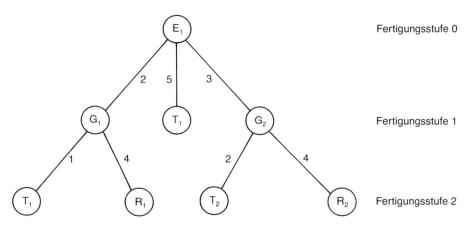

Abbildung 2.8 Beispiel einer Erzeugnisstruktur nach Fertigungsstufen

Das Einzelteil T_1 in der Abbildung 2.8 wird sowohl in der Fertigungsstufe 2 als auch in der Fertigungsstufe 1 eingesetzt. Solche *Wiederholteile* erschweren die Bedarfsermittlung. Um die Materialdisposition zu vereinfachen, werden Wiederholteile in der tiefsten Fertigungsstufe, in der sie vorkommen, disponiert. Für das Einzelteil T_1 bedeutet es, daß seine gesamte Bedarfsmenge in der Fertigungsstufe 2 disponiert wird. Das ist seine Dispositionsstufe. Das in der Abbildung 2.8 dargestellte Beispiel wird so in eine nach Dispositionsstufen aufgebaute Erzeugnisstruktur umgewandelt (vgl. Abbildung 2.9).

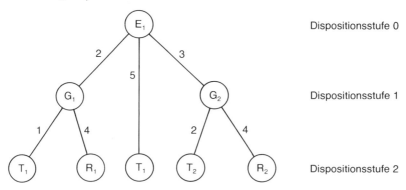

Abbildung 2.9 Beispiel einer Erzeugnisstruktur nach Dispositionsstufen

Ähnlich wie die Dispositionsstufen können auch Auflösungsstufen die Materialdisposition vereinfachen. Sie werden von der Konstruktionsabteilung nach geeigneten Kriterien gebildet. Jede Sachnummer wird einer bestimmten Auflösungsstufe zugeordnet. Allerdings werden hier die Stufen vor den Rohstoffen zum Fertigerzeugnis hin gezählt. Rohstoffe werden in der Stufe 0, Einzelteile in der Stufe 1 aufgelöst usw. Die Abbildung 2.10 zeigt die nach Auflösungsstufen aufgebaute Struktur des Fertigerzeugnisses E_1 aus der Abbildung 2.8.

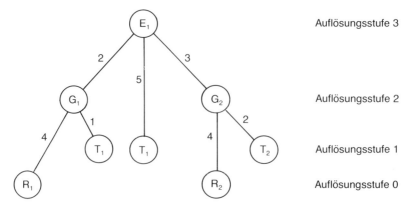

Abbildung 2.10 Beispiel einer Erzeugnisstruktur nach Auflösungsstufen

2.3.1.1 Materialbedarfsplanung durch Stücklistenauflösung (analytische Bedarfsermittlung)

Stücklisten sind Materialverzeichnisse, die gegebenenfalls auch die Materialmengen und den strukturellen Aufbau von Halb- und Fertigerzeugnissen enthalten. Ursprünglich sind sie als Hilfsmittel der Konstruktion entwickelt worden *(Konstruktionsstücklisten)*. Sehr schnell wurden sie jedoch auch in verschiedenen anderen Bereichen, wie Fertigung *(Fertigungsstückliste)*, Materialdisposition *(Dispositionsstückliste)*, Einkauf *(Einkaufsstückliste)*, Rechnungswesen *(Kalkulationsstückliste)* u.ä. eingesetzt.

Hier werden nur die Dispositionsstücklisten betrachtet. Je nach Aufbauform und Aussage einer Stückliste kann es sich um eine:

- **Baukastenstückliste,**
- **Mengenübersichtsstückliste**, oder eine
- **Strukturstückliste**

handeln.

Eine *Baukastenstückliste* ist nur ein Teil der Gesamtstückliste eines Erzeugnisses. Sie weist alle Materialien (Rohstoffe, Teile und Baugruppen), die direkt in die nächsthöhere Baugruppe bzw. in das Fertigerzeugnis eingehen, aus. Ihre Mengenangaben beziehen sich jeweils auf eine Mengeneinheit der höheren Baugruppe oder des Fertigerzeugnisses. Die Erzeugnisstruktur der Abbildung 2.8 läßt sich beispielsweise baukastenmäßig wie in Abbildung 2.11 darstellen.

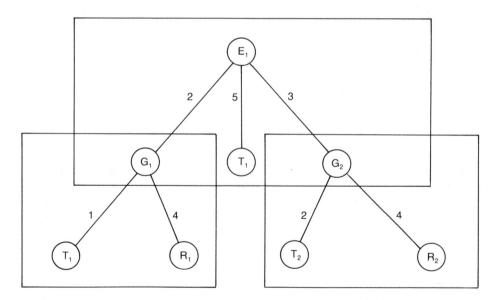

Abbildung 2.11 Baukastenmäßige Erzeugnisstruktur von E_1

50 Die Bedarfsermittlung

Die entsprechenden Baukastenstücklisten sind in der Abbildung 2.12, 2.13 und 2.14 dargestellt worden.

Baukastenstückliste für die Baugruppe G_1 Listen-Nr. ...	
Material-Nr.	Menge
T_1	1
R_1	4

Abbildung 2.12 Beispiel einer Baukastenstückliste für G_1

Baukastenstückliste für die Baugruppe G_2 Listen-Nr. ...	
Material-Nr.	Menge
T_2	2
R_2	4

Abbildung 2.13 Beispiel einer Baukastenstückliste für G_2

Baukastenstückliste für das Fertigerzeugnis E_1 Listen-Nr. ...	
Material-Nr.	Menge
G_1	2
T_1	5
G_2	3

Abbildung 2.14 Beispiel einer Baukastenstückliste für E_1

Daraus geht hervor, daß eine Verbindung zu dem Fertigerzeugnis nur über die Stücklisten aller untergeordneten Baugruppen hergestellt werden kann. Dies bedeutet, daß die Ermittlung des *Gesamtbedarfs* eines Fertigerzeugnisses nur durch Auflösung aller seiner Baukastenstücklisten erfolgen kann. Die Erfassung aller zu einem Fertigerzeugnis gehörenden Baukastenstücklisten kann mit Hilfe ihrer Nummern leicht erfolgen. Da jede Baukastenstückliste auch einer entsprechenden Baustufe zugeordnet werden kann, ist die Ermittlung der Erzeugnisstruktur des Fertigerzeugnisses nicht schwierig.

Eine *Mengenübersichtsstückliste* enthält alle zur Herstellung einer Mengeneinheit eines Fertigungserzeugnisses notwendigen Bedarfsmengen (vgl. Abbildung 2.15). Sie erteilt jedoch keine Auskunft über den Fertigungsprozeß. Aus diesem Grund sind Mengenübersichtsstücklisten z.B. bei langen Durchlaufzeiten ungeeignet für die Festlegung des Bedarfs innerhalb einer Periode. Da sie keine Angaben über die zeitliche Verteilung des Bedarfs machen, können sie in solchen Fällen nur zur Ermittlung des pauschalen Bruttobedarfs eingesetzt werden. In der folgenden Abbildung 2.15 ist das Beispiel der Erzeugnisstruktur aus der Abbildung 2.8 als Mengenübersichtsstückliste für das Erzeugnis E_1 dargestellt.

Mengenübersichtsstückliste für das Erzeugnis E_1 Listen-Nr. ...	
Material-Nr.	Menge
G_1	2
T_1	7
R_1	8
G_2	3
T_2	6
R_2	12

Abbildung 2.15   Beispiel einer Mengenübersichtsstückliste für E_1

Strukturstücklisten vermögen, im Gegensatz zu den Mengenübersichtsstücklisten, sowohl Mengenangaben zu machen als auch die Erzeugnisstruktur wiederzugeben. Die Mengenangaben beziehen sich entweder auf eine Mengeneinheit der direkt übergeordneten Baugruppe bzw. des Fertigerzeugnisses oder auf eine Mengeneinheit Fertigerzeugnis. Die Erzeugnisstruktur ist nach Fertigungs- bzw. Baustufen, Dispositionsstufen oder Auflösungsstufen darstellbar.

Als Beispiel einer Strukturstückliste nach Fertigungsstufen ist in der Abbildung 2.16 wiederum die Erzeugnisstruktur der Abbildung 2.8 benutzt worden. Entsprechend

Strukturstückliste des Erzeugnisses E_1 Listen-Nr. ...		
Fertigungsstufe	Material-Nr.	Mengen
·1	G_1	2
··2	T_1	1
··2	R_1	4
·1	T_1	5
·1	G_2	3
··2	T_2	2
··2	R_2	4

Abbildung 2.16   Beispiel einer Strukturstückliste für E_1 nach Fertigungsstufen

enthält die Abbildung 2.17 die Strukturstückliste nach Dispositionsstufen der Erzeugnisstruktur der Abbildung 2.9.

Strukturstückliste des Erzeugnisses E_1 Listen-Nr.		
Dispositionsstufe	Material-Nr.	Mengen
˙1	G_1	2
¨2	T_1	7
¨2	R_1	8
˙1	G_2	3
¨2	T_2	6
¨2	R_2	12

Abbildung 2.17 Beispiel einer Strukturstückliste für E_1 nach Dispositionsstufen

Aus beiden Strukturstücklisten kann der Bruttosekundärbedarf des Fertigerzeugnisses E_1 berechnet werden. Diese Berechnung ist jedoch mit Hilfe der Strukturstückliste nach Dispositionsstufen wesentlich einfacher. Hier sind alle Materialien, also auch das Wiederholteil T_1, einmal, und zwar auf der Dispositionsstufe ¨2, erfaßt. Darüber hinaus beziehen sich die Mengenangaben auf eine Mengeneinheit Fertigerzeugnis E_1. Sie entsprechen damit den Angaben der Mengenübersichtsstückliste. Die Berechnung des Bruttosekundärbedarfs erfolgt durch Multiplikation mit dem Primärbedarf. Für die Ermittlung des Bruttosekundärbedarfs aus der Strukturstückliste nach Fertigungsstufen müssen dagegen auch die Mengenangaben der direkt höheren Gruppe berücksichtigt werden.

Arbeitet ein Betrieb mit *Varianten* einer Grundausführung eines Erzeugnisses, dann werden oft Variantenstücklisten eingesetzt, um den Umfang der Stücklisten zu beschränken. Anstatt für jede Variante eines Grunderzeugnisses eine vollständige Stückliste anzufertigen und zu verarbeiten, werden nur die Veränderungen stücklistenmäßig erfaßt.

Die Berechnung des Bruttobedarfs durch die stufenweise Auflösung einer Stückliste erfolgt *analytisch*. Das bedeutet, die Auflösung beginnt mit der höchsten Stufe, der Stufe 0, und setzt sich bis zur niedrigsten Stufe fort. Das Fertigerzeugnis wird stufenweise in seinen Bestandteilen analysiert, zerlegt. Für die analytische deterministische Bruttobedarfsermittlung sind neben der Stückliste lediglich der Primärbedarf und gegebenenfalls die *Vorlaufzeit* erforderlich. Die Vorlaufzeit zeigt die *Verweildauer* eines Materials bzw. Erzeugnisses in der Fertigung. Sie wird ermittelt durch die Differenz zwischen Fertigstellungs- und Bereitstellungstermin.

Vorlaufzeit = Fertigstellungstermin − Bereitstellungstermin des Materials
des Zwischen- bzw.
Fertigerzeugnisses

Beträgt z.B. der Primärbedarf des Fertigerzeugnisses E_1 jeweils Ende der 10., 11. und 12. Woche eines Jahres 30, 20 und 40 Stück, die Vorlaufzeit für E_1 eine Woche und die für G_1 und G_2 jeweils zwei Wochen, dann läßt sich der entsprechende Bruttosekundärbedarf durch Auflösung der einzelnen Dispositionsstufen der Stückliste der Abbildung 2.17 wie in der folgenden Abbildung 2.18 dargestellt ermitteln.

Bruttobedarfsrechnung							
1. Vorgang: Auflösung der Dispositionsstufe 0							
Dispositions-stufe	Sach-Nr.	Vorlauf in Wochen	Bedarf der Jahreswoche				
			7	8	9	10	11	12
0	E_1	1				30	20	40
1	G_1	2			60	40	80	
1	G_2	2			90	60	120	
2	T_1	(Baustufe 1)			150	100	200	
2. Vorgang: Auflösung der Dispositionsstufe 1							
Dispositions-stufe	Sach-Nr.	Vorlauf	Bedarf der Jahreswoche				
			7	8	9	10	11	12
0	E	1				30	20	40
1	G_1	2			60	40	80	
1	G_2	2			90	60	120	
2	T_1	(Baustufe 1)			150	100	200	
+		(Baustufe 2)	60	40	80			
			60	40	230	100	200	
2	R_1		240	160	320			
2	T_2		180	120	240			
2	R_2		360	240	480			

Abbildung 2.18   Analytische Bruttobedarfsermittlung durch Auflösung der Stückliste der Abbildung 2.17

Sollte ein Material darüber hinaus auch einen *Zusatzbedarf* z.B. als Ersatzteil aufweisen, dann ist dieser zu prognostizieren und zu seinem Sekundärbedarf zu addieren, um den *Gesamtbedarf* des Materials zu erhalten. Dabei handelt es sich jedoch um eine stochastische Bedarfsermittlung. Die Berechnung eines Bedarfs zusätzlich zu den Angaben der Stückliste macht das Verfahren der Materialbedarfsplanung zu

54 Die Bedarfsermittlung

einem aus deterministischen und stochastischen Rechenvorgängen bestehenden *Mischverfahren*. Wird beispielsweise die Baugruppe G_1 nicht nur zur Herstellung von E_1 eingesetzt, sondern auch als Ersatzteil benutzt, dann ist dieser Zusatzbedarf zu berücksichtigen. Angenommen, der Zusatzbedarf an G_1 als Ersatzteil wird in den Perioden 10, 11 und 12 auf jeweils 20 Stück vorausgeschätzt, dann beträgt der Gesamtbedarf an G_1:

Bedarfsarten	Bedarf der Jahreswoche			
	9	10	11	12
Bruttosekundärbedarf	60	40	80	
Zusatzbedarf		20	20	20
Gesamtbedarf	60	60	100	20

Für die Darstellung der *Nettobedarfsermittlung* in der nächsten Abbildung 2.19 wird von den Angaben der Abbildung 2.18 ausgegangen. Zusätzlich wird angenommen, daß die Bestände am *Dispositionsstichtag* die in der Abbildung 2.19 angegebene Höhe ausweisen.

Wird jedoch davon ausgegangen, daß in dem betrachteten Betrieb mit **Lager-, Werkstatt-, Bestell-** und **Vormerkbeständen** gearbeitet wird, dann sind sie wie folgt bei der Ermittlung des **disponiblen Bestandes** einzubeziehen:

Disponibler Bestand = Lagerbestand
+ Werkstattbestand
+ Bestellbestand
− Vormerkbestand

Der Lagerbestand gibt den im Materiallager (Lagerstufe 1) am Dispositionsstichtag sich befindenden Bestand eines Materials an. Bei dem Werkstattbestand handelt es sich um den Bestand, der am Dispositionsstichtag in der Produktionsabteilung vorliegt (Lagerstufe 2). Der Bestellbestand setzt sich zusammen aus den bereits erteilten, aber noch nicht gelieferten Bestellungen. Die Lieferung ist jedoch für die betrachteten Perioden vorgesehen (offene Bestellungen, Unterwegs-Bestellungen). Der Vormerkbestand gibt den Bestand an, der für bestimmte Aufträge bereits reserviert ist (Auftragsbestand, Reservierungsbestand).

Als Beispiel einer allgemeinen Nettobedarfsermittlung unter Berücksichtigung aller dieser Bestände wird in der Abbildung 2.20 der Nettobedarf der Baugruppe G_1 errechnet. Hierzu sollen die Angaben der vorigen Abbildung gelten. Um dem Beispiel einen allgemeinen Charakter zu geben, wird angenommen, daß für die 10., 11. und 12. Woche des betrachteten Jahres jeweils 20 Stück G_1 als Zusatzbedarf (Ersatzteilbedarf) gebraucht werden. Die Werkstattbestände sollen 20 Stück betragen. Die Bestellbestände belaufen sich für die 9. bis zur 12. Woche jeweils auf 70, 30, 10 und

Die Materialbedarfsplanung

Nettobedarfsrechnung								
1. Vorgang: Auflösung der Dispositionsstufe 0								
Dispositions-stufe	Sach-Nr.	Vorlauf in Wochen	Bedarf der Jahreswoche					
			7	8	9	10	11	12
0	E_1	1						
	Bruttobedarf					30	20	40
	− Lagerbestand					0		
	= Nettobedarf					30	20	40
1	G_1	2						
	Bruttobedarf				60	40	80	
	− Lagerbestand				100	40		
	= Nettobedarf				−40	0	80	
1	G_2	2						
	Bruttobedarf				90	60	120	
	− Lagerbestand				130	40		
	= Nettobedarf				−40	20	120	
2	T_1							
	Bruttobedarf (Baustufe 1)				150	100	200	
2. Vorgang: Auflösung der Dispositionsstufe 1								
Dispositions-stufe	Sach-Nr.	Vorlauf in Wochen	Bedarf der Jahreswoche					
			7	8	9	10	11	12
0	E_1	1						
	Nettobedarf					30	20	40
1	G_1	2						
	Nettobedarf				−40	0	80	
1	G_2	2						
	Nettobedarf				−40	20	120	
2	T_1							
	Bruttobedarf (Baustufe 1)				150	100	200	
	+ Bruttobedarf (Baustufe 2)		60	40	80			
	Bruttobedarf insgesamt		60	40	230	100	200	
	− Lagerbestand		150	90	50			
	= Nettobedarf		−90	−50	180	100	200	
2	R_1							
	Bruttobedarf		240	160	320			
	− Lagerbestand		720	480	320			
	= Nettobedarf		−480	−320	0			
2	T_2							
	Bruttobedarf		180	120	240			
	− Lagerbestand		100					
	= Nettobedarf		80	120	240			
2	R_2							
	Bruttobedarf		360	240	480			
	− Lagerbestand		500	140				
	= Nettobedarf		−140	100	480			

Abbildung 2.19   Analytische Nettobedarfsermittlung

10 Stück. Während derselben Zeitperiode soll der Vormerkbestand 80, 50, 60 und 70 Stück enthalten. Weiterhin wird von einem Materialschwund von 10 v. H. des Nettobedarfs ausgegangen.

	Bedarf der Jahreswoche			
	9	10	11	12
Bruttosekundärbedarf	60	40	80	
+ Zusatzbedarf		20	20	20
+ Vormerkbestand	80	50	60	70
− Lagerbestand	100	40		
− Werkstattbestand	20			
− Bestellbestand	70	30	10	10
= Nettobedarf	−50	40	150	80
+ Ausschußzuschlag 10 %		4	15	8
= Bedarf für Auflösung		44	165	88

Abbildung 2.20   Allgemeines Schema einer Nettobedarfsermittlung

2.3.1.2 Materialbedarfsplanung durch Auflösung von Teileverwendungsnachweisen (synthetische Bedarfsermittlung)

Anstelle der Stücklisten werden bei der *synthetischen* Bedarfsermittlung Teileverwendungsnachweise als Hilfsmittel eingesetzt. Ein *Teileverwendungsnachweis* (umgekehrte Stückliste) gibt Auskunft darüber, wofür einzelne Materialien eingesetzt werden.

Teileverwendungsnachweise können wie die Stücklisten je nach Aufbau in Baukastenverwendungsnachweise, Mengenübersichtsnachweise und Strukturverwendungsnachweise unterteilt werden. Alle Arten können zur Bedarfsermittlung herangezogen werden.

Bei der synthetischen Bedarfsermittlung beginnt die Auflösung ebenso wie bei der analytischen Methode mit der Auflösung der höchsten Strukturstufe und setzt sich bis zur niedrigsten Stufe fort. Die Frage bei jeder Stufe lautet jedoch nach dem Bedarf der übergeordneten Baugruppe bzw. Fertigerzeugnisse, in die das Teil überall eingeht. Wenn alle Strukturstufen aufgelöst sind, kann der Gesamtbedarf eines Teils ohne Schwierigkeiten errechnet werden.

2.3.1.3   Materialbedarfsplanung nach dem Gozintoverfahren

Wie bereits erwähnt, lassen sich Erzeugnisstrukturen auch mittels eines *Gozintographen* darstellen. Das Verfahren ist von Vazsonyi entwickelt worden. Er gibt jedoch an, es sei von dem berühmten italienischen Mathematiker Zepartzat Gozinto erdacht worden. In Wirklichkeit soll es sich hierbei um einen Witz handeln, denn Zepartzat Gozinto soll „the part that goes into" bedeuten (vgl. VAZSONYI, A.: Die Planungsrechnung in Wirtschaft und Industrie, S. 385 ff., vgl. auch KÖHLER, H., Lineare Algebra, S. 56 f.). Die in der Abbildung 2.8 enthaltene Erzeugnisstruktur läßt sich, wie in Abbildung 2.21 dargestellt, in einen Gozintographen umwandeln.

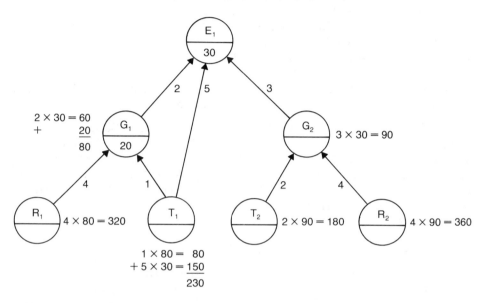

Abbildung 2.21 Darstellung eines Gozintographen

Die Knoten des Graphen geben in ihrer oberen Hälfte die Sachnummer an. Darunter ist gegebenenfalls der Primärbedarf der betrachteten Periode eingetragen. Die Pfeile demonstrieren die Bedarfsbeziehung, und die Zahlen auf den Pfeilen geben die Inputmenge für eine Mengeneinheit (ME) Output an (spezifischer Verbrauch). Ausgehend von E_1 können die Bedarfsmengen aller Materialien durch einfache Multiplikation und Addition errechnet werden (vgl. Abbildung 2.21).

Die Bedarfsbeziehungen der einzelnen Teile, Rohstoffe, Baugruppen und Fertigerzeugnisse können auch durch ein System linearer Gleichungen dargestellt werden. Für den in der Abbildung 2.21 dargestellten Gozintographen lauten sie:

(1) $E_1 = 30$
(2) $G_1 = 20 + 2E_1$
(3) $G_2 = 3E_1$
(4) $R_1 = 4G_1$
(5) $T_1 = 5E_1 + G_1$
(6) $R_2 = 4G_2$
(7) $T_2 = 2G_2$

Die Bedarfsermittlung

Daraus lassen sich folgende Bedarfe errechnen:

Fertigerzeugnis E_1 = 30 ME Primärbedarf
Baugruppe G_1 = 20 ME Zusatzbedarf und 60 ME Sekundärbedarf =
80 ME Gesamtbedarf
Baugruppe G_2 = 90 ME Sekundärbedarf
Rohstoff R_1 = 320 ME Sekundärbedarf
Teil T_1 = 230 ME Sekundärbedarf
Rohstoff R_2 = 360 ME Sekundärbedarf
Teil T_2 = 180 ME Sekundärbedarf.

Bei komplizierten Erzeugnisstrukturen ist es vorteilhafter, zur Lösung des linearen Gleichungssystems die Matrizenrechnung einzusetzen.

Die durch den Gozintographen der Abbildung 2.21 dargestellte Beziehungen lassen sich auch durch eine Matrix (vgl. Abbildung 2.22) wiedergeben. Bei dieser Matrix handelt es sich um die *Direktbedarfs-* oder *Baukastenmatrix*. (Zur Matrizenrechnung vgl. z.B. KÖHLER, H.: Lineare Algebra, S. 17 ff. Speziell für das hier behandelte Problem vgl. u.a. BUSSE VON COLBE, W.: Bereitstellungsplanung. Einkaufs- und Lagerpolitik. In: JACOB, H. (Hrsg.): Industriebetriebslehre. Handbuch für Studium und Praxis, S. 612 ff.)

Von Sach-Nr. i \ Nach Sach-Nr. j	E_1 (1)	G_1 (2)	G_2 (3)	T_1 (4)	T_2 (5)	R_1 (6)	R_2 (7)
E_1 (1)	0	0	0	0	0	0	0
G_1 (2)	2	0	0	0	0	0	0
G_2 (3)	3	0	0	0	0	0	0
T_1 (4)	5	1	0	0	0	0	0
T_2 (5)	0	0	2	0	0	0	0
R_1 (6)	0	4	0	0	0	0	0
R_2 (7)	0	0	4	0	0	0	0

D =

Abbildung 2.22 Direktbedarfs- bzw. Baukastenmatrix der Abbildung 2.21

Die Spalten der Matrix **D** enthalten die Baukastenstückliste des Fertigerzeugnisses E_1, und die der zwei Baugruppen G_1 und G_2 (vgl. auch Abbildung 2.11). Die Zeilen von **D** dagegen geben die Teileverwendungsnachweise aller für die Herstellung von E_1 notwendigen Materialien an. Allerdings ist aus der Matrix **D** nur der direkte Materialbedarf zu entnehmen. Sie enthält nur die Mengen der einzelnen Materialien, mit denen sie direkt in die nächsthöhere Gruppe eingehen. Zur Ermittlung des gesamten Bedarfs pro Material ist es erforderlich, auch den indirekten Bedarf der einzelnen Materialien zu erfassen. Dies erfordert die Ableitung der *Gesamtbedarfsmatrix* **G**, die aus der Direktbedarfsmatrix **D** gewonnen wird.

Für die Berechnung des Elementes g_{ij} der Gesamtbedarfsmatrix **G** gilt:

$$g_{ij} = \sum_{k=1}^{7} d_{ik} \cdot g_{kj} \quad \text{für } i \neq j$$

und

$$g_{ij} = 1 \quad \text{für } i = j.$$

d_{ik} ist Element der Direktbedarfsmatrix **D**. Es gibt die Menge eines Materials der Art i (i-te Zeile) an, die direkt bei der Herstellung einer Mengeneinheit des Materials der Art k (k-te Spalte) eingeht. Das Element $d_{51} = 0$ besagt z.B., daß vom Material T_2 (Zeile 5) 0 Mengeneinheiten zur Herstellung einer Mengeneinheit E_1 (Spalte 1) direkt benötigt werden. g_{kj} ist dagegen Element der Gesamtbedarfsmatrix. Es drückt entsprechend die Menge eines Materials der Art k (k-te Zeile) aus, die insgesamt (direkt und indirekt) zur Herstellung einer Mengeneinheit des Materials der Art j (j-te Spalte) benötigt wird. Das Element $g_{51} = 6$ gibt an, daß vom Material T_2 (Zeile 5 der Matrix **G**) insgesamt 6 Einheiten zur Herstellung einer Mengeneinheit E_1 benötigt werden. Da der direkte Bedarf 0 ist, stellen diese 6 Mengeneinheiten den indirekten Bedarf dar. Die Konstruktion der gesuchten Gesamtbedarfsmatrix **G** aus der in der Abbildung 2.22 dargestellten Direktbedarfsmatrix **D** erfolgt zeilenweise beginnend mit dem Element g_{11}, das wegen $g_{ij} = 1$ für $i = j$, gleich 1 ist. Da die unterstellte Struktur (Abbildung 2.21) keine Rückflüsse aufweist, sind die Elemente der Matrix **G** im oberen Dreieck alle gleich null. Das Element g_{21} wird ermittelt aus:

$$g_{21} = \sum_{k=1}^{7} d_{2k} \cdot g_{k1}$$

$$g_{21} = d_{21} \cdot g_{11} + d_{22} \cdot g_{21} + d_{23} \cdot g_{31} + d_{24} \cdot g_{41} + d_{25} \cdot g_{51} + d_{26} \cdot g_{61} + d_{27} \cdot g_{71} =$$
$$= 2 \cdot 1 + 0 \cdot 0 + 0 \cdot 0 + 0 \cdot 0 + 0 \cdot 0 + 0 \cdot 0 + 0 \cdot 0 = 2.$$

Auf diese Weise kann die gesuchte Gesamtbedarfsmatrix **G** konstruiert werden. Die Rechenergebnisse sind in der Abbildung 2.23 enthalten (zur Ableitung der Gesamt-

$$\mathbf{G} = \begin{array}{c|c} \text{Von Sach-Nr. i} \diagdown \text{Nach Sach-Nr. j} & \begin{array}{ccccccc} E_1 & G_1 & G_2 & T_1 & T_2 & R_1 & R_2 \\ (1) & (2) & (3) & (4) & (5) & (6) & (7) \end{array} \\ \hline \begin{array}{ll} E_1 & (1) \\ G_1 & (2) \\ G_2 & (3) \\ T_1 & (4) \\ T_2 & (5) \\ R_1 & (6) \\ R_2 & (7) \end{array} & \begin{array}{ccccccc} 1 & 0 & 0 & 0 & 0 & 0 & 0 \\ 2 & 1 & 0 & 0 & 0 & 0 & 0 \\ 3 & 0 & 1 & 0 & 0 & 0 & 0 \\ 7 & 1 & 0 & 1 & 0 & 0 & 0 \\ 6 & 0 & 2 & 0 & 1 & 0 & 0 \\ 8 & 4 & 0 & 0 & 0 & 1 & 0 \\ 12 & 0 & 4 & 0 & 0 & 0 & 1 \end{array} \end{array}$$

Abbildung 2.23 Gesamtbedarfsmatrix des in der Abbildung 2.22 dargestellten Beispiels einer Direktbedarfsmatrix

bedarfsmatrix vgl. auch VAZSONYI, A.: Die Planungsrechnung in Wirtschaft und Industrie, S. 387 ff.).

Wird von der Gesamtmatrix **G** ihre Einheitsmatrix abgezogen, so daß die Elemente der Diagonale aus Nullen bestehen, dann erhält man die *Mengenübersichtsmatrix* **M** (vgl. Abbildung 2.24).

$$\mathbf{M} = \begin{array}{c|c} \text{Von Sach-Nr. } i \diagdown \text{Nach Sach-Nr. } j & \end{array}$$

Von Sach-Nr. i \ Nach Sach-Nr. j	E_1 (1)	G_1 (2)	G_2 (3)	T_1 (4)	T_2 (5)	R_1 (6)	R_2 (7)
E_1 (1)	0	0	0	0	0	0	0
G_1 (2)	2	0	0	0	0	0	0
G_2 (3)	3	0	0	0	0	0	0
T_1 (4)	7	1	0	0	0	0	0
T_2 (5)	6	0	2	0	0	0	0
R_1 (6)	8	4	0	0	0	0	0
R_2 (7)	12	0	4	0	0	0	0

Abbildung 2.24 Mengenübersichtsmatrix der in Abbildung 2.23 dargestellten Gesamtbedarfsmatrix

Wird die Mengenübersichtsmatrix **M** spaltenweise gelesen, dann gibt sie die Mengenübersichtsstückliste an der auf der Kopfzeile enthaltenen Erzeugnisse und Materialien. Die Zeilen der Mengenübersichtsmatrix enthalten die entsprechenden Teileverwendungsnachweise.

Wird nun die im Gozintographen der Abbildung 2.21 angenommene Primärbedarfsmenge von 30 Mengeneinheiten Fertigerzeugnis E_1 und 20 Mengeneinheiten Zusatzbedarf an Baugruppe G_1 in Form eines Spaltenvektors **S** (Primärbedarfsvektor) dargestellt und mit der Gesamtbedarfsmatrix **G** nach der Multiplikationsvorschrift

$$\mathbf{G} \cdot \mathbf{S} = \mathbf{B}$$

$$\begin{pmatrix} 1 & 0 & 0 & 0 & 0 & 0 & 0 \\ 2 & 1 & 0 & 0 & 0 & 0 & 0 \\ 3 & 0 & 1 & 0 & 0 & 0 & 0 \\ 7 & 1 & 0 & 1 & 0 & 0 & 0 \\ 6 & 0 & 2 & 0 & 1 & 0 & 0 \\ 8 & 4 & 0 & 0 & 0 & 1 & 0 \\ 12 & 0 & 4 & 0 & 0 & 0 & 1 \end{pmatrix} \cdot \begin{pmatrix} 30 \\ 20 \\ 0 \\ 0 \\ 0 \\ 0 \\ 0 \end{pmatrix} = \begin{pmatrix} 30 \\ 80 \\ 90 \\ 230 \\ 180 \\ 320 \\ 360 \end{pmatrix}$$

multipliziert, dann erhält man den Gesamtbedarfsvektor **B**. Soll der Gesamtbedarf eines Materials oder Zwischenerzeugnisses nach Verwendungszwecken, d.h. nach Baugruppen, ausgewiesen werden, dann ist der jeweilige Primärbedarf (die Elemente des Primärbedarfsvektors) mit seinen Mengenübersichtsstücklisten, d.h. mit der entsprechenden Spalte der Gesamtbedarfsmatrix, zu multiplizieren. So läßt sich die in der Abbildung 2.25 dargestellte *Input-Output-Matrix* (**A**) konstruieren.

Von Sach-Nr. i \ Nach Sach-Nr. j	E_1 (1)	G_1 (2)	G_2 (3)	T_1 (4)	T_2 (5)	R_1 (6)	R_2 (7)	Gesamtbedarf (Primär- und sekundär)
E_1 (1)	30	0	0	0	0	0	0	30
G_1 (2)	60	20	0	0	0	0	0	80
G_2 (3)	90	0	0	0	0	0	0	90
T_1 (4)	210	20	0	0	0	0	0	230
T_2 (5)	180	0	0	0	0	0	0	180
R_1 (6)	240	80	0	0	0	0	0	320
R_2 (7)	360	0	0	0	0	0	0	360

$\mathbf{A} =$

Abbildung 2.25   Input-Output-Matrix der in der Abbildung 2.23 dargestellten Gesamtbedarfsmatrix und des Primärbedarfsvektors der Abbildung 2.21

Die Summen der Zeilen der Input-Output-Matrix **A** entsprechen dem Vektor **B**, d.h. sie geben den gesamten Bruttobedarf aller Materialien und Erzeugnisse an.

Mit Hilfe der Matrizenrechnung können komplizierte und umfangreiche Bedarfsstrukturen erfaßt und gelöst werden. Die Berechnungen sind jedoch manuell kaum durchzuführen. Sie erfordern den Einsatz der EDV.

Neben den hier dargestellten Verfahren gibt es eine Reihe von zusätzlichen Planungsverfahren des Materialbedarfs. Für Materialbedarfsplanungen z.B. unter Beachtung einer Zielsetzung und Einhaltung von Restriktionen kann die lineare Planungsrechnung eingesetzt werden. Hinsichtlich der Anwendung dieser Verfahren wird auf die entsprechende Literatur verwiesen (vgl. z.B. MÜLLER-MERBACH, H.: Mathematik für Wirtschaftswissenschaftler, Bd. 1, Lineare Algebra, Analysis, S. 35 ff.; KÖHLER, H., Lineare Algebra, S. 149 ff.).

2.3.2   Verbrauchsorientierte (stochastische) Materialbedarfsplanung

Im Gegensatz zu der **auftragsorientierten Materialbedarfsplanung** wird hier mit Hilfe des Materialverbrauchs der Vergangenheit **(Verbrauchsorientierung)** der Materialbedarf der Planungsperiode prognostiziert **(stochastisch)**. Dieses Verfahren wird vor allem bei Handelswaren, bei Materialien des tertiären Bedarfs und bei C-Materialien angewandt. Oft ist eine Bedarfsermittlung durch Stücklistenauflösung nicht möglich, oder sie ist zu kostenintensiv. In solchen Fällen wird mit Hilfe der Verbrauchsrechnung der Verbrauch vergangener Perioden erfaßt, nach Gesetzmäßigkeiten untersucht und mittels geeigneter Verfahren in die Zukunft extrapoliert.

Eine einfache, schnelle, sinnvolle und wirtschaftliche Untersuchung des Verlaufs einer Verbrauchszeitreihe kann durch sogenannte Streuungsdiagramme erfolgen. Das sind zweidimensionale Koordinatensysteme. Auf der Ordinate wird zweckmäßigerweise der mengenmäßige Verbrauch eingetragen. Die Abszisse gibt die Zeit an. Werden für eine Verbrauchszeitreihe mehrere Diagramme mit jeweils unterschiedlichen Achsendimensionen angefertigt, dann lassen sie gegebenenfalls eine vorhandene Gesetzmäßigkeit des Verlaufs der Verbrauchszeitreihe erkennen.

Das Erkennen eines charakteristischen Verlaufs einer Verbrauchszeitreihe, d.h. das Erkennen des **Bedarfsmodells**, ist Voraussetzung für die Wahl eines geeigneten Bedarfsprognoseverfahrens. Grundsätzlich können folgende Bedarfsmodelle unterschieden werden:

1. Horizontaler Bedarfsverlauf
   Der Bedarf schwankt im zeitlichen Ablauf um einen gleichbleibenden Mittelwert. Ein solcher Fall ist in der folgenden Abbildung 2.26 dargestellt.

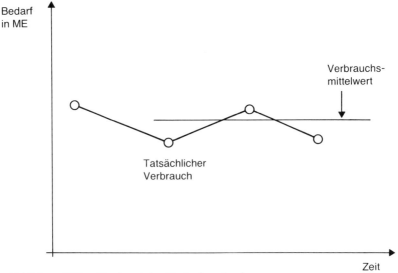

Abbildung 2.26   Horizontaler Bedarfsverlauf

2. Trendmäßig steigender oder fallender Bedarfsverlauf
   Ein trendmäßig fallender oder steigender Bedarfsverlauf liegt vor, wenn der Bedarf um einen Mittelwert schwankt, der linear oder nicht linear steigt oder fällt. Ein Beispiel dieser Fälle zeigt Abbildung 2.27.

Die Materialbedarfsplanung 63

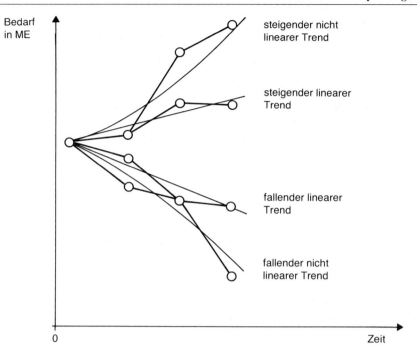

Abbildung 2.27 Trendmäßig steigender oder fallender Bedarfsverlauf

3. Bedarfsverlauf mit saisonalen Schwankungen
   Bei diesem Bedarfsmodell zeigt der Verbrauch in gleichmäßigen zeitlichen Abständen (Saison) das gleiche Verhalten. Ein solches Beispiel stellt die folgende Abbildung dar.

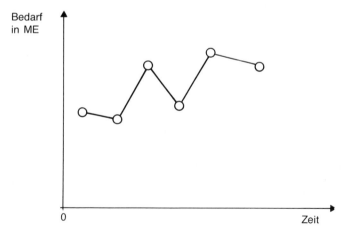

Abbildung 2.28 Saisonmäßiger Bedarfsverlauf

4. Unregelmäßiger Bedarfsverlauf
Die Bedarfsentwicklung unterliegt hier keinen Gesetzmäßigkeiten.

5. Kombination der unter 1 bis 4 aufgezählten Modelle.

Ist das *Bedarfsmodell* eines Materials ermittelt worden, dann soll eine für den erkannten Verlauf geeignete *Bedarfsprognosemethode* benutzt werden. Die häufig eingesetzten Prognoseverfahren sind einfache *Extrapolationen*. Hierbei wird nur eine *Zeitreihe*, nämlich die Bedarfszeitreihe des betrachteten Materials, eingesetzt. Vor allem sind es Verfahren der **Mittelwertbildung**, die hier Anwendung finden. Multivariable Prognoseverfahren wie z.B. die Korrelationsrechnung werden für Zwecke der Materialbedarfsplanung selten eingesetzt.

2.3.2.1 Der arithmetische Mittelwert

Das einfachste Prognoseverfahren des Bedarfs eines Materials ist die Bildung des Wertes des **einfachen Durchschnittsverbrauchs** in der Vergangenheit, des **arithmetischen Mittels** ($_a\overline{V}_t$). Hierzu reicht es, wenn die Bedarfsmengen der einzelnen vergangenen Perioden (V_t) addiert werden und durch die Anzahl der Bedarfsperioden (n) dividiert werden. Das Ergebnis ist der gesuchte Prognosewert des Bedarfs in der Planungsperiode (V^*_{t+1}). Die allgemeine Formel lautet:

$$V^*_{t+1} = {_a\overline{V}_t} = \frac{1}{n} \sum_{t=1}^{n} V_t.$$

Der Index a links vom Mittelwertsymbol ($\overline{V}$) gibt an, daß es sich um das arithmetische Mittel handelt.

Beispiel Der Monatsverbrauch eines Materials betrug:

Verbrauchsmonat (t)	Verbrauch in Mengeneinheiten (V_t)
Januar (1)	100 ME
Februar (2)	80 ME
März (3)	110 ME
April (4)	90 ME
Mai (5)	110 ME
Juni (6)	110 ME

Daraus soll der Bedarf für den Monat Juli durch Bildung des einfachen arithmetischen Mittels prognostiziert werden. Durch Einsatz der Bedarfszahlen in die Formel des einfachen arithmetischen Mittels erhält man

$$V^*_7 = {_a\overline{V}_6} = \frac{V_1 + V_2 + V_3 + V_4 + V_5 + V_6}{n}$$
$$= \frac{100 + 80 + 110 + 90 + 110 + 110}{6} = \frac{600}{6} = 100.$$

Dieses Verfahren stützt sich zwar auf eine lange Erfahrung, nämlich auf die Erfahrung der n Perioden (= 6 Monate). Jede Periode geht jedoch mit dem selben Gewicht, d. h. mit $\frac{1}{6}$ in die Rechnung ein.

Dadurch nimmt die Bedeutung der jüngsten Erfahrungen bei wachsendem n ab. Das macht das Verfahren träger. Neue Entwicklungen werden nur langsam berücksichtigt. Diese Schwerfälligkeit kann durch die Einführung von geeigneten Gewichten für die einzelnen Perioden gemildert werden.

2.3.2.2 Der gewogene Mittelwert

Die Gewichtung soll die besondere Bedeutung und die Aktualität der einzelnen Bedarfszahlen zum Ausdruck bringen. Neue Entwicklungen sollen in der Prognose z. B. stärker berücksichtigt werden als ältere Verbräuche. Das bedeutet, jüngere Bedarfszahlen sollen stärker als ältere gewichtet werden. Die allgemeine Formel des **gewogenen arithmetischen Mittels** lautet:

$$V^*_{t+1} = {}_g\overline{V}_t = \frac{\sum_{t=1}^{n} V_t \cdot G_t}{\sum_{t=1}^{n} G_t}.$$

G_t gibt das Gewicht der Periode t an. Der Index g links vom Mittelwertsymbol ($\overline{V}$) gibt an, daß es sich um das gewogene Mittel handelt. Die Bedeutung der restlichen Symbole ist wie beim arithmetischen Mittel.

Beispiel

Die Angaben des vorigen Beispiels werden beibehalten. Ergänzend sollen hinzu die Verbrauchsangaben wie folgt gewichtet werden:

Der Januarverbrauch geht in die Rechnung mit . . . . 5 % = (G_1)
Der Februarverbrauch geht in die Rechnung mit . . . . 10 % = (G_2)
Der Märzverbrauch geht in die Rechnung mit . . . . 15 % = (G_3)
Der Aprilverbrauch geht in die Rechnung mit . . . . 20 % = (G_4)
Der Maiverbrauch geht in die Rechnung mit . . . . 25 % = (G_5)
Der Juniverbrauch geht in die Rechnung mit . . . . 25 % = (G_6)

Durch Einsatz der Verbrauchszahlen und der Gewichte in die Formel des gewogenen Mittels erhält man

$$\begin{aligned}{}_gV^*_7 = {}_g\overline{V}_6 &= \frac{V_1 \cdot G_1 + V_2 \cdot G_2 + V_3 \cdot G_3 + V_4 \cdot G_4 + V_5 \cdot G_5 + V_6 \cdot G_6}{G_1 + G_2 + G_3 + G_4 + G_5 + G_6} \\ &= 100 \cdot 0{,}05 + 80 \cdot 0{,}1 + 110 \cdot 0{,}15 + 90 \cdot 0{,}2 + 110 \cdot 0{,}25 + 110 \cdot 0{,}25 \\ &= 102{,}5 \text{ ME}.\end{aligned}$$

Der Bedarf des Monats Juli wird also mit 102,5 ME prognostiziert. Damit ist diese Prognose um 2,5 ME höher als die vorherige. Das Prognoseverfahren des gewoge-

66 Die Bedarfsermittlung

nen Mittels reagiert wegen der gewählten Gewichte stärker auf die gestiegenen Verbräuche im Mai und Juni als das Verfahren des einfachen arithmetischen Mittels.

2.3.2.3 Gleitende Mittelwerte

Im Grunde entspricht die Bildung von **gleitenden Mittelwerten** den zwei vorher beschriebenen Verfahren. Der einzige Verfahrensunterschied liegt in der hier erfolgenden Festlegung der Anzahl der Perioden, deren Verbräuche in der Prognose berücksichtigt werden. Damit die Anzahl der Perioden (N) konstant gehalten werden kann, wird jeweils der Verbrauch der ältesten Periode durch denjenigen der jüngsten Periode ersetzt. Dadurch gewinnt das Verfahren nicht nur an Aktualität, sondern es werden auch die Rechenarbeiten reduziert. Auch hier können einfache und gewogene gleitende Mittelwerte berechnet werden. Es gelten jeweils die Formeln des einfachen arithmetischen Mittels und des gewogenen Mittels. N gibt hier jedoch eine konstante Anzahl von Verbrauchsperioden an, die im voraus festzulegen ist. Der Prognoseverbrauch der Periode $t + 1$ (V^*_{t+1}) entspricht hier dem einfachen oder gewogenen Durchschnitt der Periode ($\overline{V}_t$), der aus N Verbrauchswerten berechnet wird.

Werden die Zahlen des zur Berechnung des arithmetischen Mittels verwendeten Beispiels auch hier angenommen und auf 3 Monate beschränkt (N = 3), dann lautet die Berechnung des gleitenden arithmetischen Mittelwertes für die Monate April, Mai, Juni und Juli wie folgt:

$$V^*_4 = {}_a\overline{V}_3 = \frac{V_1 + V_2 + V_3}{N} = \frac{100 + 80 + 110}{3} = 96,7 \text{ ME}$$

$$V^*_5 = {}_a\overline{V}_4 = \frac{V_2 + V_3 + V_4}{N} = \frac{80 + 110 + 90}{3} = 93,3 \text{ ME}$$

$$V^*_6 = {}_a\overline{V}_5 = \frac{V_3 + V_4 + V_5}{N} = \frac{110 + 90 + 110}{3} = 103,3 \text{ ME}$$

$$V^*_7 = {}_a\overline{V}_6 = \frac{V_4 + V_5 + V_6}{N} = \frac{90 + 110 + 110}{3} = 103,3 \text{ ME.}$$

Die Ermittlung der entsprechenden gewogenen gleitenden Dreimonatsmittelwerte erfolgt wie folgt, wenn die Gewichte

$G_{t-2} = 20\%$ des Monatsverbrauchs,
$G_{t-1} = 30\%$ des Monatsverbrauchs und
$G_t = 50\%$ des Monatsverbrauchs

betragen sollen:

$$V^*_4 = {}_g\overline{V}_3 = \frac{V_1 \cdot G_1 + V_2 \cdot G_2 + V_3 \cdot G_3}{G_1 + G_2 + G_3} = \frac{100 \cdot 20 + 80 \cdot 30 + 110 \cdot 50}{20 + 30 + 50}$$

$$= 99,0 \text{ ME}$$

Die Materialbedarfsplanung 67

$$V^*_5 = {}_g\overline{V}_4 = \frac{V_2 \cdot G_2 + V_3 \cdot G_3 + V_4 \cdot G_4}{G_2 + G_3 + G_4} = \frac{80 \cdot 20 + 110 \cdot 30 + 90 \cdot 50}{20 + 30 + 50}$$

$$= 94,0 \text{ ME}$$

$$V^*_6 = {}_g\overline{V}_5 = \frac{V_3 \cdot G_3 + V_4 \cdot G_4 + V_5 \cdot G_5}{G_3 + G_4 + G_5} = \frac{110 \cdot 20 + 90 \cdot 30 + 110 \cdot 50}{20 + 30 + 50}$$

$$= 104,0 \text{ ME}$$

$$V^*_7 = {}_g\overline{V}_6 = \frac{V_4 \cdot G_4 + V_5 \cdot G_5 + V_6 \cdot G_6}{G_4 + G_5 + G_6} = \frac{90 \cdot 20 + 110 \cdot 30 + 110 \cdot 50}{20 + 30 + 50}$$

$$= 106,0 \text{ ME}.$$

Gegenüber den Prognoseverfahren des einfachen und gewogenen Mittelwertes besitzen die entsprechenden Verfahren der gleitenden Durchschnitte die Vorteile der geringen Belastung mit Rechenarbeiten und der größeren Aktualität. Die Festlegung der Anzahl der Bedarfsperioden und ihrer Gewichtung erfordert jedoch eine umfangreiche Vorarbeit und bleibt im Endeffekt doch subjektiv. Diese Nachteile können, mindestens teilweise, durch den Einsatz der **exponentiellen Glättung** gemildert werden.

2.3.2.4 Die exponentielle Glättung 1. Ordnung

Für die Ableitung der Formel der Bedarfsschätzung nach der **exponentiellen Glättung 1. Ordnung** wird angenommen, daß die Verbrauchsmengen eines Materials während der letzten Monate $t-1, t-2, ..., t-n$ jeweils $V_{t-1}, V_{t-2}, ..., V_{t-n}$ betrugen. Der arithmetische Mittelwert des Verbrauchs dieser Zeitperiode belief sich auf

(1) $\quad \overline{V}_{t-1} = \frac{1}{n} \sum_{i=1}^{n} V_{t-i} = \frac{1}{n} (V_{t-1} + V_{t-2} + ... + V_{t-n}).$

Wird nun die betrachtete Periode um den gegenwärtigen Monat $t-0$ verlängert, dann läßt sich für die um einen Monat erweiterte Periode der einfache mittlere Verbrauchswert aus der Formel

(2) $\quad \overline{V}_{t-0} = \frac{1}{n+1} \sum_{i=0}^{n} V_{t-i} = \frac{1}{n+1} (V_{t-0} + V_{t-1} + ... + V_{t-n})$

ermitteln.

Durch Umformung läßt sich (2) in

$$\overline{V}_{t-0} = \frac{n}{n+1} \cdot \underbrace{\frac{1}{n} (V_{t-1} + V_{t-2} + ... + V_{t-n})}_{\overline{V}_{t-1}} + \frac{1}{n+1} \cdot V_{t-0}$$

bzw. in

(3) $\quad \overline{V}_{t-0} = \dfrac{n}{n+1} \cdot \overline{V}_{t-1} + \dfrac{1}{n+1} \cdot V_{t-0}$

überführen.

Wird nun $\dfrac{1}{n+1}$ in Gleichung (3) durch α ersetzt,

dann ist

$\dfrac{n}{n+1} = 1 - \alpha$ und aus (3) erhält man

(4) $\quad \overline{V}_{t-0} = (1 - \alpha) \overline{V}_{t-1} + \alpha V_{t-0}$.

Gleichung (4) läßt sich in die ebenso einfache Form von

(5) $\quad \overline{V}_{t-0} = \overline{V}_{t-1} + \alpha (V_{t-0} - \overline{V}_{t-1})$

bringen.

In Gleichung (4) bzw. (5) ist α der Glättungs- bzw. Gewichtungsfaktor. Aus $\alpha = \dfrac{1}{n+1}$ geht hervor, daß die α-Werte zwischen 0 und 1 liegen müssen. Läßt man nämlich n gegen unendlich wachsen, dann strebt α gegen Null. Wird n Null, dann ist $\alpha = 1$. Darüber hinaus läßt sich zeigen (vgl. z.B. SCHRÖDER, M.: Einführung in die kurzfristige Zeitreihenprognose und Vergleich der einzelnen Verfahren. In: MERTENS, P. (Hrsg.): Prognoserechnung, S. 38 f.), daß die Gewichtung der älteren Verbräuche in (4) bzw. (5) mit zunehmendem Alter der Verbrauchszahlen exponentiell fallend erfolgt.

Hierzu wird von der Gleichung (4) ausgegangen:

(4) $\quad \overline{V}_{t-0} = (1 - \alpha) \overline{V}_{t-1} + \alpha V_{t-0}$.

Sie gibt den exponentiell gewogenen (geglätteten) Mittelwert bis zur Periode $t - 0$ an. Entsprechend kann der Verbrauchsmittelwert der Periode $t - 1$ aus

(6) $\quad \overline{V}_{t-1} = (1 - \alpha) \overline{V}_{t-2} + \alpha V_{t-1}$

berechnet werden. Wird (6) in (4) eingesetzt, dann erhält man

$\overline{V}_{t-0} = (1 - \alpha) \cdot [(1 - \alpha) \overline{V}_{t-2} + \alpha V_{t-1}] + \alpha V_{t-0}$

bzw.

$\overline{V}_{t-0} = \alpha V_{t-0} + \alpha (1 - \alpha) V_{t-1} + (1 - \alpha)^2 \overline{V}_{t-2}$

und schließlich durch die Fortsetzung des rekursiven Einsatzes

$\overline{V}_{t-0} = \alpha V_{t-0} + \alpha (1 - \alpha) V_{t-1} + \alpha (1 - \alpha)^2 V_{t-2} + \alpha (1 - \alpha)^3 V_{t-3} \ldots$

Da α und $(1 - \alpha)$ jeweils kleiner als 1 sind, stellen die Faktoren α, $(1 - \alpha)$, $(1 - \alpha)^2$, $(1 - \alpha)^3$ ... eine exponentiell monoton fallende Folge dar. Das bedeutet, daß die weiter in der Vergangenheit liegenden Verbräuche schwächer gewichtet werden als jüngere Verbräuche.

Wegen dieser Eigenschaft von α wird $\overline{V}_{t-0}$ als der exponentiell geglättete Mittelwert der Verbräuche der betrachteten Zeitperiode bezeichnet. Seine Berechnung erfolgt, wie aus (5) hervorgeht, aus der Fortschreibung des letzten noch errechneten Mittelwerts $\overline{V}_{t-1}$, ergänzt (geglättet) durch die mit α gewichtete Differenz zwischen dem Verbrauch des letzten Monats V_{t-0} und dem letzten mittleren Verbrauch $\overline{V}_{t-1}$.

Wird nun die exponentielle Glättung 1. Ordnung zu Prognosezwecken im Rahmen der Materialbedarfsplanung eingesetzt, dann bedeutet dies, daß der exponentiell geglättete Mittelwert $\overline{V}_{t-0}$ jeweils als Prognosewert der nächsten Verbrauchsperiode $t + 1$ (V^*_{t+1}) angenommen wird. In diesem Fall ist Gleichung (5) wie folgt zu schreiben:

(7) $\quad V^*_{t-0} = V^*_{t-1} + \alpha \, (V_{t-1} - V^*_{t-1})$.

Der Stern über dem Verbrauchssymbol V bedeutet, daß es sich hierbei um Prognosebedarfswerte handelt. Gleichung (7) besagt, daß der Prognosebedarf einer Bedarfsperiode $t - 0$ (V^*_{t-0}), z.B. des Monats Juni, gleich der Bedarfsprognose der Vorperiode (V^*_{t-1}), also des Monats Mai, ergänzt durch den mit α gewogenen Prognosefehler der Vorperiode ist.

Beispiel

$V^*_6 = ?$ = Der Juniverbrauch soll prognostiziert werden

V^*_5 = Maiprognose = 100 ME

V_5 = Tatsächlicher Verbrauch im Mai = 110 ME

α = Glättungs- bzw. Gewichtungsfaktor = 0,2

Durch Einsatz in (7) erhält man

$V^*_6 = 100 + 0,2 \, (110 - 100) = 102$ ME.

Das Beispiel zeigt, wie einfach die Anwendung des Prognoseverfahrens der exponentiellen Glättung 1. Ordnung ist. Einige Probleme bereitet lediglich die Festlegung von α, dessen Größe allerdings für die Bedarfsprognose von besonderer Bedeutung ist. Sie bestimmt die Anzahl und die Gewichte der Vergangenheitswerte der Prognose. Damit legt α die Reaktionsfähigkeit des Prognosemodells auf Zufallsschwankungen fest.

Unter Beachtung, daß $0 \leq \alpha \leq 1$ sei, kann Gleichung (4) wie folgt interpretiert werden: Der gesuchte Verbrauchsmittelwert der Verbrauchsperiode $t - 0$ setzt sich aus $\alpha \%$ des Verbrauchs dieser Periode und aus $1 - \alpha \%$ des Verbrauchsmittelwertes der Vorperiode $t - 1$ zusammen. Bei $\alpha = 0$ berücksichtigt das Verfahren den Verbrauch der letzten Periode $t - 0$ und somit den Prognosefehler überhaupt nicht. Ist dagegen α gleich 1, dann ist der gesuchte Mittelwert gleich dem Verbrauch der letzten Periode. Der letzte Prognosefehler wird voll in die neue Verbrauchsvorhersage übernommen. Also: je kleiner α ist, desto „träger" ist das Prognoseverfahren. Je größer α ist, desto größer ist die Reaktionsfähigkeit des Prognoseverfahrens auf Zufallsschwankungen.

Die Bestimmung von α erfolgt subjektiv unter Beachtung der eigenen oder fremden Erfahrung und der Eigenschaft von α, jüngere Verbräuche stärker zu gewichten als ältere. Praktisch bedeutet es, daß jeweils wenige Verbrauchsperioden in die Prognose eingehen. Aus $\alpha = \frac{1}{n+1}$ geht hervor, daß bei einem α von 0,1 es 9 Verbrauchsperioden sind. Bei einem α von 0,5 wird nur eine Verbrauchsperiode berücksichtigt. Deswegen wird in der Praxis mit einem α von kleiner als 0,5 gearbeitet. Nach Reif erhält α in der Praxis Werte zwischen 0,1 und 0,3 (vgl. REIF, K.: Bedarfsvorhersagen mittels mathematisch-statistischer Verfahren. IBM-Form 8 15 18, IBM-Fachbibliothek 1966, S. 9).

Eine weitere Möglichkeit zur Bestimmung von α besteht darin, den α-Wert von der Erfahrung mit anderen Verfahren abhängig zu machen. Hat man bei der Bedarfsvorhersage mittels des gleitenden arithmetischen Mittels z.B. mit N = 10 zufriedenstellende Prognoseergebnisse erreicht, dann kann α so gewählt werden, daß bei der Anwendung der exponentiellen Glättung ebenfalls 10 Verbrauchsperioden in die Schätzung eingehen. Hierfür wird das Durchschnittsalter der Verbrauchsperioden beider Verfahren berechnet und gleichgestellt und aus der Gleichung α bestimmt (vgl. SCHRÖDER, M.: Einführung in die kurzfristige Zeitreihenprognose und Vergleich der einzelnen Verfahren. In: MERTENS, P. (Hrsg.): Prognoserechnung, S. 40 f.).

Im Falle des einfachen gleitenden Durchschnitts gehen N Monatsverbräuche in die Berechnung ein. Das Alter des Verbrauchs der jüngsten Periode wird gleich Null gesetzt. Das Durchschnittsalter ($\overline{A}$) beträgt dann

$$\overline{A} = \frac{N-1}{2}.$$

Das Durchschnittsalter beim Verfahren der exponentiellen Glättung unter der gleichen Annahme über das Alter der jüngsten Zeitperiode beläuft sich auf

$$\overline{A} = \frac{1-\alpha}{\alpha}.$$

Aus

$$\frac{N-1}{2} = \frac{1-\alpha}{\alpha}$$

kann dann

$$\alpha = \frac{2}{N+1}$$

berechnet werden.

Daraus lassen sich unter den gemachten Annahmen die bestimmten N zugehörenden α-Werte ermitteln. Abbildung 2.29 zeigt eine Auswahl davon.

N beim Verfahren der gleitenden Durchschnitte	3	4	5	6	9	19	199
Äquivalenter α-Wert im Verfahren der exponentiellen Glättung	0,5	0,4	0,33	0,286	0,1	0,1	0,010

Abbildung 2.29   N- und α-Werte, die einem gleichen Durchschnittsalter entsprechen

Die Prognosemethode der exponentiellen Glättung 1. Ordnung eignet sich, genauso wie die restlichen bereits besprochenen Verfahren der Mittelwertberechnung, für konstante Verbrauchsverläufe. Liegt eine Zeitreihe von trendmäßig verlaufenden Verbrauchswerten vor, dann führt die Anwendung der exponentiellen Glättung 1. Ordnung zu einer permanenten Unter- (steigender Trend) bzw. Überschätzung (fallender Trend). Deswegen ist es in solchen Fällen besser, die Trendberechnungsmethode, die exponentielle Glättung 1. Ordnung mit Trendkorrektur, oder die exponentielle Glättung 2. Ordnung einzusetzen.

2.3.2.5   Die Trendrechnung

Die Bedarfsentwicklung wird hier als von der Zeit abhängig betrachtet, d.h. der Bedarf (V) einer Periode (i) ist die zu erklärende Variable und die Zeit (t_i) die erklärende Variable. Wird weiterhin angenommen, daß der zu prognostizierende Verbrauch (V*) in linearer Form von der Zeit abhängt, dann lautet die Trendgerade

$$V^*_i = a + bt_i.$$

Gesucht werden hier die Werte der Koeffizienten a und b. Dabei bedeuten sie:

und
a = Konstanter Wert (= periodenunabhängiger Verbrauch)
b = Steigungsmaß der Trendgerade (= Verbrauchsveränderung pro Periode).

Die Verbrauchswerte von n Verbrauchsperioden können der Verbrauchsstatistik entnommen werden. Das bedeutet, V_i und t_i für i = 1, 2, ..., n sind bekannt.

Für solche Probleme der Regressionsanalyse sind mehrere Lösungsverfahren entwickelt worden (vgl. z.B. MÜLLER-MERBACH, H.: Operations Research, Methoden und Modelle der Optimalplanung, S. 439, KOBELT, H.: Wirtschaftsstatistik für Studium und Praxis, S. 133 ff.). Ein Ansatz geht von der Forderung aus, die Prognosewerte der Trendgeraden sollen möglichst den tatsächlichen Werten entsprechen. Als formales Kriterium (F) dieser Forderung wird

$$F = \sum_{i=1}^{n} (V_i - a - bt_i)^2 \to \text{Minimum}$$

Die Bedarfsermittlung

benutzt. Es besagt, daß die Summe der Quadrate der Prognosefehler ein Minimum sein soll.

Das gesuchte Minimum ergibt sich durch partielle Differenzierungen von F nach a und b und Setzung der ersten Ableitung gleich Null (die zweite Ableitung muß größer Null sein). Dadurch bekommt man die Bestimmungsgleichungen für a und b:

$$\sum_{i=1}^{n} V_i = n \cdot a + b \sum_{i=1}^{n} t_i$$

und

$$\sum_{i=1}^{n} V_i t_i = a \sum_{i=1}^{n} t_i + b \sum_{i=1}^{n} t_i^2.$$

Durch Auflösung nach a und b erhält man:

$$a = \frac{\sum_{i=1}^{n} V_i \sum_{i=1}^{n} t_i^2 - \sum_{i=1}^{n} t_i \sum_{i=1}^{n} V_i \cdot t_i}{n \sum_{i=1}^{n} t_i^2 - \left(\sum_{i=1}^{n} t_i\right)^2}$$

und

$$b = \frac{n \sum_{i=1}^{n} t_i V_i - \sum_{i=1}^{n} t_i \sum_{i=1}^{n} V_i}{n \sum_{i=1}^{n} t_i^2 - \left(\sum_{i=1}^{n} t_i\right)^2}.$$

Beispiel

i	t_i	V_i	t_i^2	V_i^2	$t_i V_i$	$i - \frac{n+1}{2}$	$V_i\left(i - \frac{n+1}{2}\right)$
1	1	100	1	10.000	100	−3	−300
2	2	105	4	11.025	210	−2	−210
3	3	107	9	11.449	321	−1	−107
4	4	115	16	13.225	460	0	0
5	5	112	25	12.544	560	1	112
6	6	118	36	13.924	708	2	236
7	7	122	49	14.884	854	3	366
28	28	779	140	87.051	3213	0	97

Die Werte von t_i geben die Verbrauchsperioden an, z.B. die Verbrauchsmonate von Januar bis einschließlich Juli eines Jahres. V_i sind die entsprechenden Monatsverbräuche. Die restlichen Werte sind zu berechnen. Aus diesen Zahlen lassen sich folgende Werte für a und b berechnen:

$$a = \frac{779 \cdot 140 - 28 \cdot 3213}{7 \cdot 140 - 784} = \frac{19.096}{196} = 97{,}43$$

$$b = \frac{7 \cdot 3213 - 28 \cdot 779}{7 \cdot 140 - 784} = \frac{679}{196} = 3{,}46.$$

Die gesuchte Trendgerade lautet also:

$$V_i = 97{,}43 + 3{,}46\, t_i.$$

Daraus läßt sich für den Monat August des betrachteten Jahres ein Bedarf von

$$V^*_8 = 97{,}43 + 3{,}46 \cdot 8 = 97{,}43 + 27{,}68 = 125{,}1 \text{ ME}$$

prognostizieren.

Die grafische Darstellung der im Beispiel unterstellten Verbräuche und der berechneten Trendgeraden sind in der folgenden Abbildung 2.30 dargestellt.

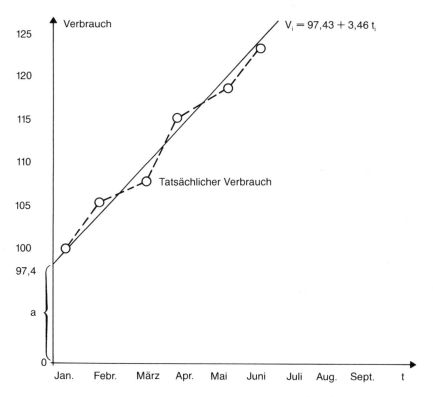

Abbildung 2.30 Darstellung einer Verbrauchszeitreihe und der dazugehörigen Trendgeraden

74   Die Bedarfsermittlung

Die Bestimmungsformeln von a und b können wesentlich vereinfacht werden, wenn die Zeitabstände, wie im Beispiel, zwischen t_i und t_{i-1} alle gleich 1 sind (vgl. MÜLLER-MERBACH, H.: Operations Research. Methoden und Modelle der Optimalplanung, S. 443 f.). In diesem Fall wird t_i durch $\left(i - \frac{n+1}{2}\right)$ ersetzt. Wird weiterhin nur der zeitliche Mittelpunkt $\frac{n+1}{2}$ des unterstellten Zeitraums betrachtet, dann kann in den Bestimmungsgleichungen für a und b

$$\sum_{i=1}^{n} t_i \text{ durch } \sum_{i=1}^{n} \left(i - \frac{n+1}{2}\right)$$

ersetzt werden. Da $\sum_{i=1}^{n} \left(i - \frac{n+1}{2}\right)$ unter den getroffenen Annahmen gleich Null ist, lauten die betrachteten Formeln:

$$\tilde{a} = \frac{1}{n} \sum_{i=1}^{n} V_i$$

und

$$b = \frac{\sum_{i=1}^{n} V_i \left(i - \frac{n+1}{2}\right)}{\sum_{i=1}^{n} \left(i - \frac{n+1}{2}\right)^2} = \frac{12}{n(n^2-1)} \sum_{i=1}^{n} V_i \left(i - \frac{n+1}{2}\right).$$

Auf die Verbrauchswerte des vorherigen Beispiels angewandt ergibt sich:

$$\tilde{a} = \frac{779}{7} = 111{,}28$$

und

$$b = \frac{12 \cdot 97}{7 \cdot (7^2 - 1)} = \frac{1164}{336} = 3{,}46.$$

Bei einem positiven Trend ist $\tilde{a}$ größer als a. $\tilde{a}$ bezieht sich nämlich auf den zeitlichen Mittelpunkt t_m, der im allgemeinen $t_i - \frac{n+1}{2}$ beträgt. Die Trendgerade des Beispiels bezogen auf den zeitlichen Mittelpunkt lautet:

$$V_m = 111{,}28 + 3{,}46\, t_m.$$

Die Rückführung auf den Koordinatenursprung erfolgt durch den Einsatz von $t_i - 4$ für t_m:

$$V_i = 111{,}28 + 3{,}46\, (t_i - 4)$$
$$V_i = 97{,}43 + 3{,}46\, t_i.$$

Eine Kontrolle der Güte des linearen Zusammenhangs zwischen Bedarf und Zeit kann durch den Korrelationskoeffizienten r erfolgen. Ist r = 1, dann besteht zwischen beiden Größen eine vollständige Korrelation. Ist r dagegen gleich 0, dann korrelieren sie überhaupt nicht. Ist r = −1, dann besteht eine vollständige negative Korrelation. Die Formel für r lautet:

$$r = \frac{n \sum_{i=1}^{n} t_i V_i - \sum_{i=1}^{n} t_i \sum_{i=1}^{n} V_i}{\sqrt{\left[n \sum_{i=1}^{n} t_i^2 - \left(\sum_{i=1}^{n} t_i\right)^2\right]\left[n \sum_{i=1}^{n} V_i^2 - \left(\sum_{i=1}^{n} V_i\right)^2\right]}}.$$

Durch Einsatz der Werte des zugrunde gelegten Beispiels ergibt sich ein Korrelationskoeffizient von

$$r = \frac{7 \cdot 3213 - 28 \cdot 779}{\sqrt{(7 \cdot 140 - 28^2)(7 \cdot 87051 - 779^2)}} = \frac{679}{\sqrt{493136}} = 0{,}97.$$

2.3.2.6 Die exponentielle Glättung 1. Ordnung mit Trendkorrektur

Das Verfahren der exponentiellen Glättung 1. Ordnung führt im Falle der Existenz eines Verbrauchstrends zu einer permanenten Verschätzung. Liegen z.B. alle Verbrauchswerte auf einer Geraden mit dem Steigungsmaß b, dann liefert die exponentielle Glättung 1. Ordnung Prognosewerte, die um den Wert

$$\frac{1-\alpha}{\alpha} \cdot b$$

unter dem Verbrauchswert der jüngsten Verbrauchsperiode liegen. Soll nun die Aussage der exponentiellen Glättung 1. Ordnung durch den Trend ergänzt werden, dann lautet die Trendgerade

$$V^*_t = \overline{V}_t + \frac{1-\alpha}{\alpha} \cdot b_t,$$

wenn der Ursprung des Koordinatensystems in die Gegenwart (Periode t) versetzt wird.

Dabei wird der Trendwert in der Verbrauchsperiode t (b_t) nach der exponentiellen Glättung 1. Ordnung mit Trendkorrektur als fortgeschriebener Trendwert aus

$$b_t = b_{t-1} + \alpha (d_t - b_{t-1})$$

ermittelt. d_t ist hier der aktuelle Wert, für den die Gleichung

$$d_t = \overline{V}_t - \overline{V}_{t-1}$$

gilt.

2.3.2.7 Die exponentielle Glättung 2. Ordnung

Das Verfahren ist ähnlich dem der exponentiellen Glättung 1. Ordnung mit Trendkorrektur. Hier erfolgt jedoch die Prognose durch den exponentiell geglätteten Mittelwert der Mittelwerte 1. Ordnung, der als Mittelwert 2. Ordnung oder doppelt geglätteter Mittelwert bezeichnet wird. Wird der Mittelwert erster Ordnung mit $\overline{V}_t$ und derjenige 2. Ordnung mit $\overline{\overline{V}}_t$ dargestellt, dann gilt folgende Beziehung:

$$\overline{\overline{V}}_t = \overline{\overline{V}}_{t-1} + \alpha \, (\overline{V}_t - \overline{\overline{V}}_{t-1}).$$

Der Mittelwert 2. Ordnung beinhaltet im Vergleich zu dem Mittelwert 1. Ordnung eine zeitliche Verzögerung von $\frac{1-\alpha}{\alpha}$. Wenn angenommen wird, daß alle beobachteten Bedarfswerte auf der Trendgeraden liegen und diese eine Steigung von b aufweist, dann ist der Mittelwert 2. Ordnung um $\frac{1-\alpha}{\alpha}$ b kleiner als der Mittelwert 1. Ordnung.

Das bedeutet, daß bei Versetzung des Ursprungs des Koordinatensystems in die Gegenwart (Periode t) die Gleichung

$$V_t = \overline{V}_t + \overline{V}_t - \overline{\overline{V}}_t$$

gilt.

Die Steigung der Trendfunktion am Ende der Verbrauchsperiode t läßt sich errechnen durch:

$$b_t = \frac{\alpha}{1-\alpha} \, (\overline{V}_t - \overline{\overline{V}}_t).$$

Damit lautet die Schätzung des Bedarfs für die Periode t + 1

$$V^*_{t+1} = V^*_t + b_t.$$

Hierbei bedeuten:

V^*_{t+1} = Verbrauchsprognose der Periode t + 1 = Neue Verbrauchsprognose
V^*_t = Verbrauchsprognose der Periode t = Alte Verbrauchsprognose
b_t = Trendanstieg in der Periode t.

V^*_t ist hier nichts anderes als der um den Trend korrigierte Mittelwert erster Ordnung der Periode t. Das bedeutet

$$V^*_t = \overline{V}_t + \frac{1-\alpha}{\alpha} \cdot b_t.$$

Die Einsetzung der exponentiellen Glättung 2. Ordnung zur Bedarfsschätzung verlangt folgende Arbeiten:

1. Berechnung des Mittelwertes der Verbrauchswerte nach der exponentiellen Glättung 1. Ordnung ($\overline{V}_t$).

2. Berechnung des Mittelwertes des Verbrauchs nach der exponentiellen Glättung 2. Ordnung ($\overline{\overline{V}}_t$).
3. Berechnung der Trendsteigung (b_t).
4. Berechnung des um den Trend korrigierten mittleren Verbrauchs (V^*_t).
5. Ermittlung des Prognosewertes (V^*_{t+1}).

Beispiel
Gegeben sind:

$\overline{V}_5$ = Verbrauchsmittelwert 1. Ordnung im Monat Mai = 100 ME
$\overline{\overline{V}}_5$ = Verbrauchsmittelwert 2. Ordnung im Monat Mai = 97 ME
V_5 = Tatsächlicher Verbrauch im Monat Mai = 110 ME
α = Glättungs- bzw. Gewichtungsfaktor = 0,2.

Daraus läßt sich berechnen:

1. Der mittlere Verbrauch 1. Ordnung im Monat Juni ($\overline{V}_6$)

$$\overline{V}_6 = \overline{V}_5 + \alpha (V_5 - \overline{V}_5) = 100 + 0,2 (110 - 100) = 102 \text{ ME}.$$

2. Der mittlere Verbrauch 2. Ordnung im Monat Juni ($\overline{\overline{V}}_6$)

$$\overline{\overline{V}}_6 = \overline{\overline{V}}_5 + \alpha (\overline{V}_6 - \overline{\overline{V}}_5) = 97 + 0,2 (102 - 97) = 98 \text{ ME}.$$

3. Die Trendsteigung im Juni

$$b_6 = \frac{\alpha}{1-\alpha} (\overline{V}_6 - \overline{\overline{V}}_6) = \frac{0,2}{1-0,2} (102 - 98) = 1.$$

4. Der um den Trend korrigierte Mittelwert 1. Ordnung im Monat Juni ($\overline{V}_6$) = V^*_6

$$V^*_6 = \overline{V}_6 + \frac{1-\alpha}{\alpha} \cdot b_6 = 102 + \frac{1-0,2}{0,2} \cdot 1 = 102 + 4 = 106 \text{ ME}.$$

5. Der Prognosewert für Monat Juli

$$V^*_7 = V^*_6 + b_6 = 106 + 1 = 107 \text{ ME}.$$

2.3.2.8 Bedarfsprognose bei saisonal schwankendem Materialverbrauch

Unter saisonalen Bedarfsschwankungen sind längerfristig nachweisbare, periodisch auftretende, deutliche Abweichungen vom Mittelwert bzw. vom Trend zu verstehen. In solchen Fällen ist es von Vorteil, die Besonderheiten der einzelnen Verbrauchsperioden, z.B. der einzelnen Monate, zu berücksichtigen. Dies kann durch eine multiplikative oder additive Verknüpfung der Trend- und Saisonkomponenten erfolgen.

Weist z.B. ein Verbrauchsmodell deutlich einen linearen Trend mit saisonalen Schwankungen aus, dann kann die Bedarfsvorhersage durch die Gleichung

$$V^*_{i+1} = (a_i + b_i t_i) s_{i+1}$$

erfolgen. Sie besteht aus der bereits bekannten Trendgeraden, ergänzt durch den Saisonkoeffizienten s der betrachteten Bedarfsperiode. Hier ist jedoch der Koordinatenursprung in die Gegenwart (i-te Periode) verlegt.

78 Die Bedarfsermittlung

Die Koeffizienten a, b und s können mit Hilfe der exponentiellen Glättung durch die Gleichungen

1. $a_i = a_{i-1} + b_{i-1} + \alpha \left[\dfrac{V_i}{s_{i-1}} - (a_{i-1} + b_{i-1}) \right]$

2. $b_i = b_{i-1} + \beta (a_i - a_{i-1} - b_{i-1})$

und

3. $s_i = s_{i-1} + \gamma \left(\dfrac{V_i}{a_i} - s_{i-1} \right)$

ermittelt werden (vgl. GLASER, H.: Materialbedarfsvorhersagen. In: KERN, W. (Hrsg.): Handwörterbuch der Produktionswirtschaft, Spalte 1202 ff. und die dort angegebene Literatur). α, β und γ sind die jeweiligen Glättungskoeffizienten.

Ein anderes Verfahren ist die Berechnung des *Saisonperiodenwertes* ($\overline{V}_{st}$) und des mittleren *Bedarfskoeffizienten* ($\overline{K}_t$) für die gesamte Zeitperiode (vgl. ZEIGERMANN, J. R.: Elektronische Datenverarbeitung in der Materialwirtschaft, S. 75 ff.). Der Saisonperiodenwert stellt den mittleren Verbrauchswert einer Teilperiode (der Saison) dar, z.B. eines bestimmten Monats innerhalb einer Gesamtperiode von einem Jahr. Dieser wird zweckmäßigerweise nach der exponentiellen Glättung 1. Ordnung aus

$$\overline{V}_{st} = \overline{V}_{st-n} + \alpha (V_{st-n} - \overline{V}_{st-n})$$

berechnet. Der Index s soll zeigen, daß es sich hierbei um eine Saisongröße handelt. t gibt die Verbrauchsperiode und n den Zyklus an.

Beispiel

$\overline{V}_{s12/97}$ = Saisonperiodenwert Dezember 1997 = 140 ME

$\alpha = 0{,}2$

$V_{s12/97}$ = Tatsächlicher Verbrauch im Dezember 1997 = 150 ME

Der Saisonperiodenwert des Monats Dezember 1998 ist zu berechnen aus:

$\overline{V}_{s12/98} = \overline{V}_{s12/97} + \alpha (V_{s12/97} - \overline{V}_{s12/97}) = 140 + 0{,}2 \, (150 - 140) = 142$ ME.

Der mittlere Bedarfskoeffizient ($\overline{K}_t$) zeigt das Verhältnis zwischen dem tatsächlichen Verbrauch und dem Saisonperiodenwert an:

$$\overline{K}_t = \dfrac{V_t}{\overline{V}_{st}}.$$

Beispiel

$V_{11/98}$ = Tatsächlicher Verbrauch im November 1998 = 110 ME

$\overline{V}_{11/98}$ = Saisonperiodenwert im November 1998 = 120 ME

$$\overline{K}_{11/98} = \dfrac{V_{11/98}}{\overline{V}_{11/98}} = \dfrac{110}{120} = 0{,}9167.$$

Die Ermittlung des Bedarfskoeffizienten von Periode zu Periode kann auch mit Hilfe der exponentiellen Glättung 1. Ordnung aus

$$\overline{K}_t = \overline{K}_{t-1} + \alpha\,(K_{t-1} - \overline{K}_{t-1})$$

erfolgen. Der mittlere Bedarfskoeffizient für Dezember 1998 lautet bei einem α von 0,2, einem vorausgeschätzten Bedarfskoeffizienten für November 1998 von 0,95 und einem tatsächlichen von 0,90:

$$\overline{K}_{12/98} = \overline{K}_{11/98} + \alpha\,(K_{11/98} - \overline{K}_{11/98})$$
$$\overline{K}_{12/98} = 0{,}95 + 0{,}2 \cdot (0{,}90 - 0{,}95) = 0{,}94.$$

Für die Bedarfsvorhersage wird der Saisonperiodenwert der betrachteten Periode mit dem mittleren Bedarfskoeffizienten multipliziert:

$$V^*_t = \overline{V}_{st} \cdot \overline{K}_t.$$

Die Bedarfsvorhersage für den Monat Dezember 1998 lautet dann:

$$V^*_{12/98} = \overline{V}_{s12/98} \cdot \overline{K}_{12/98} = 142 \cdot 0{,}94 = 133{,}48 \text{ ME}.$$

2.3.2.9 Bedarfsprognose unter Berücksichtigung der Prognosefehler (Fehlervorhersage)

Wie bereits erwähnt, stellen die Verfahren der verbrauchsorientierten Materialbedarfsermittlung Prognosen dar. Das bedeutet, daß es zwischen den tatsächlichen Verbräuchen und den entsprechenden Prognosewerten Abweichungen geben kann. Bei diesen Abweichungen handelt es sich um Prognosefehler, die unter bestimmten Bedingungen mit einer bestimmten Wahrscheinlichkeit selbst vorhergesagt und in die Prognose ergänzend eingebaut werden können.

Sind die Materialverbräuche normalverteilt und wird eine Prognose mittels des arithmetischen Mittels vorgenommen, dann sind auch die Vorhersagefehler normalverteilt. Das bedeutet, daß die Gefahr einer Über- bzw. einer Unterschätzung gleich groß ist. Die Wahrscheinlichkeit hierfür beträgt jeweils 50%. Dies besagt jedoch nichts über die Stärke des Vorhersagefehlers. Für die Beurteilung einer Prognose ist sie aber unerläßlich. Einen Maßstab hierfür liefert die *Standardabweichung*. In der Statistikliteratur wird sie mit s symbolisiert. Ihre Berechnung erfolgt durch die Formel

$$s_t = \sqrt{\frac{1}{n} \sum_{t=1}^{n} (V_t - V^*_t)^2}.$$

Hierbei bedeuten:

n = Anzahl der Verbrauchsperioden, z.B. Monate, die zur Prognose herangezogen werden
t = Periodenindex, er gibt z.B. den betrachteten Monat an
V = Tatsächlicher Verbrauch
V* = $\overline{V}$ = Prognosewert = Verbrauchsmittelwert.

Die Differenz $V_t - V^*_t$ entspricht dem Prognosefehler der Periode t. Die Quadrierung der Abweichung des Prognosewertes vom tatsächlichen Verbrauchswert erfolgt, um

1. das Minuszeichen bei Überschätzungen zu eliminieren und
2. die größeren Abweichungen stärker zu gewichten.

Die Standardabweichung ist ein Maß zur Messung der *Streuung der Prognosefehler* und zur Berechnung ihrer Stärke. Eine große Standardabweichung zeigt eine starke Abweichung der Prognosewerte von den tatsächlichen Verbrauchswerten an. Eine kleine Standardabweichung gibt dagegen einen geringen Prognosefehler an. Sie deutet also auf ein gutes Prognoseverfahren hin. Darüber hinaus läßt sich zeigen, daß im Bereich Verbrauchsmittelwert ($\overline{V}$) + bzw. – Standardabweichung (s) jeweils 34,13 % der Verbrauchsfälle liegen. Das besagt wiederum, daß 34,13 % der Prognosen eine Überschätzung bis zur Höhe der Standardabweichung und 34,13 % der Prognosen eine Unterschätzung bis zur Höhe der Standardabweichung aufweisen werden.

Dieser Tatbestand ist in der Abbildung 2.31 verallgemeinert dargestellt. Die Abbildung soll die normalverteilten Verbrauchswerte eines Materials pro Woche über einen längeren Zeitraum wiedergeben. Das arithmetische Mittel des Verbrauchs ($\overline{V}$) soll dabei 100 ME und die Standardabweichung (s) 2,5 ME betragen (vgl. Abbildung 2.31).

Die Fläche zwischen der Abszisse (= Verbrauchsachse) und der Funktion enthält alle wöchentlichen Verbrauchswerte, sortiert nach der Häufigkeit, mit der sie aufgetreten sind. 50 % der Verbrauchsfälle liegen unter und 50 % über $\overline{V}$ = 100 ME. Die oberen Wendepunkte der Kurve links und rechts vom arithmetischen Mittel liegen in einem Abstand von jeweils ± s = ± 2,5 ME.

Wird von den Wendepunkten der Kurve eine Senkrechte zu der Verbrauchsachse gezeichnet, dann entsteht zwischen diesen Linien einerseits und zwischen der Kurve und der Abszisse andererseits eine neue Fläche. Mit Hilfe der Funktionsdichte läßt sich zeigen, daß innerhalb dieser Fläche 68,27 % der Verbrauchsfälle enthalten sind. 34,13 % liegen im Bereich 97,5 ME bis 100 ME (= $\overline{V}$ – s). Die andere Hälfte der Verbräuche weist Werte zwischen 100 ME und 102,5 ME auf (= $\overline{V}$ + s). Überhaupt kann für jeden Abstand vom Mittelwert der entsprechende Anteil der Verbrauchsfälle berechnet werden. Solche Berechnungen sind durchgeführt worden und in der Literatur in Tabellenform enthalten (vgl. z. B. KOBELT, H.: Wirtschaftsstatistik für Studium und Praxis, S. 179 ff. für das Berechnungsvorgehen und S. 23 der dem Buch beigelegten Sammlung ausgewählter statistischer Tabellen. Zu demselben Problem vgl. auch DÜRR, W., MAYER, H.: Wahrscheinlichkeitsrechnung und Schließende Statistik, S. 109 ff. und S. 199).

Das Verfahren der Einbeziehung der Prognosefehler zur Ergänzung des Mittelwertsprognoseverfahrens ist leicht zu erkennen.

Stützt sich die Bedarfsprognose allein auf den Mittelwert (V) = 100 ME, dann werden im Durchschnitt 50 % der Bedarfsfälle nicht gedeckt. In 34,13 % davon wird die

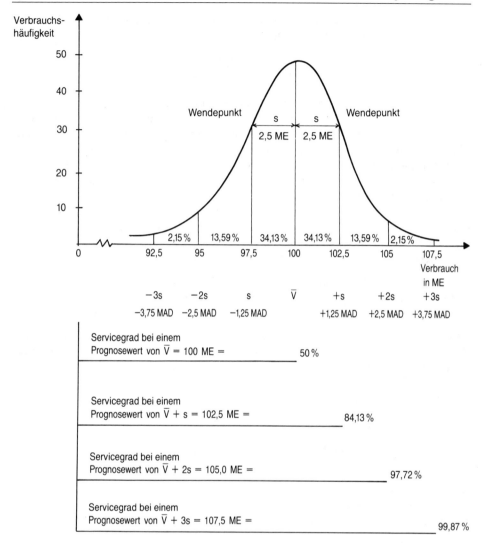

Abbildung 2.31 Prognosewahrscheinlichkeit und Servicegrad

Fehlmenge bis zu 2,5 ME betragen. In weiteren 13,59 % der Fälle wird eine Fehlmenge zwischen 2,5 und 5 ME zu erwarten sein. Ein Rest von 2,15 % der Bedarfsfälle wird eine Fehlmenge von über 5 ME bis 7,5 ME erleiden.

Je nach Wichtigkeit des betrachteten Materials, seinen Lieferfristen, seinen Beschaffungs- und Lagerkosten u. ä. wird eine bessere Bedarfsdeckung, d. h. ein höherer **Servicegrad** bzw. innerbetriebliche Lieferbereitschaft angestrebt oder nicht. Der Servicegrad oder innerbetriebliche Lieferbereitschaft drückt die sofort gedeckten Bedarfsfälle in bezug auf die Summe der Bedarfsfälle in Prozenten aus.

$$\text{Servicegrad} = \frac{\text{Anzahl der sofort gedeckten Bedarfsfälle}}{\text{Gesamtanzahl der Bedarfsfälle}} \cdot 100$$

Wird eine Zunahme des Servicegrades erwünscht, dann ist der Prognosewert vom Verbrauchsmittelwert ($\overline{V}$) um ein Vielfaches der Standardabweichung (s) zu erweitern. In der Abbildung 2.31 ist dieser Zusammenhang zwischen der Fehlerwahrscheinlichkeit einer Prognose und dem Servicegrad mit Hilfe der **3-Sigma-Regel** gezeigt. Wird ein Servicegrad von 50% erwünscht, dann reicht hierfür der Mittelwert als Prognosewert. Soll aber der Servicegrad z.B. 84,13%, 97,72% oder 99,87% betragen, dann ist der Mittelwert um das ein-, zwei- oder dreifache der Standardabweichung zu erhöhen. Aus den in der Abbildung angenommenen Zahlen geht hervor, daß ein Servicegrad von 50% mit dem Prognosewert des Mittelwertes von 100 ME erreicht wird. Für die höheren Servicegrade von 84,13%, 97,72% und 99,87% ist ein Prognosewert von jeweils 102,5, 105 und 107,5 ME erforderlich.

Der gleiche Effekt kann auch erzielt werden, wenn der Prognosewert weiterhin dem Mittelwert entsprechen würde und ein **Sicherheitsbestand** in Höhe der Standardabweichung, der doppelten bzw. dreifachen Standardabweichung angelegt würde.

Eine Vereinfachung erfährt das Verfahren der Fehlervorhersage, wenn anstatt der Standardabweichung die *Mittlere absolute Abweichung* (MAD = medium absolute deviation) eingesetzt wird. Ihre Berechnung erfolgt durch die Formel:

$$\text{MAD}_t = \frac{1}{n} \sum_{t=1}^{n} \left| V_t - V^*_t \right|$$

Die Symbole der Formel stellen bereits bekannte Größen dar:
V = tatsächlicher Verbrauch
V* = prognostizierter Verbrauch
t = Index der Zeitperiode
n = Anzahl der Zeitperioden.

$V_t - V^*_t$ gibt den Prognosefehler der Verbrauchsperiode t wieder. Die absolute Summe davon bringt zum Ausdruck, daß das Vorzeichen vernachlässigt wird. Die MAD zeigt also den absoluten mittleren Prognosefehler. Zwischen der MAD und der Standardabweichung besteht die Beziehung

$$\text{Standardabweichung} = 1{,}25 \text{ MAD}.$$

Wegen der Wirtschaftsdynamik und der Orientierung der Prognoseverfahren der Materialbedarfsplanung an dem Verbrauch der Vergangenheit unterliegen die einmal gewählten Verfahren der Veralterung. Die ihnen zugrunde gelegten Bedarfsmodelle stimmen in so einem Fall nicht mehr mit der neuen Bedarfsentwicklung überein. Aus diesem Grund ist eine ständige Überprüfung der Eignung des Prognoseverfahrens erforderlich. Diese Überprüfung kann durch den *Fehlerkoeffizienten (FK)*

$$FK_t = \frac{\sum_{t=1}^{n}(V_t - V^*_t)}{MAD_t}$$

erfolgen. Er gibt das Verhältnis der kumulierten Prognosefehler zu ihrer MAD an. Damit ist er geeignet, veränderte Verbrauchsverläufe anzuzeigen.

Hierzu wird von der Leitung der Materialdisposition ein Fehlerkoeffizient bestimmt. Er drückt die Grenze der Bereitschaft aus, eine einseitige Entwicklung des Prognosefehlers zu akzeptieren. Ein Fehlerkoeffizient von ± 3 besagt, daß diese Bereitschaftsgrenze erreicht ist, wenn der kumulierte Fehler das Dreifache der MAD erreicht hat.

Ein Arbeitsbeispiel mit einem Fehlerkoeffizienten ist in der Abbildung 2.32 dargestellt. Die Bedarfsprognose erfolgt hier mittels der exponentiellen Glättung erster Ordnung. Dabei wurde ein α-Wert von 0,2 eingesetzt. Der noch tolerierte Fehlerkoeffizient wurde auf ± 3 festgelegt.

Verbrauchs-periode (t)	Tatsächlicher Verbrauch (V_t)	Prognostizierter Verbrauch (V_t^*)	Prognosefehler ($V_t - V_t^*$)	Kummulierter Prognosefehler $\left(\sum_{t=1}^{n}(V_t - V_t^*)\right)$	Kummulierter absoluter Fehler $\left(\sum_{t=1}^{n}|V_t - V_t^*|\right)$	Mittlere absolute Abweichung (MAD_t)	Fehlerkoeffizient (FK_t)	Toleranzenüberschreitung $-3,0 \leq FK \leq 3,0$
1	100	110	−10	−10	10	10	−1	—
2	105	108	− 3	−13	13	6,5	−2	—
3	110	107,4	+ 2,6	−10,4	15,6	5,2	−2	—
4	115	107,9	+ 7,1	− 3,3	22,7	5,7	−0,6	—
5	119	109,3	+ 9,7	+ 6,4	32,4	6,5	+1,0	—
6	124,8	111,2	+13,6	+20,0	46,0	7,7	+2,6	—
7	127,8	113,9	+13,9	+33,9	59,9	8,6	+3,9	Signal
8	129,8	116,7	+13,1	+47,0	73,0	9,1	+5,2	Signal

Abbildung 2.32   Beispiel der Überprüfung des Prognoseverfahrens durch den Fehlerkoeffizienten

Im obigen Beispiel signalisiert der für die siebte Verbrauchsperiode errechnete Fehlerkoeffizient, daß die Toleranzgrenze von ± 3,0 überschritten worden ist. Das gleiche geschieht auch in der achten Periode. Dies sollte als Signal verstanden werden, das Prognoseverfahren zu überprüfen. Als erster Schritt soll eine *Bedarfsanalyse* durchgeführt werden. Ihre Ergebnisse sollen dann mit denen der letzten Analyse verglichen werden. Wird das bis dahin unterstellte Verbrauchsmodell als weiterhin gültig und das verwendete Prognoseverfahren als geeignet betrachtet, dann soll z.B. der Glättungsfaktor α geändert werden. Einen passenden Alpha-Wert kann man durch Probeprognosen für die vergangenen Perioden (Ex-post-Prognosen) suchen. Zeigt die Bedarfsanalyse dagegen, daß der angenommene Bedarfsverlauf nicht mehr mit der Wirklichkeit übereinstimmt, dann muß das Prognoseverfahren als solches geändert werden. Läßt die Bedarfsanalyse wie im benutzten Beispiel einen linearen Trend vermuten, dann sollte u.U. das angewandte Verfahren der exponentiellen Glättung erster Ordnung durch das der exponentiellen Glättung zweiter Ordnung ersetzt werden.

Kontrollfragen

1. Was wird durch die Bedarfsermittlung angestrebt?
2. Beschreiben Sie die Maßnahmen der Materialrationalisierung und ihren jeweiligen Beitrag im Rahmen der Materialsortimentsplanung.
3. Demonstrieren Sie das Verfahren der Wertanalyse als Maßnahme der Materialrationalisierung.
4. Stellen Sie die ABC-Analyse dar.
5. Wozu und wie wird die Nummerung im Rahmen der Materialrationalisierung eingesetzt?
6. Welchen Beitrag liefert die Standardisierung im Rahmen der Materialrationalisierung? Wie kann sie eingesetzt werden?
7. Welchen Beitrag leistet die Konstruktionsabteilung im Rahmen der Materialsortimentsplanung? Wie?
8. Welche Voraussetzungen müssen erfüllt sein, um eine auftragsorientierte Bedarfsplanung vornehmen zu können?
9. Wie kann eine Erzeugnisstruktur grafisch dargestellt werden?
10. Welche Stücklisten sind im Rahmen der Bedarfsermittlung von Bedeutung? Was geben sie jeweils an?
11. Beschreiben Sie das Vorgehen bei einer Stücklistenauflösung. Wozu dient sie?
12. Wie erfolgt die Berechnung des Nettobedarfs?
13. Beschreiben Sie das Vorgehen bei der Auflösung eines Teileverwendungsnachweises.
14. Beschreiben Sie den Gozintographen und seine Anwendung zur Berechnung des Bruttogesamtbedarfs.

Kontrollfragen 85

15. Beschreiben Sie die Vorgehensschritte beim Einsatz der Matrizenrechnung für die Bedarfsplanung. Was geben die einzelnen Matrizen an?

16. Wie wird die Gesamtbedarfsmatrix gewonnen?

17. Wie geht man bei einer verbrauchsorientierten Bedarfsplanung vor? Wie kann die Eignung eines Verfahrens getestet werden?

18. Welche Bedarfsprognoseverfahren eignen sich für welche Verbrauchsentwicklung?

19. Erläutern Sie die Berechnungsformeln des arithmetischen und gewogenen Mittels. Was bedeutet ein gleitendes Mittel?

20. Zeigen Sie das Vorgehen bei der Anwendung der exponentiellen Glättung 1. Ordnung. Wie ist eine ständige Über- bzw. Unterschätzung des Bedarfs durch dieses Verfahren zu interpretieren?

21. Zeigen Sie das Vorgehen bei der Anwendung der exponentiellen Glättung 2. Ordnung. Für welche Verbrauchsverläufe ist dieses Prognoseverfahren geeignet?

22. Beschreiben Sie das Vorgehen bei der Anwendung der Trendberechnung für Zwecke der Bedarfsprognose.

23. Wie können Saisonschwankungen bei einer Bedarfsprognose berücksichtigt werden?

24. Wie kann ein optimaler Servicegrad ermittelt werden?

25. Wie kann eine Bedarfsprognose einen optimalen Servicegrad berücksichtigen?

26. Was besagt die Überprüfung des Verfahrens der Bedarfsprognose mittels eines Fehlerkoeffizienten?

3 Der Einkauf

Lernziele

Dem Leser sollen in diesem Kapitel Methoden und Techniken
- der Bedarfsmeldung;
- der Beschaffungsmarktforschung;
- der Kontaktpflege;
- der Bestellung;
- der Qualitäts-, Mengen- und Terminüberwachung;
- der Rechnungsprüfung;
- der Regelung von Vertragsstörungen und
- des Recycling

vermittelt werden.

3.1 Wesen des Einkaufs

Der **Einkauf** bildet die zweite Aufgabe des materialwirtschaftlichen Prozesses. Ergibt sich aus der Bedarfsermittlung bzw. Materialdisposition ein *netto originärer Materialbedarf*, ist dieser mittels einer **Bedarfsmeldung** dem Einkauf zum Zwecke der **Bestellung** anzuzeigen. In der Regel ist die Bedarfsmeldung keine einkäuferische Aufgabe. Da jedoch in bestimmten Fällen auch der Einkauf selbst eine Bedarfsmeldung vornehmen kann, soll sie hier kurz betrachtet werden. Die Hauptaufgabe des Einkaufs besteht in dem Erwerb von Eigentums- bzw. Verfügungs- oder Nutzungsrechten über den ihm gemeldeten oder von ihm selbst erwarteten Bedarf. Den Kern dieser Aufgabe wiederum bildet die Bestellung. Damit sie die wirtschaftliche Bedarfsdeckung gewährleistet, muß sie ökonomisch und juristisch entsprechend vorbereitet und abgefaßt werden. Dabei beinhaltet die ökonomische Vorbereitung der Bestellung in erster Linie Aufgaben der **Beschaffungsmarktforschung** und der **Kontaktpflege** mit den Anbietern.

Weiterhin muß seitens des Einkaufs sichergestellt sein, daß die mit den Lieferanten getroffenen Vereinbarungen eingehalten werden. Hierzu ist eine Reihe von **Überwachungs- und Kontrollaufgaben** notwendig, die neben der **Termin-, Qualitäts-** und der **Mengensicherung** auch die **Rechnungsprüfung** und die Klärung von **Vertragsstörungen** beinhalten.

Darüber hinaus ist das **Recycling** traditionell zu den Einkaufsaufgaben zu rechnen. Zusammenfassend lassen sich die Einkaufsaufgaben wie in der folgenden Abbildung darstellen.

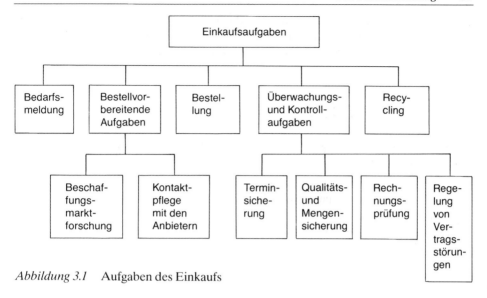

Abbildung 3.1   Aufgaben des Einkaufs

3.2 Die Bedarfsmeldung

Die Bedarfsmeldung, die auch Bestellaufgabe oder Materialanforderung genannt wird, ist eine Aufforderung einer dazu autorisierten Stelle an den Einkauf, bestimmte Güter in bestimmten Mengen zu beschaffen und der anfordernden Stelle zu einem bestimmten Termin bereitzustellen. Für den Lagerbedarf ist das Lager autorisiert, Bedarfsmeldungen zu erstellen. Sie sind das Ergebnis der **Bedarfs-** und **Bestandsrechnung** und sollen im Einkauf gegebenenfalls durch die **Bestellrechnung** ergänzt werden. Für den Nichtlagerbedarf kommen in erster Linie die Fertigungsstellen (Werkstätten) als autorisierte Bedarfsmeldestellen in Frage. Es kann allerdings jede betriebliche Kostenstelle hierzu autorisiert werden.

3.2.1 Formen der Bedarfsmeldung

Die organisatorische Regelung ist jeweils von den Gegebenheiten des betrachteten Betriebes abhängig. Im allgemeinen läßt sich jedoch sagen, daß die Bedarfsmeldung schriftlich erfolgen soll. Nur in Ausnahmefällen, die genau beschrieben sein müssen, sollen mündliche Bedarfsmeldungen gestattet sein. In solchen Fällen soll später eine schriftliche Bedarfsmeldung z.B. mit dem Vermerk „bereits telefonisch gemeldet" nachgereicht werden. Bestätigt der Bedarfsmelder seine mündlich erteilte Bedarfsmeldung nachträglich nicht schriftlich, dann soll dem Einkauf das Recht eingeräumt werden, selbst eine Bedarfsmeldung auszustellen.

In der Praxis haben sich die perforierten Bedarfsmeldungen, die Kombination von Bedarfsmelde- und Bestellformular, die Sammelbedarfsmeldung, die Pendelkarte, die Einkaufsstückliste oder eine per EDV erstellte Liste als Bedarfsmeldeträger bewährt.

3.2.2 Inhalt der Bedarfsmeldung

Auch der Inhalt der Bedarfsmeldung läßt sich nicht generell regeln. Folgende Angaben sollen als Empfehlung betrachtet werden:

- Bedarfsträger und seine Kostenstelle;
- Bedarfsmaterial mit genauer Spezifikation und gegebenenfalls Materialschlüsselnummer;
- Bedarfsmenge und geschätzter Bestellwert;
- Verwendungszweck;
- Lagerbestand und Monatsverbrauch;
- Bedarfs-, Liefer- bzw. Fertigstellungstermin;
- Verpackungsart;
- Entladestelle;
- Ausstellungsdatum, Aussteller und Unterschrift des Meldeberechtigten.

Die Aufmachung sollte so gestaltet sein, daß Platz für Vermerke des Einkaufs und anderer Kontrollstellen vorhanden ist. Solche Kontrollinstanzen können neben dem Einkauf u. a. die Normstelle, der Leiter der Meldestelle, die Terminprüfstelle und bei Betriebsmitteln (Investitionen) die Geschäftsleitung oder die Investitionskommission sein. Zu den Aufgaben des Einkaufs gehört nicht nur die formale, sondern auch die sachliche Überprüfung der Bedarfsmeldung. Darüber hinaus sollte der Einkauf das Recht haben, Änderungsvorschläge zu machen.

3.3 Bestellvorbereitende Aufgaben des Einkaufs

Bestellentscheidungen stellen in der Regel hart erkämpfte Marktergebnisse dar. Sie sind als Kompromisse zwischen den aus der Bedarfssituation und der Forderung nach Sparsamkeit abgeleiteten Interessen des Einkaufs einerseits und den aus dem Rentabilitätsstreben herrührenden Interessen der Lieferanten andererseits zu verstehen. Sie bedeuten für den Einkauf im Endeffekt Bedarfsdeckung und Kosten, die es zu minimieren gilt.

Eine Minimierung der Bestellkosten bei gleichzeitiger Sicherung der Bedarfsdeckung verlangt jedoch ein optimales Verhalten des Einkäufers am Markt. Dies wiederum setzt voraus, daß er konkrete Vorstellungen über die Bedarfs- und die Marktsituation besitzt und in der Lage ist, sie in optimale Bestellentscheidungen umzuwandeln. Die erforderlichen Informationen darüber erhält der Einkäufer mit Hilfe der

Bedarfsermittlung und der **Beschaffungsmarktforschung**. Die Umsetzung dieser Informationen in **Bestellungen** erfolgt vielfach erst nach **Verhandlung** mit den Lieferanten. Die Bedarfsermittlung ist bereits abgehandelt. Die Beschaffungsmarktforschung und die Verhandlungen mit Lieferanten sollen im folgenden betrachtet werden.

3.3.1 Die Beschaffungsmarktforschung

Ziel der **Beschaffungsmarktforschung** ist es, die relevanten Märkte für die zuständigen Einkaufsstellen transparent zu gestalten. Das bedeutet, daß die Beschaffungsmarktforschung die Struktur und die Ergebnisse des betrachteten Marktes für die Vergangenheit, die Gegenwart und die Zukunft offenlegen muß. Objekte der Beschaffungsmarktforschung sind sowohl inner- als auch außerbetriebliche Markteinflußgrößen. Betreffen sie Wirtschaftsfaktoren, die Ergebnisse des Handels von Wirtschaftssubjekten darstellen, dann handelt es sich hierbei um eine ökoskopische Beschaffungsmarktforschung. Werden dagegen die Wirtschaftssubjekte selbst erfaßt und beschrieben, dann betreibt der Einkauf eine demoskopische Beschaffungsmarktforschung (vgl. BEHRENS, K. C.: Handbuch der Marktforschung, S. 13 ff.). Die Offenlegung von Marktstrukturen verlangt nach:

1. Informationssammlung,
2. Verarbeitung der gesammelten Informationen,
3. Weiterleitung und
4. Archivierung der gewonnenen Ergebnisse.

Die Wahrnehmung dieser Aufgaben kann von einer selbständigen Stabsstelle „Beschaffungsmarktforschung" oder ausschließlich vom Einkäufer erfolgen. Die räumliche Ausdehnung der Märkte, die Beschleunigung des technischen Fortschritts, die zunehmende Wirtschaftsintegration u. ä. gestalten das Marktgeschehen immer komplizierter und erhöhen den Zwang zur intensiven und systematischen Beschaffungsmarktforschung. Dies wiederum bedeutet eine Zunahme der institutionellen Beschaffungsmarktforschung, weil den meisten Einkäufern das spezifische Wissen der Marktforschungsmethoden und vor allem das der statistischen und ökonometrischen Verfahren noch fehlt. Die Entscheidung jedoch für oder gegen eine Institutionalisierung der Beschaffungsmarktforschung ist betriebsindividuell unter Berücksichtigung der Kosten und „Erträge" der Beschaffungsmarktforschung zu treffen. Dabei ist zu berücksichtigen, daß die Institutionalisierung den Einkäufer nicht völlig von seiner Beschaffungsmarktforschungsaufgabe entbindet.

Unabhängig davon, ob die Beschaffungsmarktforschung institutionell von einer Stabsstelle oder traditionell durch den Einkäufer betrieben wird, soll versucht werden, diese Einkaufsfunktion zu systematisieren. Hierzu müssen Überlegungen über

1. den Informationsbedarf,
2. die Informationsquellen,

3. die Informationssammlung,
4. die Informationsverarbeitung und
5. die Informationsweiterleitung bzw. -aufbewahrung

angestellt werden.

3.3.1.1 Informationsbedarf des Einkaufs

Ziel der Untersuchung des Informationsbedarfs des Einkaufs ist festzustellen, welche Informationen von welcher Einkaufsstelle wann benötigt werden. Die meisten Informationen benötigt der Einkauf für seine Bestellentscheidungen.

Bestellentscheidungen sind von inner- und außerbetrieblichen Faktoren abhängig. Zu den innerbetrieblichen Einflußgrößen gehören neben dem zu deckenden *Bedarf* u.a. auch die *Liquiditäts-* und *Lagersituation*. Die außerbetrieblichen Einflußgrößen umfassen die Gesamtheit der *Umweltbedingungen* des Betriebes. Dazu sind sowohl der volkswirtschaftliche „Datenkranz", wie z.B. das herrschende Recht und politische System, die vorhandene Infrastruktur, die angewandte allgemeine Politik und speziell die Wirtschafts-, Steuer- und Konjunkturpolitik und die gegenwärtige Konjunktursituation, als auch die spezifischen Marktfaktoren zu zählen.

Unter Markt ist das Zusammentreffen von Angebot und Nachfrage eines bestimmten Gutes in einem räumlich und zeitlich abgegrenzten Bereich zu verstehen. Bestellentscheidungen sind selbst Bestandteile des Marktes, die die Marktergebnisse, nämlich die abgesetzten Mengen, die vereinbarten Preise, Liefer- und Zahlungsbedingungen widerspiegeln.

Die Beeinflussung der Marktergebnisse im Sinne des Einkaufs ist um so eher möglich, je mehr Informationen über die Marktelemente Gut, Angebot und Nachfrage den Entscheidungsträgern des Einkaufs vorliegen. Hinsichtlich des Gutes sind für den Einkauf seine chemischen und physikalischen *Eigenschaften* von Interesse. Mit ihrer Hilfe lassen sich die Einsatzmöglichkeiten überprüfen und bestimmen. Kenntnisse über die Materialeigenschaften sind Voraussetzung zur Vermeidung der Bildung von *Produktpräferenzen*. Darüber hinaus ist das Wissen über die Materialeigenschaften Voraussetzung für das Verstehen der Verarbeitungsverfahren. Aufgrund der Materialeigenschaften lassen sich die Einsatzgebiete ermitteln. Sie wiederum sind zur Bestimmung der Mitkonkurrenten auf dem betrachteten Materialmarkt unerläßlich. Außerdem interessieren in diesem Zusammenhang auch die *Gewinnungs-* bzw. *Produktionsverfahren* der einzelnen Materialien. Sie erleichtern u.U. die Schätzung der Materialkosten.

In bezug auf das Angebot und die Nachfrage interessieren zur Feststellung der horizontalen und vertikalen Marktstruktur Informationen über die Anzahl und die Stärke der jeweiligen Marktteilnehmer. Sie werden benutzt, um die **Marktform** und die **Marktseitenverhältnisse** bestimmen zu können (vgl. hierzu z.B. THEISEN, P.: Grundzüge einer Theorie der Beschaffungspolitik, S. 38 ff.). Unter Heranziehung von preistheoretischen Erkenntnissen können dann die künftigen Preise prognostiziert werden.

Ohne Anspruch auf Vollständigkeit läßt sich der Informationsbedarf des Einkaufs im Überblick wie folgt darstellen:

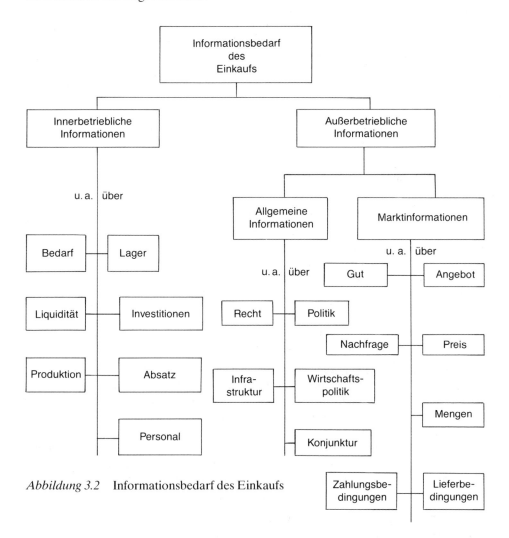

Abbildung 3.2 Informationsbedarf des Einkaufs

3.3.1.2 Informationsquellen

Entsprechend der Aufteilung des Informationsbedarfs des Einkaufs lassen sich auch die Informationsquellen in inner- und außerbetriebliche Informationsquellen aufteilen. Zu den innerbetrieblichen Informationsquellen gehören, wenn auch mit unterschiedlicher Bedeutung, sämtliche betriebliche Teilbereiche. Zu den wichtigsten Quellen gehören die Konstruktions- und die Normenstelle, die Bedarfsträger und das Lager, die Verkaufs- und die Finanzabteilung und die Einkaufsstellen selbst.

Zu den außerbetrieblichen Informationsquellen gehören u.a. Rechtsbücher, Parteiprogramme, Regierungserklärungen, Länderberichte, Konjunkturberichte, Veröffentlichungen internationaler Organisationen wie UNO, IMF, Weltbank, OECD, EWG etc., Bankenberichte, Messen und Ausstellungen, Kataloge, Broschüren, Werkszeitschriften, Preislisten, Angebote, Adreßbücher (Wer liefert was), Veröffentlichungen des Statistischen Bundesamtes und der statistischen Landesämter, die Wirtschaftsverbände, die Gewerkschaften, die IHK, Marktforschungsinstitute, Literatur, Fachzeitschriften, Firmen-, Jahres- und Jubiläumsberichte, die Mitkonkurrenten.

Welche von den möglichen Informationsquellen herangezogen werden, ist ein betriebsindividuelles Problem, das im konkreten Fall entschieden werden soll.

3.3.1.3 Informationssammlung

In Anlehnung an die allgemeine Marktforschung (vgl. z.B. ROGGE, H.-J.: Marktforschung, Elemente und Methoden betrieblicher Informationsgewinnung, S. 49 ff.) soll auch hier von der *Primär-* und *Sekundärforschung* ausgegangen werden. Unter Primärforschung soll die erstmalige Erhebung von Daten bzw. von Informationen verstanden werden. Dabei bezeichnen die Informationen ein zweckbezogenes Wissen, während die Daten Nachrichten ohne Zweckbindung ausdrücken. Die Sekundärforschung beinhaltet dagegen die Sammlung von Informationen bzw. von Daten, die bereits in der Vergangenheit für einen anderen Zweck erhoben worden sind.

Als Instrumente der primären Beschaffungsmarktforschung werden die *Beobachtung*, das *Experiment* und die *Befragung* eingesetzt.

Die Beobachtung beinhaltet die Feststellung von einzelnen oder sämtlichen Marktmerkmalen bzw. die Feststellung des Verhaltens von Marktteilnehmern in einem Zeitpunkt und deren zeitlicher Entwicklung. Die Verfolgung der Bemühungen der Lieferanten, neue Preisforderungen durchzusetzen, die Feststellung der konjunkturellen Entwicklung aufgrund von Veröffentlichungen in der Fachpresse wie auch die Ermittlung der Entwicklung der eigenen Lieferzeiten sind Beispiele von Marktbeobachtungen. Das Experiment als Instrument der Beschaffungsmarktforschung stellt einen besonderen Fall der Marktbeobachtung dar. Mit seiner Hilfe soll die Wirkung bestimmter ausgewählter Maßnahmen ausprobiert werden.

Pilotgeschäfte mit Neulieferanten sind z.B. ein vom Einkauf oft durchgeführtes Experiment. Die Befragung ist eines der traditionellen Instrumente des Einkaufs zur primären Gewinnung von Informationen. Deswegen soll sie im folgenden besonders betrachtet werden.

3.3.1.4 Die Anfrage als traditionelle Befragungsform des Einkaufs

Die *Anfrage* oder *Angebotseinholung* dient dem Einkäufer dazu, in Erfahrung zu bringen, ob und unter welchen Bedingungen er einen tatsächlichen oder einen fiktiven Bedarf decken kann. Liegt ein Informationsbedarf vor, verursacht z.B. durch eine Bedarfsmeldung oder durch den Wunsch der Überprüfung älterer Einkaufsentscheidungen oder bevorstehender Planungsmaßnahmen, muß der Einkäufer

1. sich überlegen, ob angefragt werden soll und in welcher Form,
2. den Adressatenkreis festlegen,
3. den Anfragetext formulieren und
4. die Anfrage unterschreiben, in die Anfragedatei, Anfragenkartei bzw. das Anfragebuch eintragen, verschicken und überwachen.

Die Anfragenentscheidung hängt vom Informationsstand des Einkaufs, der Bedeutung des Bedarfsfalles und seiner frühzeitigen Anmeldung an den Einkauf ab. Ist der Einkauf im Besitz von ausreichenden, noch gültigen Informationen, wie z.B. Preislisten, so ist eine Anfrage überflüssig. Das gleiche kann im allgemeinen auch für die C-Produkte gelten.

Soll dagegen ein A-Produkt beschafft werden, dann kann eine Anfrage eher gerechtfertigt bzw. notwendig sein. Eine sorgfältig durchgeführte Anfrageaktion nimmt eine gewisse Zeit in Anspruch. Erfolgt eine Bedarfsmeldung kurz vor dem Bedarfstermin, dann ist es fraglich, ob eine Anfrage durchgeführt werden kann.

Anfragen können mündlich (in der Regel fernmündlich) oder schriftlich erfolgen. Dabei können schriftliche Anfragen formgebunden oder formlos sein. Auch hier dienen die Bedeutung und die Bedarfsdringlichkeit als Entscheidungskriterien. Darüber hinaus wird die Anfrageform auch von der Bedarfsart mitbestimmt. Investitionsgüter und öffentliche Ausschreibungen verlangen nach schriftlicher, formgebundener Anfrage.

Die Festlegung des Adressatenkreises einer Anfrage soll nach der Ermittlung aller bzw. vieler in Frage kommender Betriebe erfolgen. Je nach dem Informationsbedarf wird dann daraus der Adressatenkreis ausgewählt.

Aus dem Anfragetext soll unmißverständlich die verfolgte Absicht hervorgehen. Hierzu sind u.a. notwendig:

1. eine genaue Materialspezifikation, möglichst durch Angabe von Materialnummer, Normbezeichnungen und Beifügung von Zeichnungen, Bauplänen u.ä.,
2. genaue Mengenangaben, auch im Falle von Alternativmengen,
3. genaue und fixe Termine wie z.B. Angebots-, Fertigungs- und Liefertermine,
4. genaue Verpackungs- und Versandvorschriften.

Unterschriftsberechtigt ist in der Regel der Facheinkäufer bzw. der Träger des Informationsbedarfs. Die Eintragung in das Anfragebuch dient der Überwachung der Anfrage. In der Praxis werden folgende Überwachungsmaßnahmen ergriffen:

1. Bestimmung einer Überwachungsstelle,
2. Kennzeichnung der eingehenden Angebote als solche,
3. Öffnung der Angebotsbriefe am Stichtag,
4. Kenntlichmachen und Auflisten der Anbieter,
5. Regelung der Öffnung der Angebote.

3.3.1.5 Informationsverarbeitung

Die zur Darstellung von Marktstrukturen erforderlichen Informationen fallen in den seltensten Fällen in der benötigten Form an. Viel häufiger müssen Globalinformationen mit Hilfe der **Analyse** in ihre Bestandteile zerlegt werden oder einzelne Informationen durch **Synthese** zu einem Mosaikbild zusammengesetzt werden, um ihrem Zweck zu genügen. Dieser Zweck kann üblicherweise eine **Produkt-, Firmen-** oder **Länderstudie** sein. Dabei umfassen die Firmenstudien sowohl die Nachfrageseite **(Konkurrenzforschung)** als auch die Angebotsseite. Üblicherweise erfolgt zunächst eine Überprüfung des gesammelten Informations- und Datenmaterials hinsichtlich seiner Brauchbarkeit. Gleichzeitig werden die brauchbaren Informationen und Daten herausgewählt. Im Anschluß daran werden sie gegebenenfalls in geeignete Klassen geordnet, verdichtet und entsprechend dem Verwendungszweck miteinander verknüpft. Im Rahmen dieser Verarbeitung kommen geeignete statistische Verfahren der Zeitreihenbildung und -analysen wie z.B. Mittelwertbildung, Streuungsberechnung, Kennziffernbildung, Regressionsanalyse u.ä. zur Anwendung.

Von besonderer Bedeutung ist in diesem Rahmen die Verarbeitung von Informationen zu einer **Prognose**. Wörtlich bedeutet Prognose Vorauswissen. Das heißt Wissen von zukünftigen Ereignissen. Obwohl solche Ereignisse naturgemäß nicht offenbar sind, kann es gute Gründe geben, mit ihnen zu rechnen. Voraussetzung dafür ist jedoch, daß die Einflußfaktoren eines Ereignisses, ihre gegenseitigen qualitativen und quantitativen Beziehungen wie auch ihr Verhältnis zum Ereignis (Prognosegröße) und ihre künftige Konstellation ermittelt werden. Dies geschieht mit Hilfe von wirtschaftswissenschaftlichem Wissen, oft unter Einsatz der Mathematik in Form von statistischen Verfahren, ökonometrischen Modellen oder Methoden des Operations Research (vgl. hierzu z.B. ROGGE, H.-J.: Marktforschung, S. 101 ff.).

Ein traditionelles Informationsverarbeitungsverfahren der Beschaffungsmarktforschung ist der **Angebotsvergleich**. Wegen seiner praktischen Bedeutung soll er im folgenden gesondert dargestellt werden.

3.3.1.6 Der Angebotsvergleich als traditionelle Informationsverarbeitung im Einkauf

Ziel des **Angebotsvergleiches** ist es, den Anbieter mit den niedrigsten Einstandskosten pro Mengeneinheit zu ermitteln. Hierzu sind zunächst die eingegangenen Angebote zu überprüfen, ob sie den Anfragebedingungen genügen. Unter bestimmten Bedingungen sind Angebote mit einem späteren Liefertermin und einer geringeren Qualität als angefragt aus dem Vergleichsverfahren herauszunehmen. Die verbliebenen Angebote werden dann gegebenenfalls durch Umrechnungen vergleichbar gemacht. Dies geschieht durch das Stellen z.B. der Angebotsmengen, Mengeneinheiten und Preise auf eine einheitliche Basis. Bei technisch komplizierten Gütern kann der Einkauf im Falle von Qualitätsunterschieden bei den einzelnen Angeboten einen technisch-qualifizierten Angebotsvergleich vom Bedarfsträger verlangen. In einem solchen Fall ist der Bedarfsträger verpflichtet, die Qualitätsunterschiede zu bewerten.

Im Anschluß daran erfolgt eine Analyse der geforderten Preise. Zweck dieser Analyse ist die Ermittlung aller **Preiszuschläge** und **Preisabschläge,** aller **Beschaffungsnebenkosten** und die Berechnung des **Einstandspreises.** Als Ausgangspunkt dient hierbei der Bruttoeinkaufspreis. Die Berechnung des Einstandspreises erfolgt dann beispielsweise wie folgt:

```
   Bruttoeinkaufspreis
 + Mindermengenzuschlag
 + Kursrisikozuschlag
 − Rabatte
 − Skonto
 − Bonus
 ─────────────────────────
 = Nettoeinkaufspreis
 + Frachtkosten
 + Rollgelder
 + Verpackungskosten
 + Versicherungskosten
 + Werkzeugkosten
 + Modellkosten
 + Klischeekosten
 + Verpackungsrücksendungskosten
 − Gutschriften für die zurückgesandte Verpackung
 + Zollgebühren und Einfuhrspesen
 ─────────────────────────
 = Einstandspreis frei Rampe/Wareneingang
```

Wegen der Übersichtlichkeit werden die so für alle Anbieter ermittelten Einstandspreise der Höhe nach in ein entsprechend aufgebautes Vergleichsformular eingetragen.

Selbstverständlich läßt sich dieses Verfahren auch für eine partielle Bewertung anwenden. Besteht z. B. das angefragte Gut aus mehreren Teilgütern, dann können neben dem Gesamtpreis auch **Teilpreise** analysiert und verglichen werden.

Der gesuchte kostengünstigste Anbieter muß jedoch nicht ohne weiteres derjenige mit dem niedrigsten Einstandspreis sein. Weisen z. B. einzelne Angebote Unterschiede im angebotenen Service und in der Gewährleistung auf, oder ist die Zuverlässigkeit der Anbieter unterschiedlich zu beurteilen, dann kann das die Entscheidung des Einkaufs beeinflussen. Nichteinhaltung der vereinbarten Qualität und Liefertermine können u. U. *Ausschuß-* bzw. *Fehlmengenkosten* verursachen, die im Einstandspreis nicht enthalten sind.

Soll auch die **Zuverlässigkeit** der Anbieter mit in die Einkaufsentscheidung einbezogen werden, dann ist eine **Lieferantenbewertung** notwendig. Sie kann formlos und intuitiv vom Einkäufer vorgenommen werden, oder ihre Form wird von der Einkaufsleitung festgelegt. Im letzteren Fall muß die Einkaufsleitung die Bewertungskriterien und das Bewertungsschema festlegen. Darüber hinaus muß eine gesicherte

Erfahrung mit den zu bewertenden Anbietern vorliegen. Ist das der Fall, dann kann die Kriterienerfüllung seitens der Anbieter, z.B. durch die Berechnung der relativen Erfüllung in der Vergangenheit, quantifiziert werden. Setzt man den Erfüllungsgrad in Beziehung zu den maximal zu vergebenden Bewertungspunkten oder Noten, dann lassen sich die von den Anbietern erreichten Punkte oder Noten feststellen.

Beispiel einer Lieferantenbewertung

Von der Einkaufsleitung wird bestimmt, daß neben dem Einstandspreis auch die Zuverlässigkeit der Lieferanten als Kriterium des Angebotsvergleichs heranzuziehen ist. Dabei soll die Lieferantenzuverlässigkeit an die Einhaltung der getroffenen Vereinbarungen hinsichtlich der Qualität und des Liefertermins gemessen werden. Im Bewertungsschema wird die Bewertung der einzelnen Kriterien wie folgt festgelegt:

1. Preis = 35 Punkte
2. Qualitätseinhaltung = 35 Punkte
3. Termineinhaltung = 30 Punkte

Die maximale Punktzahl ist bei einer 100%igen Erfüllung eines Kriteriums zu vergeben. Jede prozentuale Abweichung von der 100%igen Erfüllung führt zu einem prozentual gleichgroßen Punktabzug vom Punktmaximum. Beim Preiskriterium gilt der niedrigste Einstandspreis als 100%ige Erfüllung.

Die bisherige Erfahrung mit den Anbietern A, B und C einschließlich ihrer Preisangebote zeigt folgende Erfüllung der Kriterien:

Bewertungskriterien	Erfüllungsgrad in %		
	Anbieter A	Anbieter B	Anbieter C
Preis	100	90	95
Qualitätseinhaltung	90	100	95
Termineinhaltung	95	100	95

Daraus ergibt sich folgende Lieferantenbewertung:

Bewertungskriterien	Maximale Bewertung	Bewertung des Anbieters		
		A	B	C
Preis	35	35,00	31,50	33,25
Qualitätseinhaltung	35	31,50	35,00	33,25
Termineinhaltung	30	28,50	30,00	28,50
Insgesamt	100	95,00	96,50	95,00

Die Bewertung der Anbieter mit ihrer Zuverlässigkeit, ausgedrückt durch die Qualitäts- und Termineinhaltung, zusätzlich zu dem Einstandspreis ergibt, daß anstatt des preisgünstigsten Anbieters A der zuverlässigste Anbieter B bevorzugt wird.

Als Argument für eine *schematische Lieferantenbewertung* ist die erzieherische Wirkung auf die Lieferanten zu nennen. Es ist jedoch fraglich, ob durch eine solche Methode die Leistungsfähigkeit der einzelnen Lieferanten in einem konkreten Angebotsvergleich erfaßt wird. Neulieferanten können z. B. mit dieser Methode wegen ihrer Orientierung an der Vergangenheit nicht bewertet werden.

3.3.1.7 Informationsweiterleitung und -aufbewahrung

Der Zweck der Beschaffungsmarktforschung wird erfüllt, wenn die benötigten Informationen den Bedarfsträger termingerecht erreicht haben. Hierzu muß überlegt und geregelt werden, in welcher Form die gewonnenen Informationen an die Bedarfsträger weitergeleitet werden. Je nach Art und Umfang der Informationen kann dies mündlich oder schriftlich erfolgen. Eine schriftliche Benachrichtigung kann in Form von Notizen, Tabellen, Karten, Protokollen, Berichten, Heften, Broschüren u. ä. durchgeführt werden. Selbstverständlich läßt sich auch die EDV hierfür einsetzen.

In der Praxis hat sich mehrfach auch die regelmäßige Anfertigung eines „Pressespiegels" bewährt. Dieser besteht aus ausgewählten Pressenotizen und -ausschnitten, die sinnvoll aneinandergereiht und auf DIN A4-Papierbögen geklebt, beliebig vervielfältigt werden können.

In der Regel sind die gewonnenen Informationen mit oder ohne Weiterverarbeitung mehrfach einsetzbar. Aus diesem Grund müssen sie übersichtlich, leicht abrufbar, platz- und kostensparend gelagert werden. Hierfür eignen sich Archive, die aus Karten, Akten, Filmen, Magnetbändern oder -streifen, Disketten oder ähnlichen Trägern bestehen.

3.3.2 Kontaktpflege mit den Anbietern

Die Kontakte mit den Anbietern dienen dem Einkauf direkt oder indirekt zur Vorbereitung einer Bestellung. Solche Kontakte können schriftlich oder mündlich erfolgen. Hier sollen die traditionellen Kontakte in Form von Vertreter- und Einkäuferbesuchen kurz betrachtet werden. Das Hauptgewicht wird dabei auf die Verhandlungen gelegt.

Lieferantenvertreter sind für den Einkauf wichtige Informationsquellen. Deswegen sollen Vertreterbesuche nach den Bedürfnissen des Einkaufs geregelt werden. Das heißt zunächst, daß der Einkauf sich die Besuchsentscheidung vorbehält. Dies kann z. B. durch die Festlegung eines allgemeinen Besuchstermins, die Forderung nach telefonischer Voranmeldung und Veröffentlichung der Regelung z. B. in den Anfrage- und Bestellformularen geschehen. Die Regelung der Vertreterbesuche soll weiterhin auch die Frage nach einer geeigneten Anmeldestelle, dem Besucherzimmer, den Verhandlungsräumen u. ä. klären. Auch die Besuche von Einkäufern bei Anbietern und speziell bei Lieferanten an ihren Standorten oder bei Messen und Ausstellungen sollen überlegt und geplant sein. Solche Besuche können verschiedenen Zwecken dienen. Als Beispiel seien hier folgende Besuchszwecke erwähnt:

1. Die Erweiterung des allgemeinen und fachlichen kaufmännischen und technischen Wissens der Einkäufer.

2. Ermittlung der Kapazität, Bonität, Organisation u. ä. eines potentiellen Lieferanten.
3. Die Überprüfung des Zwischenstandes eines Auftrages.
4. Die Klärung von Mißverständnissen bzw. von Vertragsstörungen.
5. Die Führung von Vertragsverhandlungen u. ä.

Im Grunde geht es bei Kontakten zwischen Einkäufern und Anbietern um die Durchsetzung von gegensätzlichen Interessen. Ist keiner der Beteiligten in der Lage, dem Kontrahenten seinen Willen aufzuzwingen, dann werden sie verhandeln müssen. Das Ergebnis ist dann ein Kompromiß, das die Einkaufsinteressen um so stärker berücksichtigt, je besser die Vorbereitung und Durchführung der Verhandlungen seitens des Einkaufs war.

Zu einer guten Vorbereitung sind zu rechnen:

1. Die Ermittlung der Bedeutung des Verhandlungsgegenstandes für den Einkauf und seinen Verhandlungspartner.
2. Die Festlegung der eigenen minimalen und maximalen Zielvorstellungen.
3. Die Schätzung der minimalen Ziele des Verhandlungspartners.
4. Die Feststellung des Standes der Geschäftsbeziehungen.
5. Die Entwicklung von Für- und Gegenargumenten.
6. Das Einholen von Informationen über die Persönlichkeit der Verhandlungspartner, ihre Stellung im Betrieb und ihre Entscheidungsbefugnisse.
7. Die Entwicklung einer Verhandlungsstrategie.
8. Die Anfertigung einer Verhandlungs-Checkliste.

Das Verhandlungsergebnis ist darüber hinaus auch von der Persönlichkeit der Verhandlungspartner und ihrer Verhandlungstechnik abhängig. Soweit die Frage der Persönlichkeit ein Bewußtseinsproblem ist, kann es mit Wissen begegnet werden, das Souveränität verleiht. Bei der *Verhandlungstechnik* handelt es sich im Endeffekt um die Fähigkeit, die passenden Argumente im richtigen Moment in der richtigen Art einzusetzen. Das setzt u. a. eine starke Konzentration und genaue Verfolgung der Verhandlungsentwicklung voraus. Überzeugungskraft und die Technik der Fragestellung sind hier als Einflußfaktoren ebenfalls zu nennen. Die wichtigsten Verhandlungen für den Einkauf sind Vertragsverhandlungen, bei denen es um das Aushandeln der Kaufbedingungen geht. Solche Verhandlungen finden statt u. a. nach einem Angebotsvergleich mit den günstigsten Anbietern, um den endgültigen Lieferanten zu bestimmen.

3.4 Die Bestellung

Im Hinblick auf die wirtschaftliche Versorgung eines Betriebes mit originären Materialien kann die **Bestellung** als die entscheidende Aufgabe betrachtet werden, denn sie legt fest, unter welchen Konditionen der Erwerb dieser Materialien erfolgt. Deswegen muß die Bestellung nicht nur wirtschaftlich gut vorbereitet, sondern auch juristisch abgesichert und organisatorisch geregelt sein.

3.4.1 Juristische Betrachtung der Bestellung

Die Bestellung erklärt den Willen des Einkäufers, der Verkäufer oder ein von ihm Beauftragter möge dem Einkäufer oder einem Dritten das in der Bestellung beschriebene Gut zu den in der Bestellung enthaltenen Bedingungen liefern. Die Bestellung kann sich auf einen bereits existierenden Vertrag stützen, wie z. B. auf einen Abrufvertrag, sie kann die Annahme eines Angebotes ausdrücken oder selbst der Antrag zur Schließung eines Vertrages sein. Drückt die Bestellung die Annahme eines festen Angebotes aus, dann erfolgt der Vertragsabschluß zwischen Käufer und Verkäufer, sobald der Verkäufer die Bestellung erhalten hat. Die Bestellung infolge eines freibleibenden Angebotes bedarf jedoch der *Bestätigung* des Verkäufers, damit ein Vertrag geschlossen wird. Die Bestellung ist der Antrag zur Schließung eines Vertrages, wenn sie ohne ein vorhergehendes Angebot erfolgt oder von einem solchen abweicht. Auch in diesen Fällen ist für den Abschluß eines Vertrages die Bestätigung des Verkäufers erforderlich. Unter Kaufleuten bedeutet jedoch auch Stillschweigen die Annahme der Bestellung.

Verträge und somit die zu ihnen führenden Willenserklärungen können mündlich, einschließlich fernmündlich, oder schriftlich abgefaßt sein. Grundsätzlich herrscht in der Bundesrepublik Deutschland Vertragsfreiheit, sofern die Grenzen der §§ 134, 138 BGB und bei Allgemeinen Geschäftsbedingungen die des AGBG beachtet werden.

3.4.1.1 Wichtige Vertragsarten für den betrieblichen Einkauf

Das BGB unterscheidet und regelt eine Vielzahl von Vertragsarten. Davon sind folgende von besonderer Bedeutung für den betrieblichen Einkauf:

- **Kaufvertrag:** §§ 433 ff. BGB. Die vertraglichen Hauptpflichten dieses Vertrages sind in § 433 wie folgt festgelegt: „Durch den Kaufvertrag wird der Verkäufer einer Sache verpflichtet, dem Käufer die Sache zu übergeben und das Eigentum an der Sache zu verschaffen. Der Verkäufer eines Rechtes ist verpflichtet, dem Käufer das Recht zu verschaffen und, wenn das Recht zum Besitz einer Sache berechtigt, die Sache zu übergeben. Der Käufer ist verpflichtet, dem Verkäufer den vereinbarten Kaufpreis zu zahlen und die gekaufte Sache abzunehmen."

- **Werkvertrag:** §§ 631 ff. BGB. Im § 631 ist festgehalten: „Durch den Werkvertrag wird der Unternehmer zur Herstellung des versprochenen Werkes, der Besteller zur Entrichtung der vereinbarten Vergütung verpflichtet. Gegenstand des Werkvertrages kann sowohl die Herstellung oder Veränderung einer Sache als ein anderer durch Arbeit oder Dienstleistung herbeizuführender Erfolg sein."

- **Werklieferungsvertrag:** § 651 BGB. § 651 BGB lautet: „Verpflichtet sich der Unternehmer, das Werk aus einem von ihm zu beschaffenden Stoffe herzustellen, so hat er dem Besteller die hergestellte Sache zu übergeben und das Eigentum an der Sache zu verschaffen. Auf einen solchen Vertrag finden die Vorschriften über den Kauf Anwendung; ist eine nicht vertretbare Sache herzustellen, so treten an die Stelle des § 433, des § 446 Abs. 1 Satz 1 und der §§ 447, 459, 460, 462 bis 464, 477 bis 479 die Vorschriften über den Werkvertrag mit Ausnahme der §§ 647, 648. Verpflichtet sich der Unternehmer nur zur Beschaffung von Zutaten oder sonstigen Nebensachen, so finden ausschließlich die Vorschriften über den Werkvertrag Anwendung."

- **Mietvertrag:** §§ 535 ff. BGB. Im § 535 BGB sind die vertraglichen Hauptpflichten aus einem Mietvertrag wie folgt geregelt: „Durch den Mietvertrag wird der Vermieter verpflichtet, dem Mieter den Gebrauch der vermieteten Sache während der Mietzeit zu gewähren. Der Mieter ist verpflichtet, dem Vermieter den vereinbarten Mietzins zu entrichten."

- **Pachtvertrag:** §§ 581 ff. BGB. § 581 BGB lautet: „Durch den Pachtvertrag wird der Verpächter verpflichtet, dem Pächter den Gebrauch des verpachteten Gegenstandes und den Genuß der Früchte, soweit sie nach den Regeln einer ordnungsmäßigen Wirtschaft als Ertrag anzusehen sind, während der Pachtzeit zu gewähren. Der Pächter ist verpflichtet, dem Verpächter den vereinbarten Pachtzins zu entrichten. Auf die Pacht mit Ausnahme der Landpacht sind, soweit sich nicht aus den §§ 582 bis 584b etwas anderes ergibt, die Vorschriften über die Miete entsprechend anzuwenden."

- **Leihvertrag:** §§ 598 ff. BGB. § 598 BGB schreibt vor: „Durch den Leihvertrag wird der Verleiher einer Sache verpflichtet, dem Entleiher den Gebrauch der Sache unentgeltlich zu gestatten."

- **Darlehensvertrag:** §§ 607 ff. BGB. § 607 BGB setzt fest: „Wer Geld oder andere vertretbare Sachen als Darlehen empfangen hat, ist verpflichtet, dem Darleiher das Empfangene in Sachen von gleicher Art, Güte und Menge zurückzuerstatten. Wer Geld oder andere vertretbare Sachen aus einem anderen Grunde schuldet, kann mit dem Gläubiger vereinbaren, daß das Geld oder die Sachen als Darlehen geschuldet werden sollen."

Neben diesen Vertragsarten entwickelte die betriebliche Praxis mehrere Spezialverträge.

3.4.1.2 Spezialverträge der betrieblichen Einkaufspraxis

Die Vielfältigkeit der betrieblichen Einkaufspraxis verlangt nach variablen Gestaltungsmöglichkeiten der Vertragskonditionen. Dies führte zur Entwicklung von Vertragsarten, die im BGB nur eine Teilregelung oder gar keine Regelung erfahren haben. Zu den wichtigsten davon für die Praxis des Einkaufs zählen der **Rahmenvertrag**, der **Abrufvertrag**, der **Sukzessivlieferungsvertrag**, der **Options-** bzw. **Vormerkvertrag**, der **Leasingvertrag**, der **Mietkaufvertrag** und **Verträge mit speziellen Preisvereinbarungen**.

- **Rahmenvertrag:** Durch einen Rahmenvertrag bringen die Vertragsparteien zum Ausdruck, daß sie grundsätzlich bereit sind, einen Abschluß, in dem alle Vertragspunkte bis auf die zu liefernde Menge festliegen, zu tätigen. Oft werden auch in Rahmenverträgen Liefermengen genannt. In solchen Fällen handelt es sich jedoch bei den Mengenangaben um bloße Absichtserklärungen des Ein- und Verkäufers, innerhalb eines Zeitraumes die im Vertrag enthaltenen Mengen abzunehmen bzw. zu liefern.

- **Abrufvertrag:** Liegen alle Konditionen mit Ausnahme des Liefertermins fest, so handelt es sich bei diesem Vertrag um einen Abrufvertrag. Der Liefertermin wird hier in einem späteren Zeitpunkt vom Käufer bestimmt.

- **Sukzessivlieferungsvertrag:** Der Sukzessivlieferungsvertrag ist eine Variante des Abrufvertrages. Hier werden Teilmengen, die oft gleich groß sind, nach Abruf oder zu fest vereinbarten Terminen geliefert.

- **Optionsvertrag:** Eine Option gewährt dem Käufer das Recht, durch einseitige Erklärung den Vertrag zustande zu bringen. Sie ist eine geeignete Vertragsform zur Deckung von unsicheren Bedarfsfällen. Sie kann für den gesamten Vertrag gelten oder für Teilmengen vereinbart werden. Dies ist z.B. der Fall, wenn die Lieferung einer Mindestmenge fest vereinbart wird und für einen weiteren Mengenteil eine Option erworben wird.

- **Vormerkvertrag:** Besteht die Unsicherheit lediglich in bezug auf die Bedarfshöhe, dann empfiehlt sich für den Käufer, eine Vormerkung (Reservierung) beim Verkäufer bzw. einen Bedarfsdeckungsabschluß vorzunehmen. Hierdurch wird zwar eine Lieferung fest vereinbart, die zu liefernden Mengen stellen jedoch nur eine unverbindliche Vereinbarung dar. Die endgültig zu liefernde Menge wird vom Einkauf, nachdem sein Bedarf feststeht, bestimmt und vom Lieferanten zu einem festen Termin geliefert oder vom Einkäufer abgerufen. In beiden Fällen ist beim Verkäufer die Lieferung an den Käufer „vorgemerkt".

- **Leasingvertrag:** Der Leasingvertrag stellt einen Spezialfall des Mietvertrages dar. Er liegt vor, wenn der Leasinggeber eine Sache dem Leasingnehmer gegen Entgelt zum Gebrauch überläßt. Dabei wird das Entgelt in Raten gezahlt. In der betrieblichen Einkaufspraxis ist das Leasing von Maschinen und Anlagen von Interesse.

- **Mietkaufvertrag:** Er sieht vor, daß die gemietete Sache innerhalb einer bestimmten Frist und zu einem vorher festgelegten Preis vom Mieter unter Anrechnung der bereits gezahlten Miete oder Teilen davon gekauft werden kann.

3.4.1.3 Verträge mit Gleitpreisklauseln

In vielen Fällen, wie z.B. bei stark schwankenden Marktpreisen oder bei langfristigen Verträgen, kann die Vereinbarung von Festpreisen gegen die Interessen der Vertragsparteien stoßen und Abschlüsse behindern. In solchen Fällen helfen **Preisvorbehaltsklauseln,** die Unsicherheit zu überwinden. Unbestimmte Preisvorbehaltsklauseln, wie z.B. *„freibleibend", „unverbindlich", „bestens", „berechnet wird der Listen-*

preis am Tag der Lieferung" u.ä., dokumentieren eine starke Marktstellung des Anbieters und sind für den Einkauf grundsätzlich nachteilig, denn der endgültig zu zahlende Preis kann von dem im Angebot genannten Preis stark nach oben abweichen.

Dies ist jedoch nicht der Fall, wenn es sich um Materialien handelt, die an einer Warenbörse gehandelt werden und für die die Notierung einer bestimmten Börse am Tag der Lieferung als *Tagespreisklausel* vereinbart wird. In diesem Fall gleitet der zu zahlende Preis bis zum Tag der Lieferung entlang der festgelegten Notierungen. Die an der Börse gehandelten Güter umfassen jedoch nur eine kleine Anzahl von Rohstoffen. Der größte Teil der betrieblichen Einkaufsgüter werden nicht an den Börsen gehandelt. Um hier eine willkürliche Preisfestlegung des Verkäufers zu vermeiden, müssen geeignete Bezugsgrößen für eine **Gleitklausel** gefunden werden. Eine **Preisgleitklausel** bedeutet in diesen Fällen die Bindung des Preises des gekauften Gutes z.B. an die Preisentwicklung eines anderen Gutes oder an die Entwicklung der Kosten des gekauften Gutes.

Der am Tag der Bestellung vereinbarte Ausgangs- bzw. Basispreis ist am Tag der Lieferung entsprechend der Entwicklung der Bezugsgröße (Gleitgröße) zu korrigieren. Dabei wird die Entwicklung der Gleitgröße mit einem Index gemessen und dargestellt. Deswegen werden diese Preisgleitklauseln auch **Indexklauseln** genannt. Je nach Gleitgröße werden sie in **Lohngleitklauseln, Materialgleitklauseln** und **Leistungswertklauseln** unterteilt.

Beispiel einer Lohngleitklausel

Montagearbeiten im Werte von 0,4 Mio DM werden unter Vereinbarung einer Lohngleitklausel vergeben. Der Stundenlohn am Bestelltag beträgt DM 18,—. Während der Montagezeit beläuft sich der Stundenlohn auf DM 20,—. Das bedeutet einen Lohnindex von:

$$\text{Lohnindex} = \frac{\text{Stundenlohn am Liefertag}}{\text{Stundenlohn am Bestelltag}} = \frac{\text{DM } 20,-}{\text{DM } 18,-} = 1{,}111.$$

Dadurch sind für die Montagearbeiten zu zahlen:

Wert am Liefertag = Bestellwert · Lohnindex = 0,4 · 1,111 = 0,444 Mio DM.

Entsprechend erfolgt auch die Berechnung des zu zahlenden Preises bzw. Gesamtwertes im Falle einer Material- bzw. Leistungswertklausel.

Die Bindung des Preises an nur eine Kostengröße kann nur bedingt die wirkliche Kostenentwicklung widerspiegeln. Aus diesem Grund wird in der Praxis oft die **Kostenelementklausel** vereinbart. Hier wird der Preis an die Entwicklung mehrerer Kostenarten gebunden. Da sie und ihre Anteile im Preis vereinbart sein müssen, wird die Kostenelementklausel auch „**definierte**", „**mathematische**" oder „**automatische**" Preisgleitklausel genannt. Die Formel der Berechnung des Preises am Tag der Lieferung lautet:

$$P_L = \frac{P_B}{100}\left(a + m\frac{M_L}{M_B} + 1\frac{L_L}{L_B}\right).$$

Hierbei bedeuten:

P_L = Preis am Tag der Lieferung
P_B = Preis am Tag der Bestellung
a = Preisanteil in Prozent von als konstant angenommenen Preisteilen wie z.B. allgemeine Kosten und Gewinn
m = Preisanteil der Materialkosten in Prozent
M_L = Materialpreis am Tag der Lieferung
M_B = Materialpreis am Tag der Bestellung
l = Preisanteil der Lohnkosten in Prozent
L_L = Lohn am Tag der Lieferung
L_B = Lohn am Tag der Bestellung.

Rechenbeispiel
Ein Teil wurde zum Preis von DM 5,—/Stück (= P_B) bestellt. Die Lieferung soll sechs Monate später erfolgen. Deswegen wurde eine Kostenelementklausel vereinbart. Durch sie ist der Preis des Teiles zu 15 % an konstante Preisbestandteile (= a), zu 50 % an Materialkosten (= m) und zu 35 % an Lohnkosten (= l) gebunden. Am Tag der Bestellung betrug der Materialpreis (= M_B) DM 6,—/Stück, und der Ecklohn belief sich am selben Tag (= L_B) auf DM 18,—. Am Liefertag wird das Material mit DM 6,50/Stück gehandelt (= M_L), und der Ecklohn liegt bei DM 21,— (= L_L). Wie hoch ist am Tag der Lieferung der für das bestellte Teil zu zahlende Preis (= P_L)?

$$P_L = \frac{5{,}0}{100}\left(15 + 50\,\frac{6{,}5}{6{,}0} + 35\,\frac{21{,}0}{18{,}0}\right) = DM\ 5{,}50/\text{Stück.}$$

Selbstverständlich können sowohl die Material- als auch die Lohnkosten jeweils in mehrere Komponenten aufgeteilt werden. An der Berechnungsart ändert dies nichts. Auch in einem solchen Fall sind die Indices der einzelnen Kostenkomponenten gesondert zu berechnen und in die Preisfindungsrechnung einzubeziehen.

Es ist üblich, bei der Beschaffung von Anlagegütern mit einer längeren Fabrikationszeit Teilzahlungen zu leisten. In solchen Fällen sollte die sogenannte **Restpreisklausel** vereinbart werden. Sie bringt zum Ausdruck, daß bereits geleistete Zahlungen nicht von Kostenänderungen betroffen werden. Sie beeinflussen in den vereinbarten Verhältnissen nur die noch zu leistenden Restzahlungen. Die Formel der Berechnung des Restpreises lautet:

$$\text{Restpreis} = \frac{P_B - \text{Anzahlung}}{100}\left(a + m\,\frac{M_L}{M_B} + l\,\frac{L_L}{L_B}\right).$$

Oft wird der in der Kostenelementklausel enthaltene Automatismus von den Vertragsparteien als störend betrachtet. Zur Entschärfung von automatischen Preisanpassungen entwickelte die Praxis z.B. die **Hausse-/Baisse-Klausel, Liefervorrechtsklausel, Bagatellklausel, Schiedsgerichtsklausel, Loyalitäts-** bzw. **Härteklausel, Meistbegünstigungsklausel** u.ä.

3.4.1.4 Inhalt der Bestellung

In der Regel ist eine Bedarfsmeldung die Voraussetzung einer Bestellung. Trotzdem müssen beide Dokumente inhaltlich nicht übereinstimmen. Eine inhaltliche Übereinstimmung ist jedoch zwischen Angebot und Bestellung oder zwischen Bestellung und Annahme bzw. Lieferung erforderlich. Diese Übereinstimmung wird um so eher erreicht, je klarer, eindeutiger und vollständiger der Bestellinhalt formuliert ist. Neben dem Namen des Bestellers, seiner Unterschrift, dem Namen des Lieferanten, ihren Adressen, dem Ausstellungsort und dem Datum soll die Bestellung klar und eindeutig formulierte Geschäftsbedingungen enthalten. Die wichtigsten davon regeln die zu liefernde *Qualität* und *Menge*, den zu *zahlenden Preis* und die *Zahlungsbedingungen*, die *gewünschte Verpackung* und die Regelung ihrer Kosten sowie sonstige *Lieferbedingungen*.

3.4.1.4.1 *Die Bestellqualität*

Die *Qualität*, d.h. die Art, Beschaffenheit und Eigenschaften der zu liefernden Güter soll aus der Bestellung klar und eindeutig hervorgehen. Ihre Spezifikation soll unmißverständlich, kurz und prägnant sein. Hierzu dient die Verwendung von Sachnummern, Normen, Qualitätsklassen, Stücklisten, Bauzeichnungen, Analysen, Modellen, Proben, Mustern u.ä. Eine besondere Sicherheit in bezug auf die Qualität bieten der *Kauf nach Probe* (Muster), § 494 BGB, und der *Kauf auf Probe* (Besicht), § 495 BGB und der Spezifikationskauf, § 375 HGB.

Beim Kauf nach Muster wird die Qualität nach dem beigelegten Muster festgelegt. Der Kauf auf Probe gibt dem Einkäufer das Recht, die Lieferung rückgängig zu machen. Durch den Spezifikationskauf erhält der Einkäufer die Möglichkeit, Qualitätsmerkmale, wie z. B. Form, Farbe, Maße u. ä., zu einem späteren Zeitpunkt, z. B. beim Abruf, zu bestimmen.

3.4.1.4.2 *Die Bestellmenge*

Die *Mengenangaben* sollen genau und direkt sein. Indirekte Angaben wie z.B. 10 Säcke oder Circamengen sind mißverständlich. Genauso soll aus den Mengenangaben hervorgehen, ob es sich um das *Brutto- (Rohgewicht)* oder das *Nettogewicht (Reingewicht)* handelt. Diese Angaben sind wichtig. Sie erleichtern später z.B. die Materialdisposition und die Rechnungsprüfung. Nettogewicht ist das Gewicht des bestellten Gutes. Wird eine Lieferung „*rein netto Tara*" vereinbart, dann ist nur das Nettogewicht zu bezahlen. Lautet die Vereinbarung auf „*brutto für netto*", dann ist das Gewicht der Verpackung (Tara) zu dem Nettogewicht zu addieren. Das so errechnete Bruttogewicht stellt die Rechnungsgrundlage dar. Das bedeutet, die Tara wird mitbezahlt. Im Hinblick auf die Bezahlung ist auch auf das Gutgewicht, die Bonifikation oder Refaktie und gegebenenfalls auf die Leckage zu achten. Alle drei beinhalten in bezug auf die Rechnungsmenge Abzüge vom Nettogewicht. Das *Gutgewicht* drückt Mengenverluste beim Wiederverkauf aus. Die *Bonifikation* oder *Refaktie* wird für schadhafte, unbrauchbare oder unreine Mengen gutgeschrieben. Die *Leckage* soll Gewichtsverluste bei Flüssigkeiten berücksichtigen.

3.4.1.4.3 Der Preis und die Zahlungsbedingungen

Der *Preis* drückt den Wert des bestellten Gutes pro Mengeneinheit aus. Die Preisangaben müssen deutlich machen, ob ein *fester* oder ein *freibleibender Preis* vereinbart worden ist. Ebenso müssen etwaige Preiszuschläge, z.B. für Mindermengen, Währungsrisiken u.ä., und gewährte Preisnachlässe in Form von Skonto, Bonus oder Rabatt unmißverständlich zum Ausdruck gebracht werden. Die *Zahlungsbedingungen* legen den *Zahlungstermin* fest. Er kann vor der Lieferung datiert sein *(Vorzahlungskauf)*, mit der Lieferung zusammenfallen *(Barkauf; Tageskauf)* oder nach der Lieferung liegen *(Zielkauf; Kreditkauf)*.

Im Internationalen Handel ist es wegen der besonderen Risiken üblich, die Zahlung mit der Präsentation von bestimmten Dokumenten *(Dokumentäre Zahlungsbedingungen)* zu koppeln. Hierzu gehören die Klauseln „Kasse gegen Dokumente" (documents against cash) bzw. „Dokumente gegen Zahlung" (D/P) (documents against payment) und „Dokumente gegen Akzept" (D/A) (documents against acceptance), die auf Inkasso- oder Akkreditivbasis (credit) lauten können.

3.4.1.4.4 Der Liefertermin und der Erfüllungsort

Diese Punkte betreffen die Erfüllung des Vertrages. Zur Vermeidung von Streitigkeiten sollen sie in der Bestellung eindeutig geklärt sein.

Soll die Auslieferung an den Käufer sofort erfolgen (Tageskauf), dann muß die Bedingung *„zur sofortigen Lieferung"* lauten. Bei einem Zeit- oder Lieferungskauf erfolgt die Lieferung zu einem späteren Termin. Drückt dieser eine fest bestimmte Zeit aus oder liegt er innerhalb einer fest bestimmten Frist, dann ist ein **Fixgeschäft** vereinbart, wenn es z.B. durch die Klauseln „fix", „exakt" oder „genau" zum Ausdruck gebracht wird (§ 361 BGB, § 376 HGB).

Der *Erfüllungsort* (Leistungsort) ist der Ort, an dem die geschuldete Leistung an den Gläubiger, hier Einkäufer, bewirkt wird und damit das Schuldverhältnis erlischt (§ 362 BGB). Die Klärung des Erfüllungsortes erfolgt in der Regel in den Lieferbedingungen. Geschieht dies nicht und kann es der Natur des Schuldverhältnisses nicht entnommen werden, dann gilt nach § 269 BGB der Wohnsitz bzw. der Ort der Niederlassung des Schuldners als Leistungsort.

3.4.1.4.5 Die Verpackungsart und die -kosten

Die Auswahl der Verpackungsart ist in erster Linie von der Art und Menge des Bestellgutes und der Transportart und -länge abhängig. Die Verpackungskosten werden voll vom Verkäufer getragen, wenn *„verpackungsfrei"* vereinbart wird. Üblich sind auch Klauseln wie: *„Verpackung zum Selbstkostenpreis", „Bei frachtfreier Rücksendung werden x % des für die Verpackung berechneten Betrages gutgeschrieben"* und *„Verpackung leihweise"*.

3.4.1.4.6 *Die Lieferbedingungen*

Einige der Lieferbedingungen geben Auskunft darüber, wer die Versand- oder die mit dem Versand zusammenhängenden Kosten der An- und Abfuhr trägt. Die Klausel *„ab Fabrik (Lager, Speicher) benannter Ort"* besagt, daß der Käufer die Anfuhr (Rollgelder), die Fracht- und die Abfuhrkosten trägt. Die Bedingung *„frei Fabrik (Haus, Lager, Speicher, Keller) benannter Ort"* bedeutet, daß der Verkäufer die Anfuhr-, Fracht- und Abfuhrkosten trägt. Die Klausel *„frei dort benannter Ort"* oder *„frachtfrei"* bringt zum Ausdruck, daß der Verkäufer mit den Anfuhr- und Frachtkosten bis zum Bestimmungsort und der Käufer mit den Abfuhrkosten vom Bestimmungsort zu seinem Sitz belastet wird. Andere Lieferbedingungen regeln mehrere wichtige Probleme des Kaufes.

Die **Incoterms** legen neben dem Kostenübergang z. B. auch den Gefahrenübergang vom Verkäufer auf den Käufer fest. Die Incoterms (international commercial terms) sind 1936 von der *„Internationalen Handelskammer"* in Paris *(International Chamber of Commerce (ICC))* entwickelt worden. Sie sollen die in den einzelnen Staaten geltenden Lieferklauseln vereinheitlichen und dadurch den internationalen Handel erleichtern. Seit 1936 sind sie mehrmals, letztmalig 1990, neu ausgelegt und ergänzt worden. Sie können auch im Binnenhandel vereinbart werden. Sowohl im internationalen Handel als auch im Binnenhandel muß im Vertrag die Revision, z. B. *„Incoterms 1990 CIF"*, ausdrücklich vermerkt werden, wenn auf sie Bezug genommen wird. In der Revision von 1990 sind folgende Incoterms aufgestellt:

1. „EXW" = „Ex Works" ... (named place) = „Ab Werk" ... (benannter Ort).
2. „FCA" = „Free Carrier" ... (named place) = „Frei Frachtführer" ... (benannter Ort).
3. „FAS" = „Free Alongside Ship" ... (named port of shipment) = „Frei Längsseite Seeschiff" ... (benannter Verschiffungshafen).
4. „FOB" = „Free On Bord" ... (named port of shipment) = „Frei an Bord" ... (benannter Verschiffungshafen).
5. „CFR" = „Cost and Freight" ... (named port of shipment) = „Kosten und Fracht" ... (benannter Bestimmungshafen).
6. „CIF" = „Cost, Insurance, Fright" ... (named port of destination) = „Kosten, Versicherung, Fracht" ... (benannter Bestimmungshafen).
7. „CPT" = „Carriage Paid To" ... (named place of destination) = „Frachtfrei" ... (benannter Bestimmungsort).
8. „CIP" = „Carriage and Insurance Paid To" ... (named place of destination) = „Frachtfrei versichert" ... (benannter Bestimmungsort).
9. „DAF" = „Delivered At Frontier" ... (named place) = „Geliefert frei Grenze" ... (benannter Ort).
10. „DES" = „Delivered Ex Ship" ... (named port of destination) = „Geliefert ab Schiff" ... (benannter Bestimmungshafen).
11. „DEQ" = „Delivered Ex Quay (duty paid)" ... (named port of destination) = „Geliefert ab Kai (verzollt)" ... (benannter Bestimmungshafen).

12. „DDU" = „Delivered Duty Unpaid" ... (named place of destination) = „Geliefert unverzollt" ... (benannter Bestimmungshafen).
13. „DDP" = „Delivered Duty Paid" ... (named place of destination) = „Geliefert verzollt" ... (benannter Bestimmungsort).

Üblicherweise werden die Incoterms nach dem jeweilig gemeinsamen Anfangsbuchstaben in vier Gruppen eingeteilt. Dabei besteht die „E-Gruppe" aus nur einer, der „EXW-" (Ex Works-)Klausel. Sie legt fest, daß die Kosten und die Risiken vom Verkäufer auf den Käufer übergehen, nachdem der Verkäufer die Ware auf seinem Grundstück (Lager bzw. Fabrik) zur Verladung auf das vom Käufer zu beschaffende Transportmittel bereitgestellt hat.

Die „F-Gruppe" enthält die Klauseln:
„FCA" (Free Carrier)
„FAS" (Free Alongside Ship) und
„FOB" (Free On Board).

Der Kosten- und Risikoübergang vom Verkäufer auf den Käufer erfolgt hier, nachdem der Verkäufer die Ware einem Frachtführer übergeben hat (FCA) oder sie im Abgangshafen kai- bzw. wasserseitig (FAS) bzw. an Bord des Seeschiffes gebracht hat (FOB). Das bedeutet, daß der Käufer bei allen „F-Klauseln" die Frachtkosten trägt.

Zu der „C-Gruppe" zählen die Klauseln:
„CFR" (Cost and Freight)
„CIF" (Cost, Insurance, Freight)
„CPT" (Carriage Paid To) und
„CIP" (Carriage and Insurance Paid To).

Das gemeinsame Merkmal der „C-Klauseln" ist, daß der Verkäufer mit den Frachtkosten bis zum Bestimmungsort belastet wird, während der Käufer bereits nach der Verladung bzw. nach dem Versand die Risiken trägt.

Die „D-Gruppe" hat fünf Klauseln:
„DAF" (Delivered At Frontier)
„DES" (Delivered Ex Ship)
„DEQ" (Delivered Ex Quay)
„DDU" (Delivered Duty unpaid) und
„DDP" (Delivered Duty Paid).

Sie alle besagen, daß der Verkäufer alle Kosten bis zum Bestimmungsort trägt.

3.4.2 Organisation der Bestellung im Betrieb

Ein störungsfreier Ablauf des Bestellvorgangs, die sogenannte *Bestellabwicklung*, bedarf der organisatorischen Regelung. Zunächst sind die Bestellungen nach dem Bestellwert in **Klein-** und **Normalbestellungen** zu gliedern. Für beide Bestellarten sind dann Merkmale, Zuständigkeiten, Formen und Abwicklung festzulegen.

3.4.2.1 Kleinbestellungen

Kleinbestellungen sind Bestellungen mit geringem Bestellwert. Für sie gilt ein vereinfachter Bestellprozeß. Obwohl Kleinbestellungen vorwiegend „Kleinmaterial", d.h. Material mit einem geringen Preis, betreffen, soll das Kleinmaterial nicht das Klassifikationskriterium bilden. „Pfennigmaterialien" in großen Mengen bestellt, können einen hohen Bestellwert ergeben. Zur Festlegung des Zuordnungskriteriums, nämlich der Bestellwertgrenzen für Klein- und Normalbestellungen, ist eine Analyse der Bestellungen der Vergangenheit erforderlich. Die Bestellungen mehrerer Perioden werden nach dem Bestellwert sortiert und dessen Bestellhäufigkeit ermittelt. In der Praxis weisen bis zu 50% der Bestellungen einer Periode einen Bestellwert von wenigen hundert Mark auf. Dabei repräsentieren sie insgesamt wenige Prozent des Bestellwertes der betrachteten Periode. Das bedeutet, daß der Bestellablauf solcher Bestellungen kostensparend vereinfacht werden kann, ohne dadurch den Einkaufserfolg zu gefährden. Die Vereinfachung erfolgt sowohl im Rahmen der Vorbereitung, z.B. durch Auslassen der Anfrage, als auch im Rahmen der Bestellabwicklung. Hier betrifft sie die Form, den Inhalt und die Unterschriftsleistung.

3.4.2.2 Form der Bestellung

Wie bereits erwähnt, ist die Bestellform nicht vorgeschrieben. Die schriftliche Form überwiegt jedoch in der Praxis. Mündliche Bestellungen, die in einigen Fällen unumgänglich sind, sollen schriftlich bestätigt werden. Eine besondere Regelung, z.B. die Vereinbarung eines Codewortes, ist bei fernschriftlichen und EDV-Bestellungen erforderlich. Das Codewort ersetzt die in diesen Fällen fehlende Unterschrift. Schriftliche Bestellungen sind aus Kontrollgründen mindestens in zweifacher Ausfertigung zu erstellen. In der Regel werden jedoch mehrere Vordrucke angefertigt. Je nach dem Zweck, der mit den einzelnen Vordrucken verfolgt wird, bestehen sie aus einem entsprechenden Papier und sind zweckdienlich gestaltet. Neben dem Original und der Einkaufskopie können folgende Durchschläge angefertigt werden:

1. Kopie für Auftragsbestätigung.
   Sie geht mit dem Bestelloriginal an den Lieferanten, wird von ihm unterschrieben und an den Einkauf zurückgeschickt.
2. Kopie für den Bedarfsträger.
3. Kopie für den Wareneingang.
4. Kopie für die Rechnungsprüfung.
5. Kopie für die Terminverfolgung.
6. Kopie für eine eventuelle Mahnung.
7. Kopien für die Lieferanten- und Produktkartei.

3.4.2.3 Bestelländerung

In vielen Fällen kommt es vor, daß nach Erteilung einer Bestellung neue Dispositionsmomente entstehen, die eine Änderung der bereits erteilten Bestellung nötig machen. Eine Änderung ist jedoch nicht in allen Fällen möglich. Sie ist vor allem schwierig durchzusetzen, wenn in die Bestellung keine *Änderungsklausel* aufgenommen wurde. Änderungsbestimmungen sind gewöhnlich zeitlich befristet. Ist eine solche Klausel vereinbart, dann ist der Lieferant verpflichtet, die Änderung zu akzeptieren. Deswegen ist es für den Einkauf empfehlenswert, in allen Bestellungen eine Änderungsklausel aufzunehmen.

Einige Einkaufsabteilungen benutzen für die Mitteilung eines Änderungswunsches besondere Formulare. Andere wiederum begnügen sich mit einem formlosen Schreiben. Ein Änderungswunsch ist vom Lieferanten akzeptiert, wenn die Änderung bestätigt wird bzw. ohne Bestätigung der Änderung in der Lieferung berücksichtigt wird.

3.4.2.4 Bestellbestätigung

Die *Bestätigung* einer Bestellung durch den Lieferanten ist nur bei *Ordergeschäften* und bei *freibleibenden Angeboten* von juristischer Bedeutung. Erst durch sie kommt es hier zwischen Besteller und Lieferanten zum Abschluß eines Vertrages. In allen anderen Fällen ist sie als Bestätigung des postalischen Eingangs der Bestellung zu betrachten. Allerdings wird in der Praxis routinemäßig eine Bestätigung verlangt. Sie dient dem Einkauf als Kontrollmittel der richtigen Übertragung der eigenen Bestellwünsche. Eine falsche Auslegung seitens des Lieferanten soll möglichst frühzeitig erkannt werden, um die ordnungsgemäße Lieferung nicht zu gefährden.

Damit Unterschiede zwischen Bestellung und Bestätigung sicher und schnell erkannt werden sollen, soll die Bestätigung schriftlich erfolgen. Am deutlichsten und schnellsten sind Abweichungen zu erkennen, wenn die Bestätigungsformulare vom Einkauf angefertigt werden und als Kopien mit der Bestellung an den Lieferanten gesandt werden. Er braucht sie lediglich zu unterschreiben und an den Einkauf zurückzuschicken. Weicht die Bestätigung von der Bestellung ab, dann ist noch kein Vertrag abgeschlossen.

3.4.2.5 Bestellstatistik

Die Bestellung enthält eine Reihe von Informationen und Daten, die Gegenstand eines künftigen Informationsbedarfs, z. B. der **Einkaufsrevision**, der **Erfolgsermittlung** oder der **Beschaffungsmarktforschung,** sein können. Zu diesem Zweck werden die Bestellkopien archiviert und eine Bestelldatei errichtet. Neben dem Einsatz der EDV bietet sich hier auch der Aufbau einer *Bestellkartei* oder eines *Bestellbuches* an. Letzteres liefert u. a. auch die laufenden Bestellnummern. Für Zwecke der Beschaffungsmarktforschung ist es empfehlenswert, aus der Bestelldatei eine *Material-, Lieferanten-* und *Preisdatei* aufzubauen. Darüber hinaus dient die Bestelldatei auch dem Aufbau einer *Termindatei* für die **Terminverfolgung.**

3.5 Überwachungs- und Kontrollaufgaben des Einkaufs

Der Einkaufsprozeß ist zu Ende, wenn eine ordnungsgemäße Lieferung erfolgt ist. In einem solchen Fall stimmen die Lieferung und ihre Begleitpapiere, einschließlich der Rechnung, mit den entsprechenden Inhaltspunkten der Bestellung überein. Dies ist jedoch in der Praxis nicht selbstverständlich. Deswegen ist der Einkauf verpflichtet, die Bestellung auch nach ihrer Erteilung zu überwachen und die Lieferungen zu kontrollieren. Zu den Überwachungs- und Kontrollaufgaben des Einkaufs sind die **Terminüberwachung**, die **Warenannahme** und die **Rechnungsprüfung** zu zählen.

3.5.1 Terminüberwachung

Die **Terminüberwachung** dient zusammen mit anderen Maßnahmen, wie z. B. Kapazitätsreservierungen, Fixgeschäften und Konventionalstrafen, der **Terminsicherung**. Zu überwachen ist nicht nur der Liefertermin. Die Terminverfolgung umfaßt alle wesentlichen Termine. Dazu gehören u.a. auch die Termine der Auftragsbestätigung, der Versandanzeige oder die Termine der Erreichung bestimmter Fertigungsstufen. Die Überwachung dieser Termine erfolgt durch Terminkalender, Terminmappen, Terminkarten, Übersichtstafeln oder durch Einsatz der EDV. Damit der Einkauf agieren und nicht nur reagieren kann, soll für wichtige Lieferungen, die nicht ohne weiteres als gesichert gelten, ein Erinnerungstermin gesetzt werden. Zu diesem Termin schickt der Einkauf als Vorwarnung eine höfliche Erinnerung an den Lieferanten. Zeigt sie keine Wirkung und läßt der Lieferant den Liefertermin unverrichteter Dinge verstreichen, kann eine Mahnung verfaßt werden. Bleibt auch diese erfolglos, dann sollte der Einkäufer den Lieferanten aufsuchen, um in einem Gespräch die Sache zu klären. Zeigen alle diese Maßnahmen keinen Erfolg, dann bleibt noch die *Inverzugsetzung* des Lieferanten. Ihm wird meist per Einschreiben eine Nachfrist gewährt und mitgeteilt, daß nach Ablauf dieser Nachfrist die Lieferung abgelehnt wird. Maßgebend für den Lieferungsverzug sind die §§ 271, 284, 285, 286 und 326 BGB. Dabei ist zu beachten, daß der Lieferant in Verzug gesetzt werden kann, wenn er nach Verstreichen des Liefertermins ordnungsgemäß gemahnt worden ist. Ist der Liefertermin genau nach dem Kalender vereinbart worden **(Fixgeschäft)**, also kein Circatermin u. ä., dann ist eine Mahnung für die Inverzugsetzung des Lieferanten nicht erforderlich.

3.5.2 Warenannahme und Reklamation

Vor einer Anlieferung bekommt der Einkauf i. d. R. eine **Versandanzeige**. Zweckmäßigerweise sollte der Einkauf nach Erhalt der Versandanzeige alle von der Lieferung betroffenen Stellen wie z. B. Terminverfolgung, Warenannahme, Materialprüfstelle, Bedarfsträger und -melder u.ä. informieren.

Obwohl die **Warenannahme** im unmittelbaren Interesse des Einkaufs steht und deswegen als Aufgabe des Einkaufs zu betrachten ist, wird sie nur selten vom Einkauf selbst vorgenommen. Für Lagermaterialien ist diese Aufgabe an das Lagerwesen delegiert. Für Nichtlagermaterialien wird der Bedarfsträger bzw. eine selbständige Stelle mit der Warenannahme beauftragt. Unabhängig von der stellenmäßigen Zuordnung muß die Warenannahme schon im Hinblick auf die unverzügliche Untersuchungspflicht aus § 347 HGB

1. eine formale Kontrolle,
2. eine qualitative Kontrolle und
3. eine Mengenkontrolle

durchführen und die Kontrollergebnisse dem Einkauf mittels einer Wareneingangsmeldung (Prüfbericht) mitteilen.

Die *formale Kontrolle* umfaßt die Überprüfung der Übereinstimmung zwischen Bestellkopie, Versandanzeigen, Lieferscheinen und sonstigen Begleitpapieren. Bei der *qualitativen Kontrolle* wird zunächst der äußere Zustand, d.h. die Verpackung der gelieferten Güter, überprüft. Anschließend ist die Qualität der gelieferten Güter zu überprüfen. Dies erfolgt häufig mittels einer Stichprobe. Bei einigen Gütern kann diese Überprüfung längere Zeit in Anspruch nehmen. Sie kann gegebenenfalls bis zum Ende der vereinbarten Probezeit andauern. Bei der *Mengenkontrolle* ist von der Warenannahme die gelieferte Menge festzustellen. Sind zwischen der Bestellkopie, den Begleitdokumenten der Lieferung und den Feststellungen der Eingangskontrolle keine Differenzen vorhanden, so liegt eine ordnungsgemäße Lieferung vor und der Einkaufsprozeß ist damit beendet. Sind dagegen in der Wareneingangsmeldung Differenzen vermerkt, dann weist die Lieferung Mängel auf. § 459 BGB schreibt vor, wann eine fehlerhafte Lieferung vorliegt. Im übrigen gelten die eigenen Vereinbarungen. In einem solchen Fall prüft der Einkauf, wer für die Mängel der Lieferung verantwortlich ist und macht mittels einer *Mängelanzeige* die entsprechenden Reklamationsansprüche gegen den Lieferanten bzw. Frachtführer geltend. Die Mängelanzeige ist ein formloses Schreiben, aus dem die Art und der Umfang der Mängel hervorgehen sollte. Sie ist nach § 377 HGB unverzüglich dem Verkäufer gegenüber zu erklären.

Die gesetzliche Regelung (vgl. §§ 459 ff., 480 BGB und 378 HGB) sieht im Falle von Sachmängeln für den Käufer das Recht

1. der *Wandlung*, d.h. der Rückgängigmachung des Kaufs,
2. der *Minderung*, d.h. der Senkung des Preises oder der Rückerstattung eines Teilbetrages, wenn die Rechnung bereits bezahlt worden ist,
3. der *Neulieferung* bei Gattungskäufen,
4. des *Schadenersatzes* beim Fehlen von zugesicherten Eigenschaften

vor.

Parallel zu den Rechten hat der Käufer auch gewisse Pflichten, wie die der Aufbewahrung etc. Wegen der komplizierten Rechtslage von Reklamationen ist eine Zusammenarbeit des Einkaufs mit der juristischen Abteilung bzw. mit einem Rechtsanwalt zu empfehlen. Die Aufgabe des Einkaufs besteht in solchen Fällen darin, die Lage klären zu helfen und für Ersatz zu sorgen.

3.5.3 Rechnungsprüfung

In einigen Betrieben ist der Einkaufsprozeß beendet, wenn der Einkauf die Rechnung überprüft und zur Zahlung freigegeben hat. In anderen Betrieben wiederum ist dies die Aufgabe des Finanzwesens und speziell der Kasse. Hierfür muß jedoch die für die Zahlung zuständige Stelle eine Bestellkopie und eine Kopie des Prüfberichtes der Warenannahme bekommen. Gleichgültig, von wem die Rechnung geprüft wird, die Prüfstelle hat festzustellen:

1. Ist die Rechnung berechtigt?
2. Ist sie, wie vorgeschrieben, ausgefertigt?
3. Entspricht sie den vereinbarten Zahlungskonditionen?
4. Entspricht sie den vereinbarten Lieferkonditionen?
5. Bezieht sich die Rechnung auf das bestellte Material, die bestellten Mengen und den in der Bestellung vereinbarten Preis?
6. Ist der Rechnungsbetrag rechnerisch richtig?

3.6 Recycling im Einkauf

Traditionell zeigt sich der Einkauf für die *Schrottveräußerung* und den Verkauf bzw. die *Verwertung* von alten Maschinen und Anlagen verantwortlich. Eine besondere Bedeutung für den Einkauf hat diese Aufgabe auch in der letzten Zeit nicht erlangt. Allerdings hat sie an Umfang zugenommen. In vielen Betrieben ist der Einkauf für die gesamte „*Entsorgung*" zuständig.

Kontrollfragen

1. Beschreiben Sie die Aufgaben des Einkaufs.
2. Geben Sie den Inhalt und Formen der Bedarfsmeldung an.
3. Zeigen Sie den Informationsbedarf des Einkaufs.
4. Wann sind dem Einkäufer seine Märkte transparent? Welche Informationen muß er hierfür haben? Wozu dienen sie ihm im einzelnen?
5. Beschreiben Sie die Informationsquellen des Einkaufs.

6. Demonstrieren Sie die Abwicklung einer Anfrage.
7. Stellen Sie die Möglichkeiten eines Angebotsvergleiches dar und vergleichen Sie ihre Aussagen.
8. Beschreiben Sie die Kontaktpflege zu den Anbietern als einkäuferische Aufgabe.
9. Erläutern Sie den juristischen Charakter der Bestellung.
10. Nennen Sie wichtige Vertragsarten. Beschreiben Sie die vom BGB jeweils geregelten Hauptpflichten der Kontrahenten.
11. Erläutern Sie den Rahmen-, Abruf-, Sukzessivlieferungs-, Options-, Vormerk-, Leasing- und Mietkaufvertrag.
12. Was bedeuten „Preisgleitklauseln"? Welche kennen Sie? Wie erfolgt die Berechnung des zu zahlenden Preises?
13. Nennen Sie wichtige Bestellinhaltspunkte und ihre mögliche Regelung.
14. Erläutern Sie die Lieferbedingungen aus der Sicht des Einkaufs.
15. Welche Bedeutung haben die Incoterms für den Einkauf?
16. Beschreiben und erläutern Sie Maßnahmen der Bestellorganisation.
17. Beschreiben Sie die Bestellstatistik und zeigen Sie ihre Bedeutung.
18. Beschreiben Sie die Terminüberwachung und -sicherung im Einkauf.
19. Welche sind die Ziele der Warenannahme? Wie wird sie durchgeführt? Wann erfolgt eine Reklamation? Welche Ziele verfolgt der Einkauf in einem Reklamationsfall?
20. Beschreiben Sie die Aufgabe der Rechnungsprüfung im Einkauf.

4 Der betriebliche Transport

4.0 Lernziele

Dieses Kapitel soll:

- dem Leser einen Überblick über den Materialtransport im Betrieb bieten;
- den Material- und Produktfluß skizzieren;
- die Gütertransportarten und ihre Bedeutung in der Bundesrepublik Deutschland darstellen;
- die Eignung der Verkehrsmittel beschreiben.

4.1 Der Materialtransport im Rahmen des betrieblichen Transportwesens

Die **Leistungserstellung** und **Leistungsverwertung** sind i. d. R. räumlich voneinander getrennt. Sie liegen entweder in verschiedenen Standorten verschiedener Betriebe oder in verschiedenen Standorten innerhalb eines Betriebes. Ihre Verbindung verlangt nach Überbrückung des Raumes. Die Verbindung des Standortes der Leistungserstellung mit dem der Leistungsverwertung durch Überbrückung des Raumes ergibt die Betriebsfunktion des **Transportes (Verkehrs).**

Je nach Transportgegenstand ist es üblich, den Transport in **Personentransport (Personenverkehr)** und **Gütertransport (Güterverkehr)** zu gliedern. Diese Gliederung ist sinnvoll, weil jeweils andere Transportbedingungen gelten.

Ein Betrieb hat zwar Bedarf an beiden Transportarten, für die Materialwirtschaft ist jedoch nur der Güterverkehr (Güterverteilung) und davon speziell der Materialtransport von besonderem Interesse. Der Transport von Zwischen- und vor allem von Fertigprodukten fällt nur unter speziellen Bedingungen unter die Belange der Materialwirtschaft. Es ist von der Definition der Objekte der Materialwirtschaft abhängig, und diese wiederum wird durch die betriebsindividuellen Verhältnisse bestimmt. Streng genommen interessiert hier nur der **Materialtransport.**

Wegen der zwischen- und innerbetrieblichen Arbeitsteilung und Spezialisierung müssen die Betriebe einen Güterverkehr mit ihren Lieferanten, zwischen einigen ihrer Fachabteilungen und mit ihren Abnehmern aufrechterhalten. Die Verkehrsverbindung aller Stationen, vom Lieferanten über das Lager-, Fertigungs- und Vertriebswesen bis zum Abnehmer (Kunden), bildet den **Material-** und **Produktfluß,** der auch als **logistisches System** verstanden werden kann (vgl. BAHKE, E. et al.: Materialflußsysteme, Bd. 1, Materialflußtechnik, S. 29 ff.; KIRSCH, W. u. a.: Betriebswirtschaftliche Logistik, S. 262 ff.). Je nach Anzahl der Fertigprodukte, ihrer Abnehmer, der benötigten Materialien und ihrer Lieferanten sowie dem Wunsch nach detaillierter Wiedergabe aller beteiligten Stationen können sich **Material- und Produktflußdiagramme** sehr kompliziert gestalten. In der Abbildung 4.1 ist ein vereinfachter Materialfluß dargestellt.

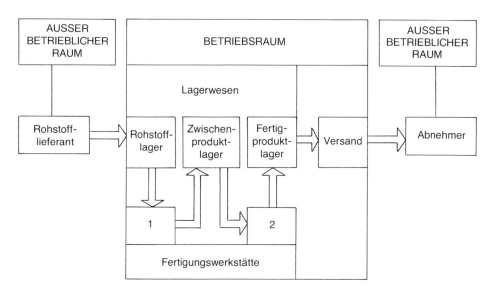

Abbildung 4.1   Beispiel eines Material- und Produktflusses

4.2   Gütertransportarten und ihre Bedeutung in der Bundesrepublik Deutschland

Aus den in der Abbildung 4.1 dargestellten Güterbewegungen geht hervor, daß ein Teil der Transportleistungen außerhalb des Betriebes erfolgt. Sie dienen der Überbrückung des Raumes vom Lieferantenstandort zum Betriebsstandort und von hier zum Kundenstandort. Die Herstellung dieser Verkehrsverbindung erfolgt durch den **außerbetrieblichen Transport.** Beim **innerbetrieblichen Transport** werden Standorte innerhalb des Betriebsraumes miteinander verbunden. Die weitere Untergliederung der Transportarten ist in der Abbildung 4.2 enthalten.

Während jedoch der innerbetriebliche Transport fast ausschließlich im **Werksverkehr** bewältigt wird, erfolgt der außerbetriebliche Transport sowohl im **gewerblichen Verkehr** als auch im **Werksverkehr.** Vom Werksverkehr spricht man, wenn die Transportmittel Eigentum des Betriebes sind, für den sie eingesetzt werden bzw. von ihm durch Leasing in Anspruch genommen werden. Bei den innerbetrieblichen Fremdtransporten handelt es sich z.B. um die Beförderung der angelieferten Güter vom Betriebstor bis zur Abladestelle innerhalb des Betriebes.

116 Der betriebliche Transport

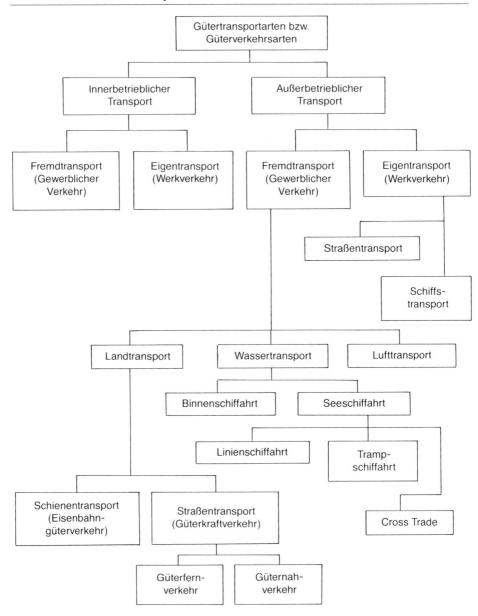

Abbildung 4.2 Gütertransport- bzw. Güterverkehrsarten

Im außerbetrieblichen Werksverkehr werden überwiegend betriebseigene Lastkraftwagen eingesetzt. Einige Großbetriebe benutzen auch eigene Schiffe. Der Aufbau von eigenen Transportkapazitäten ist vom Bedarf, den Kosten ihrer Anschaffung und von ihren Betriebskosten im Vergleich zu den Kosten des Fremdtransportes abhängig. Die Entscheidung darüber ist, wie alle Investitionsentscheidungen, Aufgabe der Betriebsleitung.

Der größte Teil des außerbetrieblichen Transportes entfällt auf die Fremdtransporte, d. h. auf den gewerblichen Verkehr. Für den Gütertransport innerhalb der Bundesrepublik Deutschland besitzt der **Güterkraftverkehr** die größte Bedeutung. 86 % der 1994 umgeschlagenen Tonnage wurde durch Lastkraftwagen befördert (vgl. BUNDESVERBAND DES DEUTSCHEN GÜTERFERNVERKEHRS E.V. (Hrsg.): Verkehrswirtschaftliche Zahlen 1995, S. 26). Der Großteil davon (86 %) wiederum entfiel auf den **Nahverkehr.** Darunter fallen Transporte mit einem Radius von maximal 70 km vom Standort des Transportbetriebes.

An zweiter Stelle stand 1994 der **Eisenbahnverkehr** mit einem Anteil von nur 7 % des umgeschlagenen Gütergewichts. Der Rest von 7 % wurde von der **Binnenschifffahrt** (5 %) und durch **Rohrleitungen** (2 %) befördert. Die **Luftfracht** spielt innerhalb der Bundesrepublik Deutschland wegen der relativ kurzen Entfernungen kaum eine Rolle. Sie und vor allem die Seeschiffahrt sind für den Außenhandel von Bedeutung.

4.3 Die Eigenschaften der Verkehrsmittel

Die große Bedeutung des Kraftverkehrs ist mit den Eigenschaften der Lastkraftwagen zu erklären. Im allgemeinen wird die Eignung der Verkehrsmittel an folgenden Eigenschaften gemessen:

1. Schnelligkeit,
2. Flexibilität,
3. Berechenbarkeit,
4. Netzbildungsfähigkeit,
5. Massenleistungsfähigkeit und
6. Technische Eignung.

Lastkraftwagen sind schnell, ausgesprochen flexibel und flächendeckend zu disponieren. Auch ihre Berechenbarkeit ist groß. Sie lassen sich auch problemlos in **Transportketten** einbauen. Darüber hinaus besitzen sie eine ausgezeichnete **Netzbildungsfähigkeit.** Allerdings sind sie stark von den Witterungs- und den Verkehrsverhältnissen abhängig. Außerdem ist ihre **Massenleistungsfähigkeit** gering. Beim Transport von großen Mengen über lange Strecken sind sie der Bahn und vor allem der Binnenschiffahrt unterlegen. Letztere ist zwar kostengünstig, aber nur bedingt berechenbar und wegen des **Umwegfaktors** nur mangelhaft netzbildungsfähig. Die Eisenbahn gilt als universales, leistungsfähiges Verkehrsmittel. Sie ist als schnell zu bezeichnen, vor allem auf langen Strecken, obwohl sie diesbezüglich mit der Luftfahrt nicht verglichen werden kann. Die Bahn ist zwar unflexibel und bürokratisch gesteuert, besitzt jedoch ein dichtes Verkehrsnetz und kann damit diesen Nachteil relativ verringern. Auch die Berechenbarkeit ist differenziert zu betrachten. Einen großen Vorteil besitzt die Bahn bei der Beförderung von großen Mengen und sperrigen Gütern (Massenleistungsfähigkeit). Deswegen ist die Bahn das geeignete Transportmittel für die Beförderung von gewichtsintensiven Massengütern, wie z.B. Bergbauerzeugnissen, Erzeugnissen der Eisen- und Stahlindustrie u.ä.

Massenleistungsfähigkeit und Kostenvorteile kennzeichnen auch die Binnen- und Seeschiffahrt. Sie leiden jedoch an mangelnder Berechenbarkeit und Netzbildungsfähigkeit.

Kontrollfragen

1. Beschreiben Sie den Material- und Produktfluß eines Betriebes.
2. Beschreiben Sie die Gütertransportarten und ihre Bedeutung für die Bundesrepublik Deutschland.
3. Welche Eigenschaften der Verkehrsmittel bestimmen ihre Eignung?
4. Beschreiben Sie die Eignung der Lkw, der Bahn, der Binnen- und Überseeschiffahrt und der Luftfahrt.

5 Die Lagerung

5.0 Lernziele

In diesem Kapitel soll der Leser
- das Wesen der Lagerung mittels der Lagerfunktionen und -stufen kennenlernen;
- einige Lagerarten erfahren;
- die Teilaufgaben des Lagers und ihre Abwicklung erlernen;
- Verfahren der Verbrauchs-, Bestands- und Inventurrechnung kennenlernen;
- mit Methoden und Strategien der Materialdisposition konfrontiert werden und sie erlernen.

5.1 Wesen der Lagerung

Der betriebliche Prozeß von der **Beschaffung** über die **Leistungserstellung** bis hin zu der **Vermarktung** der erstellten Leistung ist von zahlreichen Strömen beweglicher Sachgüter begleitet. Die Gesamtheit dieser Ströme bildet den betrieblichen **Materialfluß**.

Aufgrund der Verschiedenheit der Ursachen der *Materialbewegung* in den einzelnen Abschnitten des betrieblichen Prozesses sind die einzelnen *Bewegungsrhythmen* unterschiedlich. Folge davon ist die Entstehung von Disparitäten, Unstimmigkeiten zwischen abgebenden und übernehmenden Bereichen. Diese Disparitäten gefährden die Verwirklichung der betrieblichen Ziele und sollen deswegen vermieden werden. Ein Ausgleichsmittel hierbei bildet die **Lagerung**. Durch Stauung in den schneller fließenden Materialflußbereichen soll die Lagerung den Ausgleich der Bewegung herbeiführen. Die Stauungsorte heißen **Läger**. Die gestauten Güter bilden die **Lagergüter**. Die interessantesten davon sind die Werkstoffe, einschließlich der Halbfertigerzeugnisse, die Fertigerzeugnisse, die Handelswaren und einige Betriebsmittel, wie z. B. Güter des Bürobedarfs und Verschleißwerkzeuge. Die Art der Lagergüter bestimmt in Kombination mit den **Lagerfunktionen** und gegebenenfalls unter Einbeziehung der *Lagerstufen* oder anderer Kriterien die **Lagerarten** bzw. -typen.

5.1.1 Lagerfunktionen

Die ungleichen Bewegungen in den einzelnen Abschnitten des Materialflusses können verschiedene Ursachen haben. Dementsprechend wird die Lagerung auch mehrere Zwecke verfolgen. Das bedeutet, daß ein Lager mehrere Funktionen ausüben kann. Im einzelnen kann es sich hierbei um die Ausgleichs-, Sicherheits-, Spekulations-, Veredelungs- und Assortierungsfunktion handeln (vgl. auch Abbildung 4.1).

5.1.1.1 Die Ausgleichs- bzw. Pufferfunktion

Sie liegt vor, wenn sich zwischen abgebendem und annehmendem Bereich *zeitliche Diskrepanzen* in unterschiedlichen Bewegungsrhythmen niederschlagen. Ein deutliches Beispiel hierfür liefern obstverarbeitende Betriebe. Ihre Produktion erstreckt sich über das ganze Jahr. Demzufolge weisen sie während des ganzen Jahres einen Obstbedarf auf. Die Obsternte fällt jedoch nur an wenigen Tagen des Jahres an. Die hierdurch entstehenden Spannungen werden durch die Lagerung des Obstes ausgeglichen. Das Lager übernimmt hier die **Pufferfunktion**. Solche Läger werden auch Antizipationsläger genannt.

5.1.1.2 Die Sicherheits- bzw. Vorratsfunktion

Unregelmäßige Verbrauchs- und Lieferzeitenentwicklungen bedeuten unsichere Materialbereitstellung und gefährden die Bedarfsdeckung. Wird die Beseitigung dieser Unsicherheit durch die Bildung von Lagervorräten angestrebt, dann übt ein hierfür errichtetes Lager eine **Vorrats-** bzw. **Sicherheitsfunktion** aus.

5.1.1.3 Die Spekulationsfunktion

Preisveränderungen kennzeichnen die Wirtschaftspraxis. Unter bestimmten Bedingungen kann es bei erwarteten Preiserhöhungen vorteilhaft sein, sich vom betroffe-

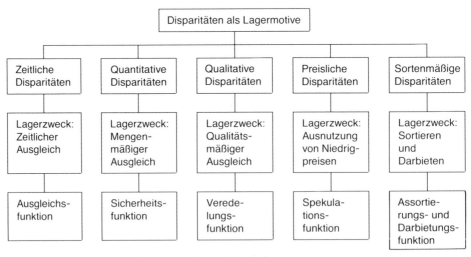

Abbildung 5.1 Lagermotive, -zwecke und -funktionen

nen Material mehr zu beschaffen als unmittelbar gebraucht wird. Dies bedeutet jedoch, daß eine Lagermöglichkeit vorhanden sein muß. Das gleiche gilt auch für die Wahrnehmung von Spot- und Sonderangeboten. In solchen Fällen erfüllt das Lager eine **Spekulationsfunktion**.

5.1.1.4 Die Veredelungsfunktion

Einige Güter, wie z. B. Wein, Holz, viele Chemikalien u. ä., erlangen während der Lagerdauer Eigenschaften, die ihre Qualität verbessern. Die Lagerung übt hier eine **Veredelungsfunktion** aus. In einigen Fällen spricht man von der **Umformungsfunktion** des Lagers. Läger, die diesem Zweck dienen, werden auch **Produktivläger** genannt.

5.1.1.5 Die Assortierungs- und Darbietungsfunktion

Die Lagerung wird auch zur Sortierung von Sammellieferungen und zur Darbietung von einzelnen Sorten benutzt. In einem solchen Fall spricht man von der **Assortierungs-** bzw. **Darbietungsfunktion**. Solche Läger kommen vorwiegend im Handel vor.

In der Regel bestehen zwischen den einzelnen Abschnitten des Materialflusses mehrere Bewegungsunstimmigkeiten gleichzeitig. Das führt dazu, daß ein Lager gleichzeitig auch mehrere Funktionen ausüben kann.

5.1.2 Lagerstufen

Betrachtet man die einzelnen Phasen des betrieblichen Prozesses als Stufen (vgl. Abbildung 4.2), dann kann die Lagerung verschiedenen Stufen zugeordnet werden (vgl. KROEBER-RIEL, W.: Beschaffung und Lagerung, S. 78 ff.).

Lagerstufe 1: Die erste Lagerstufe umfaßt alle Lagerungen vor der betrieblichen Funktion der Fertigung. Hauptsächlich handelt es sich hier jedoch um die Eingangs- bzw. Beschaffungsläger. Sie werden zwischen Beschaffung und Fertigung eingerichtet. Grundsätzlich können Läger der ersten Stufe alle oben erwähnten Lagerfunktionen übernehmen. Vorwiegend üben sie jedoch die **Puffer-, Sicherheits-** und **Spekulationsfunktion** aus.

Lagerstufe 2: Sie erstreckt sich parallel zu der Fertigung. Bei den Lägern der 2. Lagerstufe handelt es sich also um Läger im Fertigungsbereich, die auch als **Parallel-, Werkstatt-, Zwischen-** oder **Handläger** bezeichnet werden. In erster Linie übernehmen sie die **Puffer-** und gegebenenfalls die **Veredelungsfunktion**.

Lagerstufe 3: Sie beginnt nach der Fertigung und betrifft Fertigerzeugnisse. Die Läger dieser Stufe werden üblicherweise als **Absatz-, Versand-** bzw. **End-** oder **Fertigerzeugnisläger** bezeichnet. Sie dienen vorwiegend dem Ausgleich von unterschiedlichen Rhythmen im Absatz- und Fertigungsbereich. Sie können jedoch auch alle anderen Lagerfunktionen wahrnehmen.

Lagerstufe 4: Damit wird in der Literatur (vgl. KROEBER-RIEL, W.: Beschaffung und Lagerung, S. 80) die Lagerung von Handelsware bezeichnet.

Lagerstufe 5: Hierbei handelt es sich um Läger, die der betrieblichen Verwaltung dienen (Verwaltungsmaterial- bzw. Bürobedarfsläger).

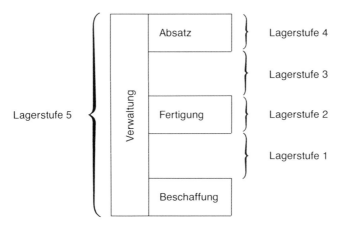

Abbildung 5.2 Lagerstufen

5.2 Lagerarten und Lagertypen

Lagerarten und -typen entstehen durch die Zuordnung der betrieblichen Läger nach bestimmten Kriterien, welche die Merkmale der jeweiligen Läger bilden. Wird dabei jeweils ein Lagermerkmal als Unterscheidungskriterium benutzt, dann entstehen entsprechende Lagerarten. Werden z.B. die betrieblichen Hauptfunktionen Beschaffung, Fertigung und Absatz als Unterscheidungskriterium eingesetzt, dann entstehen dadurch Lagerarten, die als **Beschaffungsläger, Fertigungsläger** oder **Absatzläger** bezeichnet werden. Werden dagegen mehrere Kriterien zur Charakterisierung eines Lagers eingesetzt, dann entstehen Lagertypen. Wird z.B. neben den betrieblichen Funktionen auch die Art der zu lagernden Güter zur Klassifizierung der Läger eingesetzt, dann entstehen Lagertypen, wie z.B. Beschaffungsläger für Rohstoffe, für Bürobedarf etc. Zu den gebräuchlichsten Unterscheidungskriterien der Läger gehören neben den Lagerfunktionen, Lagerstufen und betrieblichen Funktionen auch folgende Einordnungsmerkmale:

1. Art der Lagergüter,
2. Bedeutung der Läger,
3. Lagerstandort,
4. Lagereigentümer,
5. Bauart,
6. Angewandte Lagertechnik,
7. Automatisierungsgrad,
8. Zentralisierung.

Die entsprechenden Lagerarten sind in der nachfolgenden Abbildung 4.3 zusammengefaßt.

Lagerarten und Lagertypen 123

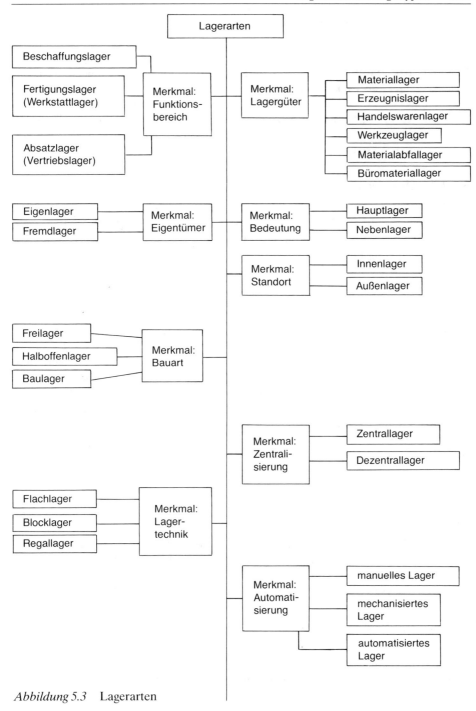

Abbildung 5.3 Lagerarten

5.2.1 Gliederung nach Lagergütern

Der Einsatz der Art der Lagergüter zur Charakterisierung der Läger ergibt z.B. das **Material-** bzw. **Stofflager**, das **Erzeugnislager**, das **Lager für Handelswaren**, das **Werkzeuglager**, das **Ersatzteillager**, das **Büromateriallager** und das **Abfallager**. Darüber hinaus ist es üblich, die Läger nach dem Materialzustand in Läger für Flüssigkeiten, für Gase und für Feststoffe zu unterscheiden. Im folgenden werden Feststoffläger betrachtet. Läger für Flüssigkeiten und für Gase bilden Speziallager und bleiben hier unberücksichtigt.

5.2.1.1 Das Materiallager

Das **Materiallager** ist ein Lager der 1. Lagerstufe und somit ein Eingangs- bzw. Beschaffungslager für die Materialien im engeren Sinne, d.h. für die Roh-, Hilfs- und Betriebsstoffe. Es bildet das wichtigste Lager der Materialwirtschaft, weil es, art- und mengenmäßig betrachtet, in der Regel das umfangreichste Lager darstellt und alle Lagerfunktionen ausübt.

5.2.1.2 Das Erzeugnislager

Das **Erzeugnislager** wird üblicherweise in das Zwischenerzeugnis- und Fertigerzeugnislager aufgeteilt. Bei den Zwischenerzeugnislägern handelt es sich um Läger der 2. Lagerstufe, sogenannten Fertigungs- bzw. Parallel- oder Zwischenlägern und Handlägern. Bei den Handlägern erfolgt die Materialbewegung ohne Beleg. Alle diese Läger üben in erster Linie eine Ausgleichsfunktion aus. Ihre Bestände sind wesentlich geringer als die des Materiallagers. In der ersten Verarbeitungsstufe sind die Lagergüter identisch mit den Materialien. Erst nach der ersten Verarbeitung sind daraus Zwischenerzeugnisse geworden. Die Fertigerzeugnisläger sind in der 3. Lagerstufe errichtet und dienen hauptsächlich dem Ausgleichs-, Sicherheits-, Spekulations- und Assortierungsmotiv. Häufig werden diese Läger auch Absatz-, Verkaufs- oder Vertriebsläger genannt.

5.2.1.3 Das Handelswarenlager

Das **Handelswarenlager** bildet für Handelsbetriebe das einzige Lager neben dem Büromateriallager. Es übt sämtliche Lagerfunktionen aus. Deswegen besitzt es auch eine entsprechend große Bedeutung. Handelswaren werden oft auch von Industriebetrieben eingesetzt. Ihre Bevorratung erfolgt auf der 4. Lagerstufe.

5.2.1.4 Das Werkzeuglager

Das **Werkzeuglager** umfaßt die vorwiegend wegen des Vorsichtsmotives auf der 2. Lagerstufe gelagerten Werkzeuge. Es sind vor allem Werkzeuge, die schnell verschleißen. Zusammen mit dem Ersatzteillager bildet das Werkzeuglager oft das „technische Lager" der Betriebe.

5.2.1.5 Das Materialabfallager

Materialabfälle und Materialausschuß bilden die sogenannten **Abfalläger** und werden häufig vom Einkauf verwaltet.

5.2.1.6 Büromateriallager

Büromaterial (Verwaltungsbedarf) wird in der 5. Lagerstufe gelagert.

5.2.2 Gliederung nach der Bedeutung

Nach der Bedeutung der Läger für den Betrieb lassen sie sich in **Haupt-** und **Nebenläger** unterscheiden. Läger mit Marktverbindung wie Beschaffungs- und Absatzläger bilden in erster Linie die Hauptläger, während die anderen Läger als Nebenläger betrachtet werden können.

5.2.3 Gliederung nach dem Standort

Werden die Läger nach ihrem Standort innerhalb oder außerhalb des Betriebes unterteilt, dann ist es üblich, sie in **Innen-** und **Außenläger** zu gliedern.

5.2.4 Gliederung nach dem Eigentümer

Nach dem Eigentümer können die Läger in **Eigen-** und **Fremdläger** unterschieden werden. Innerhalb der Fremdläger sind die **Kommissions-** bzw. **Konsignationsläger** und die **Lagereien** von besonderer Bedeutung.

5.2.4.1 Kommissions- bzw. Konsignationsläger

Bei einem **Kommissions-** bzw. **Konsignationslager** werden im betriebseigenen Lagerhaus Vorräte gehalten, die bis zum Zeitpunkt des Verkaufs bzw. der Entnahme Eigentum des Lieferanten (Kommitent bzw. Konsignant) sind. Sie bedeuten für den Bedarfsträger (Kommissionär bzw. Konsignatar) zusätzliche Sicherheit der Bedarfsdeckung und je nach Vertragsbedingungen Einsparungen von Kapitalbindungskosten. Demgegenüber stehen eine stärkere Bindung an den Lieferanten und eine Zunahme der Lagerverwaltung.

5.2.4.2 Lagereien

Lagereien sind Betriebe, die gewerbsmäßig Lagerräume vermieten und das Lagergut während der Lagerdauer beaufsichtigen. Bei Einlagerung stellt der Lagerhalter einen Inhaber-, Namens- (Rektalagerschein) oder einen Orderlagerschein aus, der dazu berechtigt, das gelagerte Gut in Empfang zu nehmen.

5.2.5 Gliederung nach Bauart

Nach der Bauart können die Läger in **offene** bzw. **freie, halb offene** und **geschlossene Läger** bzw. **Bauläger** unterteilt werden.

Offene Läger weisen mit Ausnahme von gelegentlichen Einzäunungen keinerlei Bauwerke auf. Das Material wird hier unter dem freien Himmel gelagert und muß deswegen witterungsunempfindlich sein. Der Werkshof kann für solche Materialien ohne weitere Lagerraumkosten schnell zu einem geeigneten Lager hergerichtet werden.

Halboffene Läger besitzen zwar ein Dach, sind jedoch seitlich nicht bebaut. Auch diese Läger sind schnell und im Verhältnis zu den Baulägern kostengünstig zu errichten.

Geschlossene Läger bzw. **Bauläger** sind dagegen von allen Seiten umbaute Gebäude und bieten nicht nur Witterungsschutz. Vielfach werden hier für die Erhaltung des Materials notwendige Bedingungen, wie z.B. eine bestimmte Temperatur, Druck, Feuchtigkeit etc., künstlich erzeugt.

5.2.6 Gliederung nach der angewandten Lagertechnik

5.2.6.1 Mittel der Lagertechnik

Die **Lagertechnik** ist abhängig von den zu lagernden Gütern selbst und von den hierfür angesetzten Mitteln. Zu den letzteren sind die *Packmittel*, die *Lagereinrichtung* und die *Transportmittel* zu zählen. Einen Überblick darüber liefert die Abbildung 4.4.

5.2.6.1.1 *Packmittel*

Packmittel sollen nicht nur das verpackte Gut vor der Umwelt und umgekehrt schützen und den Transport rationell gestalten, sondern gleichzeitig auch die Belange der Lagerung berücksichtigen.

Mit Hilfe der Verpackung können mehrere Gütereinheiten zu größeren Transporteinheiten zusammengefaßt werden (vgl. z.B. LAHDE, H.: Neues Handbuch der Lagerorganisation und Lagertechnik, S. 502). Darüber hinaus kann bereits bei der Verpackung einer Lieferung darauf geachtet werden, **Lade-** und **Lagervorrichtungen**, wie z.B. stapelfähige **Paletten**, einzubauen und das Prinzip

$$\text{Ladeeinheit} = \text{Transporteinheit} = \text{Lagereinheit}$$

zu verwirklichen.

Zu den gebräuchlichsten **Verpackungsmitteln** gehören Fässer, Säcke, Bindedraht und Bindeblech, Flaschen, Kartons, Tüten, Kisten u.ä. aus Holz, Jute, Blech, Glas, Pappe, Papier, Kunststoff und sonstigen Materialien. Für die Verpackung von *Masse-*

Lagerarten und Lagertypen 127

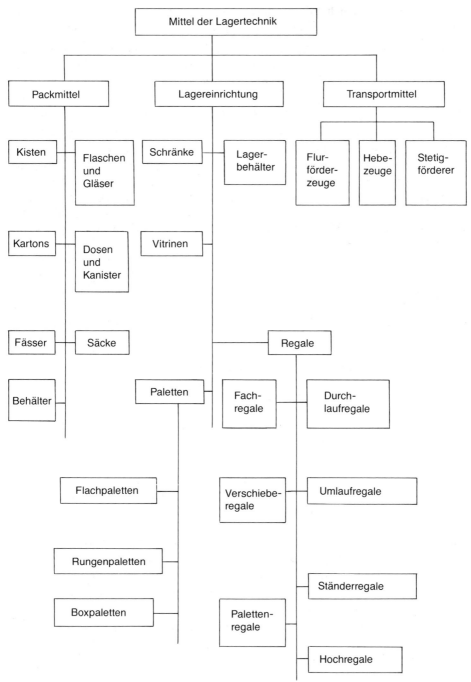

Abbildung 5.4 Mittel der Lagertechnik

gütern setzten sich Behälter durch, die auch gute Lagereigenschaften wie z.B. Stapelfähigkeit, Stabilität, geringes Eigengewicht, genormte Maße u.ä. aufweisen.

Hervorzuheben sind in diesem Zusammenhang die speziellen Sammelbehälter, unter der Bezeichnung **„Container"** bekannt. *Container sind von der ISO (International Standardization Organization) genormte dauerhafte Behälter (Box-Container) mit einem Fassungsvermögen von mindestens 1 m^3, die die Aufbewahrung, den Umschlag und den Transport von Gütern mit verschiedenen Transportmitteln ermöglichen.*

Die Deutsche Bahn AG teilt die Container nach ihrer Größe in *Klein-, Mittel-* und *Groß*container ein. Kleincontainer haben ein Inhaltsvolumen von 1—3 m^3. Mittelcontainer weisen ein Fassungsvermögen über 3 m^3 und eine Länge von maximal 6 m auf. Großcontainer fassen mehr als 3 m^3 und sind über 6 m lang. Die Aufbewahrungseigenschaft der Container im Zusammenhang mit ihrer Stabilität, Stapelfähigkeit, Normung u.ä. macht sie auch für die Lagerung interessant. Allerdings sind Großcontainer, wie z. B. die **Iso-Transcontainer** und die **Binnencontainer** der Bahn, wegen ihrer Maße nicht gut geeignet, als Lagerbehälter verwendet zu werden. Die Iso-Transcontainer haben eine Länge von 20, 30 oder 40 Fuß, eine Breite von 8 Fuß und eine Höhe von 8 bzw. 8,5 oder 9 bzw. 9,5 Fuß. Die Abmessungen der Binnencontainer der Bahn betragen 6,096 m bzw. 12,192 m × 2,5 m × 2,60 m. Geeigneter als Groß- und Mittelcontainer sind die **Collico-Behälter** der Bahn. Mit ihnen kann die Gleichheit von Lade-, Transport- und Lagereinheit eher verwirklicht werden. Mit einer Typenvielfalt, die eine Variation des Fassungsvermögens von 24 dm^3 bis 595 dm^3 bzw. der Nutzlast von 25 bis 1000 kg erreicht, erscheinen sie als ideale austauschbare Lagerkästen. Hinzu kommt, daß die Norm-Collicos mit dem **Euro-Palettenmaß** abgestimmt sind und die **Standard-Collicos** den Belangen der Praxis entsprechen. Sie sind leicht, stapelfähig, teilweise zusammenlegbar, verschließbar und umweltfreundlich.

5.2.6.1.2 *Lagereinrichtung*

Es ist üblich, die **Lagereinrichtung** in bewegliche und feste aufzuteilen (vgl. z.B. LAHDE, H.: Neues Handbuch der Lagerorganisation und Lagertechnik, S. 343 ff.). Zu der beweglichen Lagereinrichtung werden die Lagerbehälter und die Paletten gerechnet, während die feste Lagereinrichtung Schränke, Vitrinen und Regale umfaßt.

Lagerbehälter: Lagerbehälter dienen in erster Linie dazu, Lagergüter aufzunehmen und zu einer Lagereinheit zu gestalten, indem sie die aufgenommenen Güter nach außen hin von anderen trennen. Darüber hinaus können sie auch als Lade- und Transporteinheit eingesetzt werden. Aus diesen Gründen sollen Lagerbehälter

1. ein geringes Eigengewicht haben,
2. Außenmaße besitzen, die den Verpackungsabmessungen für genormte Paletten entsprechen,
3. eine stabile Konstruktion aufweisen,
4. stapelfähig sein und
5. ein geringes Volumen im leeren Zustand haben.

Die Stapelfähigkeit in Verbindung mit einem geringen Leergutvolumen wird durch die Forderung

„voll aufeinander, leer ineinander"

ausgedrückt. Mehrere moderne Behälter aus Pappe, Leichtholz, Leichtmetall oder Kunststoff genügen diesen Anforderungen.

Paletten: Paletten sind Beförderungs- und Lagerungshilfsmittel. Ihre Verwendung ist vielseitig. Vielfach ermöglichen erst sie die Bildung von einheitlichen Lade-, Transport- und Lagerungseinheiten, indem sie ein mehrfaches von Verpackungseinheiten bzw. Behältern aufnehmen. Paletten sind Hubplatten, ohne Aufbauten **(Flachpaletten)** oder mit Aufbauten **(Boxpaletten)**, die von zwei oder vier Seiten aufgenommen werden können **(Zweiweg-** bzw. **Vierwegpaletten)** und damit ein Lade- und Lagergerät bilden. Darüber hinaus faßt eine Palette mehrere Gütereinheiten bzw. Verpackungsmodule zusammen, so daß das Be- und Entladen schneller erfolgt. Durch die normalen Größen und Konstruktionen kann sowohl die Lade- bzw. Lagerfläche als auch die entsprechende Höhe besser genutzt werden. Diese Vorteile werden gesteigert, wenn abgestimmte Verpackungseinheiten, Paletten und Container benutzt werden.

Viele Stückgüter, Verpackungen und Lagerbehälter werden erst durch den Einsatz von Paletten stapelfähig. Außerdem erleichtern und fördern Paletten die Mechanisierung des Lagerwesens und helfen, Verpackungs- und Personalkosten zu sparen. Die Palettenmaße sind in der Bundesrepublik Deutschland durch DIN 15141 wie folgt geregelt:

1. 800 × 1000 mm
2. 800 × 1200 mm
3. 1000 × 1200 mm.

Die Deutsche Bahn verwendet innerdienstlich die Palette 800 × 1200 mm, die der Abmessung des europäischen Palettenpools entspricht **(Pool-Palette)** und breite Verwendung findet. Von besonderer Bedeutung für das Lagerwesen ist die Entwicklung von stapelfähigen Boxpaletten, wie z.B. die **Pool-Gitter-Boxpaletten**, welche auch als **Lagerregale** eingesetzt werden können. Darüber hinaus hat die Praxis für ihre Belange Sonderpaletten, wie z.B. die platzsparende **Industriepalette** (600 × 800 mm) und die kostengünstige **verlorene Palette,** entwickelt. Eine Palettenauswahl ist in der Abbildung 5.5 enthalten.

Schränke und Vitrinen: Schränke und Vitrinen werden im Industriebereich selten als Lagerhilfsmittel verwendet, weil die Einlagerung und die Entnahme der Güter im Verhältnis zu den Regalen langsamer erfolgt. Ihre Verwendung bleibt beschränkt bei einigen Gütern, wie z.B. Giften, die in kleinen Mengen gelagert werden und bei Handelslägern mit einer ausgeprägten Darbietungsfunktion.

Regale: Regale sind türlose Gestelle aus Holz, Beton oder Metall, die der Aufnahme, der Ordnung, der Aufbewahrung, eventuell der Beförderung, dem Schutz und der Bereitstellung von Lagergütern dienen. Ihr breiter Einsatz im Lagerwesen ist haupt-

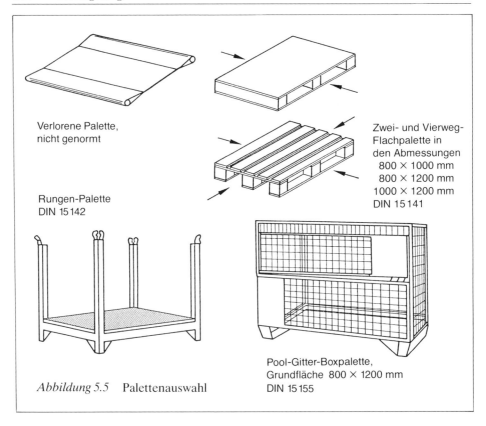

Abbildung 5.5 Palettenauswahl

sächlich in der guten Ausnutzung des Lagerraumes begründet. Sie stellen die traditionellsten Lagereinrichtungsmittel dar. Entsprechend groß ist auch ihre Arten- und Typenvielfalt (vgl. Abbildung 5.6). Die einfachste Regalart bildet das aus Holz selbstgebaute Fachregal in Wabenform. Ähnlich einfach in ihrer Ausführung sind auch Fachregale in Röhrenform aus Pappe oder Kunststoff, die in der Textilindustrie verwandt werden, oder Ständerregale aus Metall, wie z.B. die sogenannten „Christbäume" zur Lagerung von Stabeisen. Als Nachteil von starren Fachregalen gilt ihre zeitraubende und arbeitsintensive Beschickung und Entnahme. Hinzu kommt auch die Unübersichtlichkeit des Fächerinhaltes und das nicht ohne weiteres anwendbare **Fifo-Prinzip**.

Diese Nachteile können durch Verwendung von Durchlaufregalen gemildert bzw. vermieden werden. Durch eine geeignete Anordnung der Materialannahme, der Regalbeschickung und der Materialentnahme kann ein automatisch arbeitendes Regalsystem entwickelt werden, das der Vermeidung von **„Lagerhütern"** Rechnung trägt.

Zu den beweglichen Regalen gehören u.a. auch die **Verschieberegale (Kompaktregale)**, die **Paternosterregale** und die **Umlaufregale**. Während jedoch Kompaktrega-

Lagerarten und Lagertypen 131

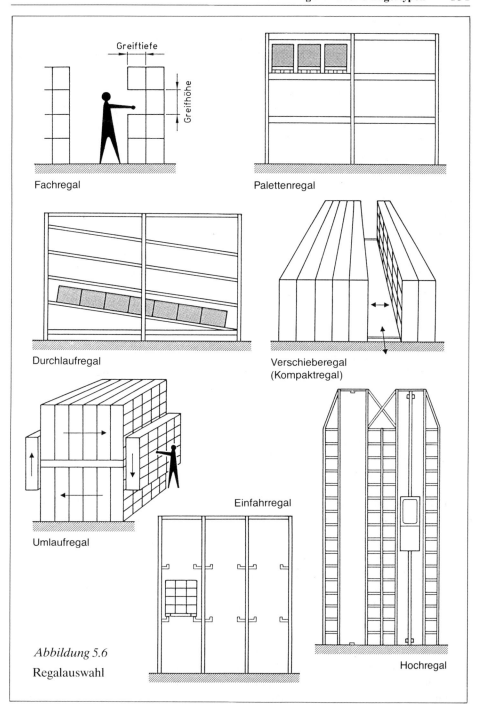

Abbildung 5.6
Regalauswahl

le nur seitlich und senkrecht bewegt werden können, vollziehen die Umlaufregale eine kreisförmige Bewegung auf verschiedenen Ebenen, bei der sich die ganzen Regalgestelle bewegen. Alle drei Regalarten sind raumsparend und lassen sich *mechanisieren*, wodurch der Zeitaufwand der Bewegung gemindert werden kann.

Von besonderem Interesse für die Lagerung sind auch die *Palettenregale*. Sie entstehen durch die Stapelung von mehreren *Regalpaletten* und wirken wie hohe Fachregale. Sie können jedoch nicht die Höhen von Hochregalen erreichen. Letztere sind Fachregale mit einer Höhe von über 10 m.

5.2.6.1.3 *Transportmittel*

Transportmittel *sind hand- oder maschinenbetriebene Geräte mit der Fähigkeit, das Lagergut waagerecht, senkrecht oder schräg von einem Punkt zum anderen bewegen zu können.*

Einen Einfluß auf die Lagergestaltung üben sie vor allem aus, wenn sie direkt bei der Ein-, Um- oder Auslagerung eingesetzt werden. Je nach Konstruktion sind sie in der Lage, das Lagergut aufzunehmen, zu heben, zu transportieren, abzulegen und zu stapeln oder Kombinationen davon auszuführen. Diese Eigenschaften haben Flurförderzeuge, Hebezeuge und Stetigförderer.

Flurförderzeuge bewegen sich zwischen den gelagerten Gütern. Voraussetzung dafür sind Flure (Wege), die u.a. eine entsprechende Breite besitzen sollen. Neben handbetriebenen Karren und Wagen werden zu den Flurförderzeugen auch mechanisierte oder automatische (fahrerlose) Schlepper, Hubwagen und Stapler gerechnet.

Kräne, Aufzüge und Hebebühnen werden dagegen zu den Hebezeugen gezählt. Kräne sind unabhängig von Fluren und können ein Lagergut aufnehmen, transportieren, ablegen oder stapeln. Mit ihrer Hilfe kann die volle Lagerfläche und -höhe ausgenutzt werden. Aufzüge werden eingesetzt, wenn das Lager sich über mehrere Stockwerke erstreckt und keine anderen Transportmittel sich eignen. Stetigförderer kommen zum Ansatz, wenn ein entsprechender Transportbedarf existiert. Als solche sind u.a. Rutschen, Rollen- und Röllchenbahnen und Förderanlagen anzusehen.

Die oben beschriebenen Mittel der Lagertechnik können in zahlreichen Kombinationen eingesetzt werden. Dabei können sie der Gestaltung der Lagerung typische und prägnante Merkmale verleihen und dadurch die Lagerart bzw. den Lagertyp bestimmen. Die gebräuchlichsten davon sind die Flach- bzw. Bodenläger, die Block- bzw. Stapelläger und die Regalläger.

5.2.6.2 Flach- bzw. Bodenläger

Die einfachste Lagerungsform ist die **Flachlegung** der Lagergüter direkt auf den Lagerboden mit oder ohne Verpackung. Eine besondere Art der **Flachläger** bilden die **Schüttläger** für entsprechende Lagergüter, wie z.B. Getreide. Flach- bzw. Bodenläger bieten die Vorteile einer geringen Lagereinrichtung und einer guten Flächenausnutzung. Bei entsprechender Anordnung der Lagerwege erlauben Flachläger einen direkten Zugriff zu den gelagerten Gütern. Dies vereinfacht die Ein-, Um- und Auslagerung und läßt die Anwendung des **Fifo-Prinzips** zu. Dies wiederum mindert die Gefahr der Bildung von Lagerhütern. Besonders geeignet sind Flachläger für die Lagerung von schweren und sperrigen Gütern. Bei entsprechender Gestaltung des Lagerraums läßt sich sowohl die Raumfläche als auch die Raumhöhe voll ausnutzen. Dies ist jedoch nicht für alle Güter möglich. Die meisten Schüttgüter weisen eine pyramidenartige Lagerung auf. In diesen Fällen kann die Raumhöhe nicht voll ausgenutzt werden.

5.2.6.3 Stapel- bzw. Blockläger

Den Nachteil der Flachläger versucht man durch **Stapelung** der Lagergüter zu beseitigen. Voraussetzung dafür sind jedoch stapelfähige Lagergüter bzw. stapelfähige Verpackungen, wie z.B. Kartons, Fässer, Kisten, Säcke u.ä. Stückgüter, die weder selbst stapelfähig sind noch über eine solche Verpackung verfügen, können auf Paletten oder in Containern zu *stapelfähigen Einheiten* zusammengefaßt werden. Dabei entstehen **Stapel-** bzw. **Blockläger**, die den Vorteil einer guten Raumausnutzung bieten. Wieweit dabei die Raumhöhe ausgenutzt werden kann, hängt von der Stabilität der Lagergüter, der ihrer Verpackung oder der Lagereinheit ab. Fünf Pool-Gitterboxpaletten (DIN 15 155) können beispielsweise übereinander geschichtet werden. Die Stapelfähigkeit der Pool-Flachpalette (DIN 15 146) beträgt dagegen vier Paletten. In der Literatur wird für Stapellagerung eine Maximalhöhe von 10 m angegeben (vgl. JÜNEMANN, R.: Lagerung, Technik und Steuerung. In: KERN, W. (Hrsg.): Handwörterbuch der Produktionswirtschaft, Spalte 1073 ff.). Durch die Stapelung geht jedoch die Möglichkeit des direkten Zugriffs zu jeder beliebigen Lagereinheit verloren. Deswegen ist die Anwendung des Fifo-Prinzips nicht ohne weiteres möglich.

5.2.6.4 Regalläger

Eine traditionelle Gestaltungsmöglichkeit der Lagerung mit direktem Zugriff zu jeder gelagerten Einheit mit einer guten Ausnutzung der Lagerfläche und -höhe bietet das **Regal**. Es kann aus vielen Stoffen und in zahlreichen Ausführungen gebaut werden. Insbesondere läßt der Einsatz von **Umlauf-** und **Verschieberegalen** eine günstige Ausnutzung der Lagerfläche zu. **Mittelhochregale** mit einer Höhe bis zu etwa 10 m und vor allem **Hochregale** mit einer Höhe von über 10—12 m nutzen die Lagerhöhe besonders intensiv. Hochregale verlangen jedoch nach Spezialförderzeugen, sogenannten „**Lagermaschinen**", die ihrerseits u.a. auch eine besondere, flächensparende Anordnung der Regale erlauben und die **Mechanisierung** und **Automation** des Lagers begünstigen.

Die Entscheidung über die einzusetzenden technischen Mittel und die anzuwendende Lagerungsart ist abhängig vom Lagerbedarf und speziell von den Eigenschaften und Mengen der zu lagernden Güter, der Lagerdauer, den Kosten und der Produktivität der einzelnen Lagertechniken. Eine Bedarfs-, Kosten- und Leistungsanalyse soll die Entscheidung untermauern. Die Bildung von Kennziffern, z. B. über die Flächen-, Raum-, Regal- und Lagernutzung, über die Produktivität und die Kosten pro Lagerplatz u. ä., liefert objektive Entscheidungskriterien.

5.2.7 Gliederung nach dem Automatisierungsgrad

Die Zuordnungskriterien bilden hier die Art der Bewältigung des **Material-** und **Datenflusses**. Im einzelnen können die Antriebskraft, die Gestaltung des Ein- und Auslagerungsprozesses, die Erfassung und Auswertung der Belege der Materialbewegungen und die Verwendung der dadurch gewonnenen Informationen als Unterscheidungsmerkmale herangezogen werden. Üblicherweise werden dabei die Läger je nach Konstellation der Kriterien in manuelle, mechanisierte und automatisierte Läger aufgeteilt. Allerdings sind die einzelnen Lagerarten in der Praxis kaum in reiner Form anzutreffen. Es liegen vielmehr Mischformen vor. Denn einige Arbeiten können manuell, andere mechanisch und andere wiederum automatisch erfolgen. Je nachdem, welche Arbeiten überwiegen, können die betrachteten Läger als teilmechanisiert oder halbautomatisiert bezeichnet werden.

5.2.7.1 Manuelle Läger

Der Ein- und Auslagerungsprozeß erfolgt hier strenggenommen ausschließlich durch Muskelkraft des Menschen unter Zuhilfenahme von handbetriebenen Geräten und Apparaten, wie z. B. Leitern, Podesten, Kommissionierungskörben, Handkarren und -wagen. Entsprechend wird auch der Belegfluß abgewickelt. Handschriftliche Eintragungen in die verschiedenen Lagerkarteien sind das beherrschende Bild der **Lagerbuchhaltung. Manuelle Läger** sollen eigentlich nur von historischer Bedeutung sein. In einigen kleinen und sogar mittleren Betrieben, vor allem des Handels und des Handwerks, sind sie heute noch zu finden. In größeren Betrieben werden gewisse Verrichtungen manuell erledigt, oder es existieren manuelle Läger in Kombination mit mechanisierten und automatisierten Lägern. Erfolgt z. B. die Beschickung des Lagers in Ladeeinheiten und die Entnahme in Teileinheiten, dann kann eine manuelle *Kommissionierung* vorteilhafter sein. Bei Großbetrieben ist es darüber hinaus üblich, das Lager in ein **Vorrats-** und ein **Greiflager** zu trennen. Während das Vorratslager vollautomatisch arbeitet, wird das Greiflager manuell betrieben (vgl. HAUSSMANN, G. u. a.: Automatisierte Läger, S. 40).

5.2.7.2 Mechanisierte Läger

Die **Mechanisierung** bringt zum Ausdruck, daß Geräte und Apparate durch eine andere als menschliche Antriebskraft, z. B. durch Kraftstoff- oder Elektroenergie, betrieben werden. In einem Lager werden solche Geräte und Apparate hauptsächlich als Transportmittel eingesetzt. Man spricht dann von mechanisierten Lägern.

Infolge der wirtschaftlichen und technischen Entwicklung in den letzten Jahrzehnten verzeichnete das Lagerwesen eine geradezu stürmische Mechanisierung. Wachsende

Lagermengen waren begleitet von den Forderungen nach einer schnelleren Beförderung, nach größeren Lade- und Lagereinheiten, größeren Lagerflächen und -höhen u. ä. Diese Forderungen konnten unmöglich allein durch handbetriebene Hilfsmittel erfüllt werden. Aus diesem Grund sind im Rahmen des allgemeinen technischen Fortschritts immer neue und leistungsstärkere mechanische Mittel entwickelt worden, wie z. B. die 15-t-Elektroschlepper, der 15-t-Vierrad-Dieselstapler mit einer Fahrgeschwindigkeit von bis zu 16 km/h bzw. 25 km/h und Gabelstapler mit einem dreifachen Teleskopmast. Solche Geräte und Apparate fehlen heute in kaum einem Industrielager.

Im Vergleich zu den manuellen Lägern erlaubt die Mechanisierung, größere Lasten schneller über weitere Entfernungen zu transportieren und auf größere Höhen zu heben und zu stapeln. **Stapel-** bzw. **Regalläger** mit einer mittleren Höhe von 10 bis 12 m sind erst durch den Einsatz von geeigneten **Flurfördermitteln** möglich geworden und konnten wirtschaftlich gestaltet werden. Darüber hinaus bildet die Mechanisierung die fundamentale Voraussetzung für die weitere Entwicklung, die zur Automatisierung führte. Viele der entwickelten Förderzeuge lassen sich nicht nur manuell, sondern auch automatisch steuern.

5.2.7.3 Automatisierte Läger

Das Hauptmerkmal der **Automatisierung** ist die Verrichtung von mehrstufigen Arbeitsgängen von ferngesteuerten Maschinen. Der Mensch bedient diese Maschinen nicht mehr direkt. Er übernimmt nur ihre *Überwachung* und *Steuerung*. Dabei werden, durch die Entwicklung der Elektronik begünstigt, immer mehr Überwachungs- und Steuerungsaufgaben von elektronischen Datenverarbeitungsanlagen (EDVA) übernommen. Der Einsatz von EDV-Anlagen zur Überwachung und Steuerung von Lagerarbeiten ist bereits erfolgt und wird verstärkt fortgesetzt. Je mehr Teilarbeiten der Lagerung durch ferngesteuerte Maschinen übernommen werden, desto größer ist der **Automatisierungsgrad**. Erfolgt die Ein- und Auslagerung ausschließlich durch ferngesteuerte Maschinen, dann handelt es sich hierbei um vollautomatische Läger. In solchen Fällen ist der Einsatz der EDV zur Erfassung und Verarbeitung der für die Steuerung der Förderzeuge erforderlichen Informationen unerläßlich. Dies trifft vor allem für **Hochregalläger** zu, die eine Regalhöhe von bis zu 30 m und Gänge mit einer Länge von über 100 m aufweisen (vgl. HAUSSMANN, G. u. a.: Automatisierte Läger, S. 38). Die durch solche Regale gebotene hohe Lagerkapazität kann nur dann voll ausgenutzt werden, wenn Material- und Informationsfluß miteinander gekoppelt werden und überdies echte aktuelle **Materialfluß-** und **Bestandsführungsinformationen**, sogenannte **Materialfluß-** und **Bestandsführungs-** bzw. **Regalabbilder** verwendet werden. Diese Anforderung bedeutet eine schnelle und korrekte Verarbeitung einer Fülle von Informationen, die nur durch die EDV erreicht werden kann.

Der Einsatz einer EDV-Anlage für die Belange der Lagerung kann indirekt **(off-line)** oder direkt **(on-line)** erfolgen. Im ersteren Fall wird von einer EDV-gestützten Lagersteuerung gesprochen (vgl. z. B. JÜNEMANN, R.: Lagerhaltung, Technik und Steuerung, in: KERN, W. (Hrsg.): Handwörterbuch der Produktionswirtschaft, Spalte 1073 ff.). Das Lagerwesen wird mit Hilfe von **Datenübertragungsgeräten** an einen **Prozeßrechner** außerhalb des Lagers, z.B. in einem Rechenzentrum, angeschlossen. Die Verbindung zwischen Prozeßrechner und **Förderzeugen** erfolgt über ein **Steuerpult**.

Bei der **On-line**-Steuerung der Förderzeuge handelt es sich um den Einsatz eines Prozeßrechners eigens für die Belange der Läger.

Die für eine automatische Steuerung off- oder on-line erforderlichen Bestandsinformationen können im **Stapelbetrieb (Batch-processing)** oder im **Echtzeitbetrieb (Real-time-processing)** gewonnen werden. Im ersteren Fall werden die Belege der Materialbewegung gesammelt und zu festgelegten Zeiten verarbeitet. In den Zwischenzeiten stimmen die **Buchbestände (Informationsflußabbild)** mit den **Lagerbeständen (Materialflußabbild)** nicht überein. Die während der Zwischenzeit frei gewordenen Lagerplätze können erst nach der nächsten Belegverarbeitung als Leerplätze ausgewiesen werden. Das bedeutet, Lagerkapazität bleibt ungenutzt. Darüber hinaus kann die vorübergehende Nichtübereinstimmung zwischen Buch- und Istbeständen zu Fehldispositionen führen. Eine echte Automation des Informationsflusses wird erst durch eine Real-time-Belegverarbeitung erreicht. In Kombination mit einer On-line-Steuerung der Förderzeuge erlaubt sie eine schnelle Koppelung des Material- und Informationsflusses mit echten, aktuellen Materialfluß- und Bestandsführungsabbildern. Ein ähnliches Ergebnis kann auch bei einer Off-line-Steuerung mit vielen Terminals im Lager und einer Real-time-Bestandsführung erzielt werden.

Der Bedarf an vollautomatischen Lägern hat in Verbindung mit der technologischen Entwicklung und der Preisentwicklung der Prozeßrechner die On-line-Steuerung begünstigt.

5.2.8 Gliederung nach der Zentralisierung

Die **Zentralisierung** kennzeichnet die Zusammenfassung von mehreren unabhängigen Lägern an einem Standort und unter einer Instanz. Sind alle Läger eines Betriebes in einem Standort unter einer Instanz untergebracht, dann liegt ein Zentrallager vor. Ein solches Beispiel demonstriert die nachstehende Abbildung 5.7.

Zentralläger kommen bei kleineren und mittleren Betrieben sowie bei räumlich an einem Standort konzentrierten Großbetrieben vor. Der Drang nach Automation zwingt sie oft zur Zentralisierung ihrer Läger. Denn erst die Zentralisierung schafft die für die Automation notwendigen Mindestlagergrößen. Darüber hinaus sind Klein- und Mittelbetriebe selten räumlich weit verstreut. Die räumliche Konzentration der Betriebe begünstigt die Errichtung eines Zentrallagers.

Existieren dagegen in einem Betrieb mehrere selbständige Läger, dann handelt es sich hierbei um ein **dezentrales Lagerwesen**. Ein Beispiel eines solchen Falles ist grafisch in der Abbildung 5.8 enthalten.

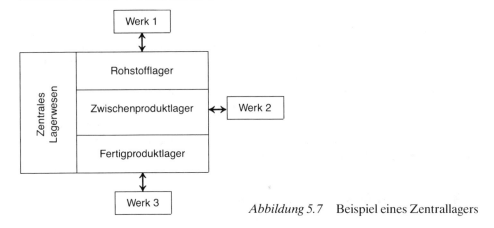

Abbildung 5.7   Beispiel eines Zentrallagers

Ein Vergleich zwischen Zentral- und Dezentrallägern ergibt folgende Vor- und Nachteile:

Vorteile der Zentralläger:
1. Geringerer Grundstücksbedarf.
2. Geringere Gebäudekosten.
3. Bessere Ausnutzung der bebauten Flächen.
4. Bessere Ausnutzung der modernen Lagereinrichtungen (z.B. Hochregale) und der Transportmittel.
5. Bessere Gestaltung der Ein- und Auslagerung (Automation).
6. Bessere Bestandsführung und Disposition.
7. Geringere Sicherheitsbestände.
8. Weniger Personal.

Nachteile der Zentralläger:
1. Längere Transportwege vom Zentrallager zu den Bedarfsträgern.
2. Schwerfälligkeit bei geänderten Bedingungen, z.B. im Rahmen der Materialdisposition.

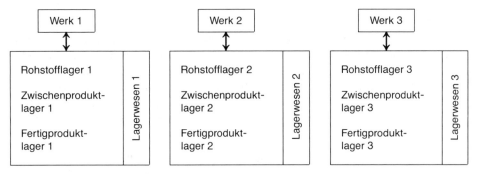

Abbildung 5.8   Beispiel von Dezentrallägern

Vor- und Nachteile der Zentralläger gelten entsprechend als Nach- und Vorteile der Dezentralläger. Viele Handelsunternehmen mit räumlich verstreuten Niederlassungen unterhalten sowohl ein Zentrallager als auch mehrere Filialläger. Alle Anlieferungen gehen zunächst in das Zentrallager. Das Zentrallager beliefert dann nach von ihm festgelegten Regeln die einzelnen Filialläger. Das bedeutet, daß hier eigentlich eine räumliche Dezentralisation und eine zentralisierte Disposition vorliegt. Eine ähnliche Mischform ist auch bei Industriebetrieben mit mehreren räumlich getrennten Produktionsstätten vorzufinden. Die einzelnen Produktionsstätten unterhalten zwar eigene Läger, die Materialdisposition erfolgt jedoch zentral, um gegebenenfalls bessere Einkaufsbedingungen zu erzielen.

5.3 Teilaufgaben der Lagerung

Unter Beachtung der bereits besprochenen Zwecke der Lagerung und entsprechend ihrer begrifflichen Definition besteht ihre zentrale Aufgabe in der Bildung und Verwaltung von Beständen. Dieses erfordert zunächst eine Reihe von technischen Tätigkeiten, wie die des Güterumschlages bei der **Ein- und Auslagerung**, der **Überwachung und Pflege der Bestände,** der **Wartung der Lagereinrichtung** und gegebenenfalls der geringfügigen **Umformung** der Lagergüter während ihrer Lagerung. Darüber hinaus erfordert eine wirtschaftliche Lagerhaltung die Wahrung von Verwaltungs- und Planungsaufgaben. Darunter ist neben der **Lagerbuchhaltung** und **-statistik** auch die **Materialdisposition** zu rechnen. Einen Überblick über die Teilaufgaben von Eingangslägern, die hier zugrunde gelegt werden, vermittelt die Abbildung 4.9.

5.3.1 Die Einlagerung

Unter der **Einlagerung** sind alle Aufgaben vom Eingang der Güter in das Lager bis zu ihrer Absetzung auf ihrem Lagerplatz zu verstehen. Beim **Wareneingang** erfolgen zunächst die bereits besprochenen Kontrollmaßnahmen der **Warenannahme**. Danach werden die einzulagernden Güter identifiziert und ihr Eingang in das Lager durch die Ausstellung eines *Wareneingangsscheines* belegt.

Als Wareneingangsschein kann die Bestellkopie, ein Um- bzw. Durchdruck davon, der Lieferschein oder ein besonderes Formular benutzt werden. Manuell erstellte Belege sind generell zeitraubend und somit kostspielig. Aus diesem Grund sollen die Schreibarbeiten auf ein Minimum beschränkt werden. Als vorteilhaft erweist sich auch in diesem Fall der Einsatz eines EDV-Gerätes. Die Verwendung eines On-line-Bildschirmgerätes kann die Ausstellung eines Wareneingangsscheines überflüssig machen.

Die Verbuchung und gegebenenfalls die Eintragung in die Lagerkartei soll mit dem Eingang der Güter in das Lager erfolgen. Andernfalls stimmen die Buch- mit den Istbeständen nicht immer überein.

Teilaufgaben der Lagerung 139

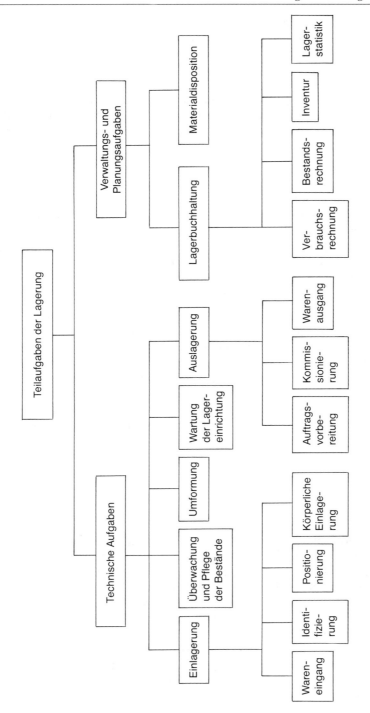

Abbildung 5.9 Teilaufgaben der Lagerung

Voraussetzung für die körperliche Einlagerung ist die vorherige *Identifizierung* der einzulagernden Güter. Sie bedeutet ihre Zuordnung nach feststehenden Kriterien der *Lagerplatzbestimmung*, die auch Präferenzen genannt werden. Solche Kriterien können z.B. die Güterart, die Sperrigkeit der Güter, das Gewicht, die Lagereinheit, die Entnahmehäufigkeit u.ä. sein. Nach der Identifizierung erfolgt die Ermittlung des *Lagerplatzes* bzw. *-faches*, die als *Positionierung* bezeichnet wird. Die Festlegung der Lagerplätze kann nach dem **Magazinierprinzip** oder nach dem **Lokalisierprinzip**, bekannt auch unter der Bezeichnung **„chaotisches Prinzip"**, vorgenommen werden.

Beim Magazinierprinzip gibt es für die einzelnen Lagergüter einen festen Lagerplatz bzw. ein festes Lagerfach. Dies ist beim Lokalisierprinzip nicht der Fall. Die Festlegung des Lagerplatzes erfolgt hier bei jeder Einlagerung von neuem. Die feste Ordnung des Magazinierprinzips kann im Vergleich zum Lokalisierprinzip eine schlechtere Ausnutzung der Lagerkapazität bewirken. Sie bietet jedoch die Möglichkeit, die Vorbereitungsarbeiten der körperlichen Einlagerung zu verkürzen. Während die Sucharbeit beim Lokalisierprinzip büromäßig erfolgen muß, kann dieser Vorgang beim Magazinierprinzip aufgrund der Erfahrung des Magaziners entfallen. Dies wird vor allem bei kleineren Lägern der Fall sein.

Ein Rationalisierungseffekt kann auch durch die Trennung des Lagerraumes in ein **Arbeits-, Greif-, Pick-** oder **Handlager** und ein **Vorratslager** erzielt werden. Im Vorratslager ist das Lokalisier- und im Arbeitslager das Magazinierprinzip anzuwenden. Die Verbringung der einzulagernden Güter vom Kontrollpunkt des Wareneingangs zum Lagerplatz bzw. -fach erfolgt je nach dem Automationsgrad des Lagers manuell, mechanisch oder vollautomatisch. Dieser Lade-, Transport-, Hub- und Abladevorgang soll unter Beibehaltung der Transporteinheit vorgenommen werden. Der Einlagerungsprozeß ist beendet, wenn die Einlagerung in die Lagerfachkarte vermerkt worden ist.

5.3.2 Die Überwachung und Pflege der Bestände

Zweck dieser Aufgabengruppe ist die Vermeidung von unberechtigten *Entnahmen* und *Materialschwund*. Jede Materialentnahme muß mit Hilfe der Buchhaltung dokumentierbar sein. In einigen Fällen läßt sich jedoch eine Verringerung der Bestände auch ohne eine Entnahme nicht vermeiden. Verdampfung, Schrumpfung, Gewichtsverlust u.ä. aufgrund von veränderten Umweltbedingungen sind gewöhnliche Phänomene im Lagerwesen. Ihre Minimierung bzw. Vermeidung soll durch Einhaltung von geeigneten technischen Bedingungen wie z.B. Druck, Temperatur, Feuchtigkeit u.ä. angestrebt werden. Ähnliches gilt auch für einen behutsamen und sicheren Transport und eine stabile Lagerung zur Vermeidung von Einstürzungen und Brüchen. Von besonderer Wichtigkeit in diesem Zusammenhang ist die Einrichtung eines effektiven Feuerschutzes und die Einhaltung der Feuerschutzbestimmungen.

5.3.3 Die Umformung

Im Handel ist es oft notwendig, die lagernden Güter geringfügig umzuformen, z.B. umzupacken. Man spricht hierbei von der **Warenmanipulation**. Solche einfachen Verarbeitungen des Lagergutes finden aber auch in der Industrie statt. Zuschneide- und Zurichtetätigkeiten werden hier oft während der Lagerung vorgenommen.

5.3.4 Die Wartung der Lagereinrichtung

Wartungsmaßnahmen dienen sowohl dem einwandfreien und sicheren Funktionieren als auch der Beeinflussung der Langlebigkeit der Lagereinrichtung und hier vorwiegend der Transportmittel. Arbeiten wie Säubern, Schmieren, Einfetten, aber auch kleinere Reparaturen gehören dazu. In erster Linie sind sie technischer Natur und von Vorgaben der Hersteller der Lagereinrichtungen abhängig.

5.3.5 Die Auslagerung

Die **Auslagerungsarbeiten** umfassen die **Auftragsvorbereitung**, die **Kommissionierung** und den **Warenausgang**. Sie werden durch den Eingang einer Materialanforderung bzw. eines Auftrages (Lagerauftrag), bestimmte Güter in bestimmten Mengen zu bestimmten Terminen bestimmten Bedarfsträgern bereitzustellen, ausgelöst.

Solche Aufträge sind der Urbeleg einer Materialentnahme. Sie sind jedoch nicht immer nach den Erfordernissen des Lagers aufgebaut. Es ist z.B. fraglich, ob sie die Lagerplatznummer der angeforderten Güter enthalten. Darüber hinaus ist es den Bedarfsträgern nicht möglich, den kürzesten Weg des Kommissioniergerätes anzugeben. Dies und gegebenenfalls die Erstellung von zusätzlichen Dokumenten wie z.B. Kommissionierungszetteln bzw. -listen ist Aufgabe der Auftragsvorbereitung. Erst durch sie wird ein Auftrag entsprechend den Belangen des Lagerwesens umgeformt und nach wirtschaftlichen Kriterien kommissionierfähig gemacht.

Die Auftragsvorbereitung kann für jeden einzelnen Auftrag sofort nach Eingang in die **Lagerverwaltung (Lagerbüro)** erfolgen (Real-time-Aufbereitung). Die Aufträge können aber auch erst gesammelt werden und zu einem späteren Zeitpunkt stapelweise bearbeitet werden (Batch-Aufbereitung). Die stapelweise Aufbereitung der Urbelege ermöglicht am ehesten die Ermittlung von optimalen **Kommissionierwegen**. Bei vollautomatischen Hochregallägern lassen sich z.B. die Aufträge eines Tages mit den Einlagerungen des nächsten Tages kombinieren, so daß die Flurförderzeuge eher im **Doppelspielrhythmus** arbeiten können. Allerdings ist hierfür, wie auch für die Ermittlung eines optimalen Kommissionsweges, bei vielen kleinen Aufträgen der EDV-Einsatz erforderlich. Darüber hinaus können die Bereitstellungstermine einer stapelweisen Aufbereitung der Lageraufträge im Wege stehen, wenn sie knapp kalkuliert sind.

Die **Kommissionieraufgabe** umfaßt das Zusammentragen und -stellen der angeforderten Lagergüter nach den Lageraufträgen. Im einzelnen beinhaltet sie das Suchen und Finden der Lagerplätze, die Entnahme, den Transport und die Abgabe der verlangten Güter in einem vorbestimmten Ort. Solche Orte können die Materialausgabe, der Kommissionierraum, das Arbeitslager, die Packerei u.ä. sein. Hierbei handelt es sich um die sogenannte *statische Kommissionierung* (vgl. BICHLER, K.: Beschaffungs- und Lagerwirtschaft, S. 194). Das bedeutet, daß die Lagergüter von dem Kommissionierer an ihrem Lagerplatz aufgesucht werden. Er nimmt auftragsgerechte Mengen mit und bringt sie zur Abgabestelle. Die statische Kommissionierung wird auch als **„Mann-zur-Ware-Kommissionierung"** bezeichnet.

Eine vollautomatische Kommissionierung erfolgt dagegen dynamisch. Das heißt, die gelagerten Güter werden ohne direktes menschliches Eingreifen zu der Kommissionierstelle durch *Kommissionierautomaten* befördert. Ein dynamisches Kommissioniersystem wird auch als **„Ware-zum-Mann-Kommissionierung"** bezeichnet. Die Warenentnahme ist hierbei in den seltensten Fällen auftragsgerecht. Viel häufiger werden ganze Lagereinheiten zum Kommissionierplatz verbracht. Der Kommissionierer entnimmt die gewünschte Menge, und der Rest der Anbruchmenge wird unmittelbar an seinen Lagerplatz zurückbefördert oder erst einer *Anbruchlagerzone* überstellt.

Neben dem Kriterium der Bewegung oder Nichtbewegung des Kommissionierers gibt es auch weitere Merkmale, nach denen Kommissionierungsarten gebildet werden können. Eine Auswahl davon zeigt die Abbildung 5.10. Sowohl bei statischen als auch bei dynamischen Kommissioniersystemen können durch die Verwendung von zusätzlichen Kriterien mehrere Typen gebildet werden. Je nachdem, ob z.B. auf einem oder mehreren Lagerfluren, auf der gleichen Ebene oder auf verschiedenen Stockwerken kommissioniert wird, kann die Fortbewegung des Kommissionierers bzw. des automatischen Kommissioniergerätes ein- oder mehrdimensional sein.

Der Automationsgrad und die Dezentralisation bzw. Zentralisation können weitere Unterscheidungskriterien sein. Darüber hinaus kann sich eine Kommissionierung auf eine oder mehrere Lagerzonen erstrecken, und die Abwicklung der Aufträge kann einzeln Auftragszeile für Auftragszeile abgearbeitet werden *(Auftragskommissionierung)*. Einzelkommissionierungen werden auch einstufige Kommissionierungen genannt, da die Abarbeitung eines Auftrages auf einer Arbeitsstufe erfolgt. Werden dagegen die Aufträge aufgelöst und Kommissionierungslisten, z.B. unter Berücksichtigung der Mengen eines mehrfach angeforderten Lagergutes erstellt *(Artikelkommissionierung)*, dann müssen die so gesammelten Mengen der einzelnen Güter in einer zweiten Arbeitsstufe auftragsgerecht aufgeteilt werden. Bei einer solchen Kommissionierung handelt es sich um eine „Serien-" bzw. „zweistufige Kommissionierung".

Das Vorgehen beim Sammeln der Auftragslagergüter *(Auftragspositionen)* kann auch als Unterscheidungsmerkmal herangezogen werden. Erfolgt die Abarbeitung einer Kommissionierliste zeilenweise, d.h. jede Position wird nacheinander einge-

Teilaufgaben der Lagerung 143

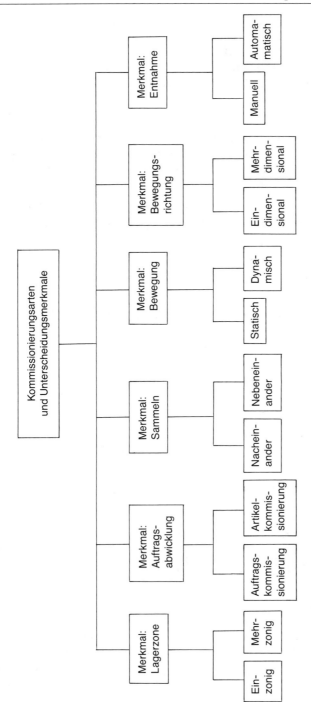

Abbildung 5.10 Kommissionierungsarten

sammelt, dann spricht man von der *„Nacheinanderkommissionierung"*. Geschieht dagegen das Einsammeln der einzelnen Positionen eines Auftrages z. B. durch mehrere Kommissionierer gleichzeitig, dann handelt es sich hierbei um eine *„Nebeneinanderkommissionierung"*. In einem solchen Fall werden die gesammelten Positionen zu einem späteren Zeitpunkt z. B. im Kommissionsraum auftragsgerecht zusammengestellt.

Die Beendigung des Kommissionierungsvorganges wird von dem Kommissionierer nach erfolgter Entnahme oder nach Abgabe durch Abhaken bzw. Streichung der Positionen angezeigt (aktive Quittierung). Bei vollautomatischer Steuerung geschieht dies nach der Vollzugsmeldung bei entsprechender Programmierung durch die Einleitung des nächsten Bearbeitungsschrittes (selbständige Quittierung).

Die besprochenen Kommissionierungsarten können selbstverständlich miteinander kombiniert werden. Das Ergebnis davon ist die Bildung von mehreren Kommissionierungstypen, die die Typenvielfalt der Praxis diesbezüglich wiedergeben.

Jeder Betrieb soll bestrebt sein, unter Berücksichtigung seiner spezifischen Gegebenheiten ein Kommissionierungssystem mit einer möglichst hohen **Kommissionierungsleistung** zu entwickeln.

Einen Beurteilungsmaßstab bilden die Kommissionierkosten je kommissionierter Position:

$$\text{Kommissionierkosten je Position} = \frac{\text{Betriebskosten je Stunde}}{\text{effektive Kommissionierleistung je Stunde}}.$$

Unter den Betriebskosten sind alle Kosten des Kommissioniersystems zusammengefaßt. Darunter fallen sowohl die Abschreibungen und Personalkosten als auch sämtliche Kosten aus dem laufenden Betrieb.

Die effektive Kommissionierleistung (K_{eff}) wird aus der theoretischen Kommissionierleistung (K_{th}) unter Einbeziehung der Auslastbarkeit und der Verfügbarkeit durch das Produkt

$$K_{eff} = K_{th} \cdot \text{Verfügbarkeit} \cdot \text{Auslastbarkeit}$$

berechnet.

Unter der theoretischen Kommissionierleistung ist der Quotient

$$K_{th} = \frac{3600 \text{ (sec. je Stunde)}}{\text{Kommissionierzeit in sec. je Position}}$$

zu verstehen. Er gibt die Anzahl der Positionen an, die in einer Stunde kommissioniert werden könnten.

Unter der Verfügbarkeit ist der Grad, mit dem das Kommissioniersystem einsatzbereit ist, gemeint. Die Verfügbarkeit selbst ist wiederum stark von der Produktivität bzw. Qualität des Systems abhängig. Sie ihrerseits wird von der Personalqualität und der Qualität der zur Kommissionierung eingesetzten technischen Mittel des Lagers bestimmt.

Teilaufgaben der Lagerung 145

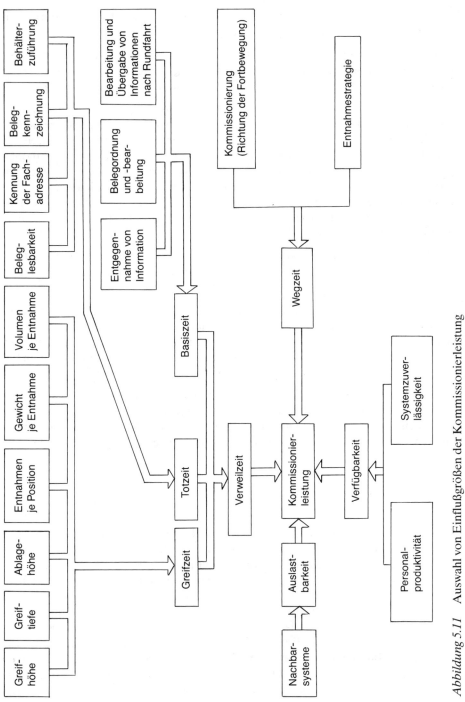

Abbildung 5.11 Auswahl von Einflußgrößen der Kommissionierleistung

Die Auslastbarkeit gibt den maximalen Auslastungsgrad wieder unter Berücksichtigung von eventuellen limitierenden Wirkungen der Nachbarsysteme.

Je kleiner die Differenz zwischen der theoretischen und der effektiven Kommissionierleistung ist, desto effizienter ist das Kommissioniersystem. Sie wird um so kleiner gehalten, je kürzer die Wegzeit und die Verweilzeit sind.

Unter der Wegzeit wird die Dauer der Fortbewegung während der Kommissionierung verstanden, die von der Richtung der Fortbewegung und von der Entnahmestrategie abhängig ist. Zweidimensionale Fortbewegungen können theoretisch um die Hälfte kürzer als eindimensionale sein. Allerdings setzen sie höhere Investitionen voraus. Ist die Entnahme planlos, dann bedeutet dies lange Wartezeiten. Geschieht sie dagegen nach vorher festgelegter Reihenfolge, dann ist die Wegdauer kürzer. Die günstigsten Wegzeiten weisen zweidimensionale Fortbewegungen mit einer streifenweisen Entnahme aus. Hierbei wird die Regalwand in Streifen unterteilt, die hintereinander abgefahren werden.

Die Verweilzeit setzt sich aus der Greif-, Tot- und Basiszeit zusammen. Eine Auswahl von Einflußgrößen auf die Kommissionierleistung ist in Abbildung 5.11 wiedergegeben.

Den letzten Arbeitsvorgang der Auslagerung bildet der Warenausgang. Nach Beendigung der Kommissionierung werden die verlangten Artikel im Lager auftragsgerecht bereitgestellt. Hier können sie von den Bedarfsträgern abgeholt werden. Dies entspricht dem „**Holsystem**". Wird dagegen das „**Bringsystem**" angewandt, dann besteht die Verpflichtung des Lagers, die Güter zum Bedarfsträger zu transportieren.

Mit dem Warenausgang ist auch die Erstellung von **Materialentnahmebelegen** verbunden. Sie können die Urbelege sein, wie z.B. der Materialentnahmeschein, oder Stücklistenkopien, die sogenannten Ausfaß- bzw. Rücklisten, die je nach angewandtem System weiter bearbeitet und der Lagerbuchhaltung zugeleitet werden.

5.3.6 Die Lagerbuchhaltung

Ein sinnvolles **Lagerwesen** setzt voraus, daß die **Lagerverwaltung** jederzeit weiß, welche Bestände an welchen Lagerorten verfügbar sind. Eine Möglichkeit, diese Information zu erlangen, bietet die **Lagerbuchhaltung**. Hierzu führt sie eine **Bestandsrechnung (Bestandsführung)** durch. Die Bestandsrechnung erfaßt alle Materialeingänge und Materialausgänge mengen- und wertmäßig. Dadurch ist sie in der Lage, unter Berücksichtigung der **Anfangsbestände** auch den **Verbrauch** zu ermitteln. Das Wissen über die Verbräuche ist nicht nur für die Bedarfsermittlung wichtig. Das Rechnungswesen ist z. B. im Rahmen der Kostenrechnung und speziell bei der Ermittlung der **Materialkosten** und der Verkauf aus Gründen der **Preiskalkulation** an Verbrauchsangaben interessiert. Diese Informationen gewinnt und liefert die Lagerbuchhaltung mit Hilfe der **Materialrechnung (Bestands-** und **Verbrauchsrechnung)**.

Die wiederum stellt die Grundlage der **Materialdisposition** dar, die darüber hinaus auch eine **Planrechnung** verlangt.

Die übliche Form einer manuellen Lagerbuchhaltung ist die Führung einer Lagerkartei. Sie war bis in die jüngste Vergangenheit stark verbreitet. Für jeden Artikel wurde eine Lagerkartei angelegt. In einigen Fällen wurden zwei Karten geführt, eine Lagerkarte und eine Lagerfachkarte unmittelbar am Lagerort. Letztere diente jedoch in erster Linie der Erleichterung der **Inventur** im Rahmen der Materialdisposition, konnte aber unter bestimmten Bedingungen die Lagerkarte nicht nur ergänzen, sondern auch völlig ersetzen. Die Lagerkartei kann durch das Führen einer **Vormerk-** und **Bestellkartei** und gegebenenfalls einer **Pendelkarte** zu einer **Dispositionskartei** aufgebaut werden. Dies erfolgt heute durch den Einsatz der EDV. Die einzelnen Karteien sind durch die entsprechenden Dateien ersetzt. Die Angaben über Bestände und Verbräuche werden mittels Sichtgeräten und EDV-Listen ermittelt.

Verbrauchs- und Bestandsangaben werden nicht nur für die Gestaltung der Materialdisposition benötigt. Sie sind auch für die Erstellung einer Bilanz erforderlich. Damit sie jedoch hier eingesetzt werden können, muß die Lagerbuchhaltung eine Reihe gesetzlicher Bestimmungen, wie sie z.B. im HGB, §§ 239, 240, 241, und in den Einkommensteuerrichtlinien 1996, Abschnitt 30, formuliert sind, erfüllen. Hier wird vorgeschrieben:

- Jede Verbuchung muß belegt werden.
- Die Materialbewegungen müssen lückenlos nach Tag, Artikel und Menge verbucht und die Bestände ausgewiesen sein.
- Die Buchbestände müssen generell mindestens einmal jährlich durch eine lückenlose körperliche Aufnahme überprüft und gegebenenfalls korrigiert werden.
- Über die körperliche Aufnahme (Inventur) müssen Aufzeichnungen erstellt werden, die von dem Aufnehmenden generell unterschrieben werden und wie Handelsbücher aufzubewahren sind.

5.3.6.1 Die Verbrauchsrechnung

Bei der **Verbrauchsrechnung** geht es zunächst um die Ermittlung der **Verbrauchsmengen (Kostengerüst)** der einzelnen Materialien innerhalb einer Periode. Danach kann, falls erforderlich, die Bewertung der verbrauchten Mengen vorgenommen werden. Dies ist z.B. bei der Kostenberechnung der Fall. Insofern kann die Verbrauchsrechnung als Hilfsrechnung der Kostenrechnung betrachtet werden. Bei der mengenmäßigen Verbrauchsermittlung können die **Fortschreibungsmethode (Skontration)**, die **Inventurmethode** oder die **retrograde Methode** eingesetzt werden.

Bei der Fortschreibungsmethode **(Skontration)** werden die Mengenangaben der Belege aller Materialentnahmen (Materialentnahmescheine) erfaßt und für die zugrunde gelegte Periode zusammengerechnet. Die Fortschreibungsmethode ermöglicht die Ermittlung des Verbrauchs direkt und ziemlich genau. Allerdings verursacht sie im Vergleich zu anderen Methoden höhere Kosten. Trotzdem ist sie in der Praxis stark verbreitet. Vor allem bei den A-Gütern wird sie eingesetzt.

Die **Inventurmethode,** die auch **Befundsrechnung** oder **Bestandsdifferenzrechnung** genannt wird, arbeitet nach der Formel

> Verbrauch = Anfangsbestand + Zugänge − Endbestand.

Dabei kann der **Endbestand** sowohl der Bestandsrechnung **(Buchinventur)** als auch einer körperlichen Erfassung durch Wiegen, Zählen, Messen **(Inventur)** entnommen sein. Körperliche Aufnahmen liefern zwar genauere Endbestände als eine Buchinventur, verlangen jedoch zusätzliche Arbeiten. Die Befundsrechnung ist i. d. R. ein Nebenprodukt der Bestandsrechnung und verursacht deswegen kaum Kosten. Der durch sie ermittelte Verbrauch stellt jedoch den Gesamtverbrauch eines Materials dar. Er kann nicht mehreren einzelnen Fertigerzeugnissen oder Bedarfsträgern (Kostenstellen) zugeteilt werden. Dies beschränkt die Verwendungsfähigkeit dieser Methode.

Die retrograde Methode, auch als **Rückrechnung** bezeichnet, setzt die Kenntnis des **spezifischen Verbrauchs** der Erzeugnisse und der Menge der in einer Periode produzierten Erzeugnisse voraus. Der Materialverbrauch läßt sich dann durch die Formel

> Materialverbrauch = Spezifischer Verbrauch × Produktionsmenge

berechnen. Dieses Verfahren wird kaum in der Materialwirtschaft angewandt.

Die Bewertung der Verbräuche ist eigentlich keine Aufgabe der Lagerbuchhaltung. Sie wird jedoch in vielen Fällen der Praxis unter Berücksichtigung von betriebsindividuellen Bedingungen, um eine einheitliche Vorbereitung der Materialkostenrechnung zu sichern, vom Rechnungswesen an die Lagerbuchhaltung delegiert. Für die Bewertung des Verbrauchs einer Periode können die in der Abbildung 5.12 dargestellten Bewertungsverfahren eingesetzt werden. Ihre Darstellung erfolgt im nächsten Abschnitt bei der Beschreibung der **Bestandsrechnung**.

5.3.6.2 Die Bestandsrechnung bzw. Bestandsführung

Die **Bestandsrechnung bzw. Bestandsführung** bildet, wie bereits erwähnt, die Hauptaufgabe der Lagerbuchhaltung. Ihr Ziel ist es, durch die laufende Erfassung aller *Materialein-* und *-ausgänge* die mengen- und wertmäßigen Bestände zu ermitteln. Die mengenmäßigen Bestandsinformationen werden hauptsächlich in der **Materialwirtschaft** benötigt. Die wertmäßigen Bestände braucht dagegen in erster Linie die **Finanzwirtschaft** und das **Rechnungswesen,** z. B. für die Erstellung von **Bilanzen.**

Sollen die Ergebnisse der **Bestandsrechnung** in der Materialdisposition eingesetzt werden, dann muß die Bestandsrechnung neben den **Lagerbeständen** auch die **Werkstatt-, Vormerk-** und **Bestellbestände** ausweisen. Hierzu muß die Lagerbuchhaltung auch die entsprechenden Bewegungen erfassen. Bei den so errechneten Beständen handelt es sich dann um die **disponiblen Bestände.**

Entsprechend dem Prinzip der kaufmännischen Vorsicht und dem des Gläubigerschutzes müssen die bei einer Bilanzierung einzusetzenden Wertbestände des Umlaufvermögens dem strengen **Niederstwertprinzip** genügen. Es besagt, daß zur Be-

Teilaufgaben der Lagerung 149

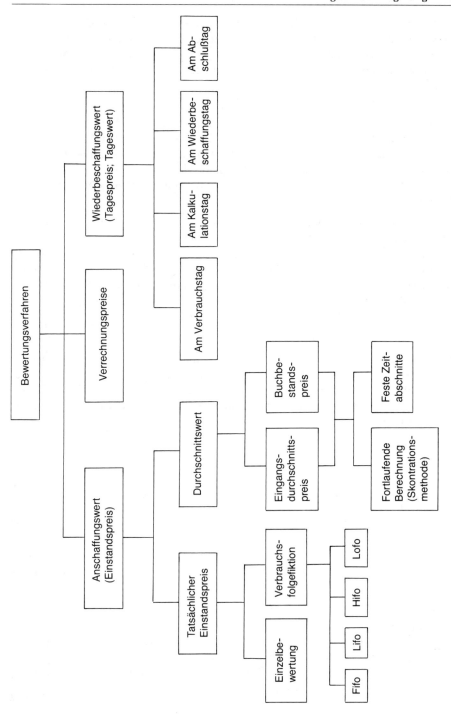

Abbildung 5.12 Bewertungsverfahren

wertung der Bestände der niedrigere Wert zwischen dem **Anschaffungs-** und dem **Wiederbeschaffungswert (Stichtagswert)** einzusetzen ist. Während jedoch der Anschaffungspreis als historischer Preis leicht zu belegen ist, bereitet der Wiederbeschaffungspreis diesbezüglich einige Schwierigkeiten.

5.3.6.2.1 *Bewertung mit dem Anschaffungswert*

In der **Geschäftsbuchhaltung** erfolgt die Bewertung mittels des Anschaffungswertes. Darunter ist der **Einstandspreis** zu verstehen. Die im eigenen Betrieb hergestellten Halb- und Fertigerzeugnisse werden entsprechend mit den **Herstellungskosten** bewertet. Bei einer Bewertung zum Anschaffungswert kann der tatsächliche **Einstandspreis,** der **Eingangsdurchschnittspreis** oder der **Buchbestandspreis** benutzt werden (vgl. Abb. 5.12).

Der Einsatz des tatsächlichen Einstandspreises bedeutet jedoch, daß die einzelnen Güter strenggenommen auch nach ihren Einstandspreisen getrennt gelagert sein müssen und einzeln bewertet werden. Da eine Einzelbewertung nicht ohne erhebliche Kosten möglich ist, wird mit einer *Verbrauchsfolgefiktion* gearbeitet. Dies führt zum Einsatz von Methoden, die unter der Bezeichnung Verbrauchsfolgemethoden bekannt sind. Dazu zählen die **Fifo-, Lifo-, Hifo-** und die **Lofo-Methode.**

Die einzelnen Bewertungsverfahren sollen durch folgendes Beispiel erläutert werden:

Von einem Artikel X werden in einer Periode einmal 100 Stück zum Einstandspreis von DM 300,— je Stück und später 200 Stück zum Preis von DM 310,— je Stück bestellt und geliefert. Die erste Lieferung wird am Lagerort A und die zweite am Lagerort B gelagert. Bis zum Ende der Periode sind von der ersten Lieferung 50 Stück und von der zweiten 100 Stück verbraucht worden.

- **Einzelbewertung:**

Bei einer Einzelbewertung wird wie folgt gebucht:

Soll	Artikel X	Lagerort A	Haben
Wareneingang 100 Stück × 300 DM =	30 000 DM	Warenausgang 50 Stück × 300 DM = Endbestand 50 Stück × 300 DM =	15 000 DM 15 000 DM
	30 000 DM		30 000 DM

Soll	Artikel X	Lagerort B	Haben
Wareneingang 200 Stück × 310 DM =	62 000 DM	Warenausgang 100 Stück × 310 DM = Endbestand 100 Stück × 310 DM =	31 000 DM 31 000 DM
	62 000 DM		62 000 DM

Der Gesamtbetrag von X beträgt demnach am Ende der Periode:

Bestand am Lagerort A .... 50 Stück × 300 DM = 15 000 DM
Bestand am Lagerort B .... 100 Stück × 310 DM = 31 000 DM

Wertbestand an X insgesamt .... 46 000 DM

– **Fifo-Bewertung:**

Soll die Bewertung unter der Annahme erfolgen, daß der Verbrauch von X entsprechend der Reihenfolge der Lieferungen anfällt, d.h. es wird die sogenannte Fifo-Methode (first in, first out) angewandt, dann lauten die Buchungen:

Soll		Artikel X	Haben
Wareneingang		Warenausgang	
100 Stück × 300 DM =	30 000 DM	100 Stück × 300 DM =	30 000 DM
Wareneingang		+ 50 Stück × 310 DM =	15 500 DM
200 Stück × 310 DM =	62 000 DM	Endbestand	
		150 Stück × 310 DM =	46 500 DM
	92 000 DM		92 000 DM

Nach der Fifo-Methode beträgt also der Bestand am Ende der Periode 150 Stück X, die von der zweiten Lieferung stammen sollen und somit einen Wert von 46 500 DM besitzen.

– **Lifo-Bewertung:**

Wird jedoch davon ausgegangen, daß der Verbrauch in der umgekehrten Reihenfolge der Lieferungen erfolgt, d.h. die Mengen der letzten Lieferung werden zuerst verbraucht und daß der Verbrauch von 150 Stück X erst nach der Zweitlieferung erfolgt, dann lauten die Buchungen bei dieser sogenannten Lifo-Methode (last in, first out) wie folgt:

Soll		Artikel X	Haben
Wareneingang		Warenausgang	
100 Stück × 300 DM =	30 000 DM	150 Stück × 310 DM =	46 500 DM
Wareneingang		Endbestand	
200 Stück × 310 DM =	62 000 DM	100 Stück × 300 DM =	30 000 DM
		+50 Stück × 310 DM =	15 500 DM
	92 000 DM		92 000 DM

Die Lifo-Methode weist also einen Wertendbestand von 45 500 DM aus, die laut Annahme aus 100 Stück der ersten Lieferung und aus 50 Stück der zweiten Lieferung stammen sollen.

– **Hifo-Bewertung:**

Eine weitere Möglichkeit liefert die Annahme, Lieferungen mit einem höheren Einstandspreis würden vor denen mit einem niedrigeren Einstandspreis verbraucht.

Hierbei handelt es sich um die sogenannte Hifo-Methode (highest in, first out). Die Buchungen im oben benutzten Beispiel entsprechen denen der Lifo-Methode und ergeben das gleiche Ergebnis des Endwertbestandes.

– Lofo-Bewertung:

Wird dagegen angenommen, daß die Lieferungen mit einem niedrigeren Einstandspreis vor den Lieferungen mit einem höheren Einstandspreis verbraucht werden, dann entspricht diese Bewertungsmethode der sogenannten Lofo-Methode (lowest in, first out). Im betrachteten Beispiel liefert sie das gleiche Ergebnis wie die Fifo-Methode, denn die Buchungen sind identisch.

Während die Fifo- und Lofo-Methoden bei steigenden Preisen den Verbrauch „unterbewerten" und dadurch zu einem höheren Gewinn und hohem wertmäßigen Bestand führen, wirken die Lifo- und Hifo-Methoden genau umgekehrt. Bei steigenden Preisen weisen sie wegen des „überbewerteten" Verbrauchs niedrigere Gewinne und Bestände aus. Letzteres bedeutet wiederum die Bildung von stillen Reserven und steigender Betriebssubstanz.

– Durchschnittsbewertung:

Anstatt der tatsächlichen Preise einer Lieferung kann auch der Durchschnittswert mehrerer Lieferungen eines Artikels zur Bewertung herangezogen werden. Bei den Durchschnittswerten kann es sich um den gewogenen arithmetischen Durchschnittspreis aller Wareneingänge (**Eingangsdurchschnittspreis**) handeln. Hierbei bleibt der Anfangsbestand unberücksichtigt. Wird dagegen der Anfangsbestand auch mit in die Berechnung einbezogen, dann stellt der so errechnete Durchschnitt den **Buchbestandspreis** dar. Sowohl der Eingangsdurchschnitts- als auch der Buchbestandspreis können fortlaufend (**Skontrationsmethode**) oder in festen Zeitabschnitten berechnet werden.

Beispiel

Es gelten die Angaben des vorigen Beispiels, ergänzt durch die Hinzufügung eines Anfangsbestandes von 100 Stück zum Preis von 290 DM je Stück.

Anfangsbestand	100 Stück × 290 DM = 29 000 DM
1. Wareneingang	100 Stück × 300 DM = 30 000 DM
2. Wareneingang	200 Stück × 310 DM = 62 000 DM
Eingangsdurchschnittspreis	92 000 DM : 300 Stück = 306,66 DM
Buchbestandspreis	121 000 DM : 400 Stück = 302,50 DM

5.3.6.2.2 Bewertung mit dem Wiederbeschaffungswert

Bei dem **Wiederbeschaffungswert** handelt es sich um den Tageswert zu einem Stichtag. Dieser kann der Verbrauchs-, Kalkulations-, Abschlußtag o. ä. sein. Als Wiederbeschaffungswert gilt der am Bewertungsstichtag an der Börse oder einem anderen Markt unter Berücksichtigung der Anschaffungsnebenkosten bzw. der Verkaufsspesen ermittelte Preis. Seine Feststellung erweist sich jedoch nicht nur als sehr schwierig, sondern auch als problematisch. Aus diesen Gründen wird er für die Belange der Materialwirtschaft nicht eingesetzt. Lediglich wenn am Abschlußtag gesetzliche Vorschriften **(Niederstwertprinzip)** es fordern, wird der Wiederbeschaffungswert herangezogen.

Zur Vereinfachung kann bei einem großen Lagersortiment der Einstandspreis der letzten Lieferung als Wiederbeschaffungswert eingesetzt werden. Je näher der letzte Liefertermin zum Bewertungsstichtag liegt, desto genauer ist in diesem Fall die Bewertung.

5.3.6.2.3 *Bewertung mit Verrechnungspreisen*

Der Einsatz von **Verrechnungspreisen** zur Materialbewertung, d. h. von Preisen, die innerbetrieblich nach verschiedenen Gesichtspunkten festgesetzt werden, kommt in der Praxis häufig vor. Verrechnungspreise als **Standardkosten** eingesetzt, schalten Marktpreisschwankungen aus. Materialverbrauch und -bestände werden mit den am Anfang der Rechenperiode festgelegten Preisen, den sogenannten **Normkosten** bzw. **Standards** pro Mengeneinheit, bewertet.

Ein solches Verfahren dient der Wirtschaftlichkeitskontrolle. Außerdem beeinträchtigt es kaum die Belange der Materialdisposition. Hier erfolgt in so einem Fall eine wertmäßige Bestandsführung. Eine genaue Kenntnis des im Lager gebundenen Kapitals ist jedoch nicht möglich, wenn die eingesetzten Verrechnungspreise von den Marktpreisen abweichen. Aus diesen Gründen und um die gesetzlichen Bestimmungen zu beachten, finden spätestens am Ende des Jahres **Bestandskorrekturen** durch **Wertberichtigungen** statt.

Abgesehen von der Einhaltung von gesetzlichen Vorschriften ist die Wahl des Bewertungsverfahrens von den betrieblichen Zielsetzungen abhängig. Die Bewertung zu den Anschaffungspreisen entspricht, wie bereits erwähnt, den Anforderungen der **Geschäftsbuchhaltung** und dient der **nominalen Kapitalerhaltung**. Wenn jedoch das gegenwartsbezogene gebundene Kapital im Lager interessiert, z.B. um eine **reale Kapitalerhaltung** anzustreben, ist eine Bewertung zu Wiederbeschaffungspreisen zu wählen. Stehen schließlich Wirtschaftlichkeitsvergleiche und innerbetriebliche Vergleiche im Vordergrund, dann soll mit Verrechnungspreisen bewertet werden.

5.3.6.3 Die Inventur

Die Lagerbestände können durch die Erfassung und Verbuchung aller Materialbewegungen nicht immer genau ermittelt werden. Natürlicher Schwund, Diebstahl, Verbuchungsfehler u.ä. können zu Abweichungen zwischen den Buchbeständen (Sollbestände) und den tatsächlich im Lager sich befindenden Beständen (Istbestände) führen. Folge davon kann nicht nur eine fehlerhafte Materialdisposition, sondern auch die Ermittlung eines solchen Betriebsergebnisses sein. Aus diesen Gründen ist ein Betrieb bestrebt, seine effektiven Materialbestände, Bestände an Halb- und Fertigerzeugnissen, wie überhaupt sein Vermögen und seine Schulden, durch **Inventur,** d.h. durch eine körperliche Bestandsaufnahme mittels Messens, Wiegens und Zählens zu ermitteln. Darüber hinaus ist die Inventur gesetzlich vorgeschrieben.

In § 240 Abs. 2 HGB wird jeder Kaufmann verpflichtet, jährlich zum Bilanzstichtag neben der Bilanz auch ein **Inventar,** d.h. ein Bestandsverzeichnis, in dem die einzelnen Vermögensposten nach Art, Menge und Wert und die Schulden zu erfassen sind, aufzustellen.

Zur Vereinfachung der Inventur dürfen nach § 240 Abs. 3 HGB Roh-, Hilfs- und Betriebsstoffe mit einem **Festwert** bewertet werden **(Festbewertung),** wenn ihre Bestandsstruktur art-, mengen- und wertmäßig sich nicht wesentlich verändert und ihr Gesamtwert für das Unternehmen von nachrangiger Bedeutung ist. Allerdings ist in der Regel alle drei Jahre eine körperliche Bestandsaufnahme erforderlich.

Die Inventurergebnisse sind stärker als die Angaben der Buchhaltung, d.h. daß letztere den Ergebnissen der Inventur angepaßt werden. Aus diesem Grund und damit das Inventar handels- und steuerrechtlich anerkannt wird, müssen die Grundsätze einer **ordnungsmäßigen Inventur** eingehalten sein. Hierzu sind mindestens folgende Anforderungen einzuhalten:

- Forderung nach **Vollständigkeit**
  Es sind alle Wirtschaftsgüter im Eigentum des Betriebes zu erfassen. Weist das Inventar Lücken auf, dann kann die Buchhaltung als nicht ordnungsgemäß gelten.
- Forderung nach **Genauigkeit**
  Alle Güter sollen genau bezeichnet werden, z.B. unter Heranziehung der Artikelnummer. Die Mengen- und Wertangaben sollen ebenfalls genau sein. Bei Halbfertigerzeugnissen soll der Fertigungsgrad angegeben werden.
- Forderung nach Einhaltung des Prinzips der **Einzelaufnahme**
  Ist dies jedoch unzumutbar, dann können annähernd gleichartige und gleichwertige Güter als Gruppe mit ihrem Durchschnittswert bewertet werden **(Gruppenbewertung).**
- Forderung nach einer **übersichtlichen** und **verständlichen Darstellung** des Inventars
  Die Inventur kann als Stichtagsinventur oder permanente Inventur durchgeführt werden.

5.3.6.3.1 *Die Stichtagsinventur*

Streng genommen bedeutet **Stichtagsinventur** die vom Gesetzgeber verlangte Inventur zum Bilanzstichtag eines jeden Geschäftsjahres. Nach § 241 Abs. 3 HGB kann jedoch die Inventur bis zu 3 Monate vor oder bis zu 2 Monate nach dem Stichtag durchgeführt werden, wenn Bestandsveränderungen zwischen Inventur- und Bilanzstichtag durch **Fortschreibungen** bzw. **Rückrechnungen** berücksichtigt werden. Durch diese zeitlich ausgeweitete Stichtagsinventur sollen die von der Inventur ausgehenden Störungen der Produktion gemildert werden.

Während der körperlichen Aufnahme sollen nämlich alle Arbeiten unterbleiben. Für die Belange der betrieblichen Praxis, und hier vor allem für die der Industriebetriebe, bildet auch die vor- und nachgelagerte Stichtagsinventur eine besondere Erleichterung und ein Entgegenkommen des Gesetzgebers.

Damit eine vollständige körperliche Aufnahme der Bestände erfolgreich durchgeführt werden kann, muß sie gut vorbereitet sein und grundsatzgemäß durchgeführt werden. Zu einer guten Vorbereitung gehört:

- Aufstellung von übersichtlichen und vollständigen Inventarlisten;
- Festlegung der Termine für die Stillegung der Arbeiten und des Inventurtermins;
- Bestimmung des Personaleinsatzes, Klärung der jeweiligen Aufgaben, wie Aufsichtsführender, Aufnahmeleiter, Prüfer, und Schulung des Personals;
- scharfe Trennung von Lagerfunktionen und Aufnahme;
- Vorbereitung der Vorräte, z.B. durch eine ordentliche und übersichtliche Lagerung und ihre Kennzeichnung mit Artikelnummern;
- Periodenabgrenzung und Kennzeichnung der Warenein- und -ausgänge 14 Tage vor und 14 Tage nach der Inventur;
- Kennzeichnung der letzten Wareneingangsmeldung und das Festhalten der Nummer des letzten Lieferscheines vor der Inventur.

Damit die Durchführung der körperlichen Aufnahme den Inventurgrundsätzen entspricht,

- müssen vornumerierte Belege benutzt werden. Ist einer davon nachträglich geändert worden, muß er ungültig gemacht und durch einen neuen ersetzt werden. Die Ausstellung des neuen Beleges muß auf dem alten ungültigen Beleg mit Angabe der Belegnummer vermerkt werden;
- verbleiben Kopien der Aufnahmebelege bei den erfaßten Artikeln bis zur Beendigung der Inventur bzw. bis zu einer Überprüfung;
- sind die Mengen durch Wiegen, Messen und Zählen festzustellen. Bei Kleinteilen kann das Zählen von Zählwaagen übernommen werden;
- ist für jeden besetzten Lagerort ein Aufnahmebeleg auszustellen;
- muß der Zustand von nicht einwandfreien Teilen vermerkt werden. Auch überalterte Teile sind anzugeben;
- ist der Fertigungsgrad anzugeben, und der letzte noch verrichtete Arbeitsgang bei noch nicht fertiggestellten Teilen muß vermerkt werden;
- sind die Originale der Inventurbelege nach Beendigung der Inventur, und nachdem sie vom Aufnehmer und den Zählern unterschrieben worden sind, dem Aufnahmeleiter zu übergeben;
- soll die Freigabe der Inventur nach einer Stichprobenkontrolle erfolgen;
- müssen die Originalbelege an die Buchhaltung weitergeleitet werden. Nach der Verbuchung werden sie wie Handelsbücher zehn Jahre lang aufbewahrt (zur Problematik der Stichprobeninventur vgl. z.B. Institut der Wirtschaftsprüfer, Stellungnahme Hauptfachausschuß 1/1981, Stichprobenverfahren für die Vorratsinventur zum Jahresabschluß. In: Die Wirtschaftsprüfung, 34. Jg., 1981, S. 479 ff.).

5.3.6.3.2 *Die permanente Inventur*

Bei der **permanenten** oder **laufenden Inventur** handelt es sich um eine Kombination von **Buchinventur** und einer **körperlichen Aufnahme.** Es wird davon ausgegangen, daß die Buchbestände den Istbeständen entsprechen. Eine Überprüfung dieser Annahme muß mindestens einmal im Wirtschaftsjahr durch eine körperliche Aufnahme stattfinden. Werden hierbei Unstimmigkeiten festgestellt, sind die Buchbestände den Istbeständen anzupassen.

Die Abstimmung muß geplant werden. Es ist von Vorteil, die Abstimmungstermine auf Zeiten mit geringen Beständen festzulegen. Dies trifft z.B. am Ende der Wiederbeschaffungszeit, kurz vor der nächsten Anlieferung, zu. Im günstigsten Fall ist zu diesem Termin das Lager völlig geräumt. Die Durchführung der körperlichen Aufnahme wird protokolliert. Im Protokoll sind der Zeitpunkt der Aufnahme und die Bestandsmengen aufzunehmen. Die Aufnahmeprotokolle sind von dem Aufnehmer zu unterschreiben und zehn Jahre aufzubewahren. Eine permanente Inventur kann nach § 241 Abs. 2 HGB das Inventar am Bilanzstichtag liefern. Es entspricht dann den Angaben der Lagerbücher zu den entsprechenden Terminen. Eine buchmäßige Feststellung der Lagerbestände ist jedoch nur zulässig, wenn die im Abschnitt 30 Abs. 2 Einkommensteuerrichtlinien enthaltenen Bestimmungen eingehalten werden.

5.3.6.4 Die Lagerstatistik

Aufgabe der **Lagerstatistik** ist es, die Zahlen der Lagerbuchhaltung *(Urmaterial)* übersichtlich zusammenzustellen, rechnerisch zu bearbeiten und in einer geeigneten Form darzustellen. Daraus sollen dann Erkenntnisse über den Verlauf der **Lagerwirtschaft** in der Vergangenheit gewonnen und Schlüsse für ihre Gestaltung in der Zukunft **(Lagerpolitik)** gezogen werden.

Vor allem sind es die Lagerkapazitäten, die Bestände und die Materialbewegungen, die statistisch erfaßt und untersucht werden.

Die gebräuchlichste und einfachste Art einer statistischen Untersuchung ist die Bildung von aussagekräftigen **Kennzahlen.**

Eine solche Kennziffer für die Überwachung und Gestaltung der Lagernutzung ist der **Lagernutzungsgrad,** ausgedrückt durch die Quotienten

$$\text{Flächennutzungsgrad} = \frac{\text{Genutzte Lagerfläche}}{\text{Vorhandene Lagerfläche}},$$

$$\text{Höhennutzungsgrad} = \frac{\text{Genutzte Lagerhöhe}}{\text{Vorhandene Lagerhöhe}},$$

$$\text{Raumnutzungsgrad} = \frac{\text{Genutzter Lagerraum}}{\text{Vorhandener Lagerraum}}.$$

Für die Kontrolle der Lagertransportmittel wird ihr Nutzungsgrad eingesetzt. Eine Aussage darüber liefern Kennzahlen über den

$$\text{Nutzungsgrad der Lagertransportmittel} = \frac{\text{Transportleistung}}{\text{Transportkapazität}},$$

$$\text{Einsatzgrad} = \frac{\text{Einsatzzeit}}{\text{Arbeitszeit}},$$

$$\text{Ausfallgrad} = \frac{\text{Ausfallzeit}}{\text{Arbeitszeit}}.$$

Von besonderer Bedeutung für die Bestandskontrolle im Rahmen der Materialdisposition sind u.a. Kennzahlen über den **durchschnittlichen Lagerbestand**, die **Umschlagshäufigkeit**, die **durchschnittliche Lagerdauer, Verweildauer, Reichweite** und **Eindeckzeit**, den **Sicherheitskoeffizienten, Lagerhaltungs-** und **Lagerkostensatz**.

Der **durchschnittliche Lagerbestand** wird ermittelt durch die Formel

$$\text{Durchschnittlicher Lagerbestand} = \frac{\text{Anfangsbestand} + \text{Endbestand}}{2}.$$

Der durchschnittliche Lagerbestand gibt die durchschnittliche Kapitalbindung an. Deswegen ist er eine wichtige Einflußgröße der Lagerpolitik und sollte möglichst genau errechnet werden. Die angegebene Formel genügt dieser Forderung jedoch nur bei ziemlich gleichbleibenden Zu- und Abgängen. Eine genauere Ermittlung liefert die Berücksichtigung der Monatsendbestände. Die Berechnungsformel lautet hier

$$\frac{\text{Durchschnittlicher}}{\text{Lagerbestand}} = \frac{\text{Jahresanfangsbestand} + 12 \text{ Monatsendbestände}}{13}.$$

Noch realistischer ist die Berechnung des Durchschnittswertes auf Tagesbasis nach der Formel

$$\text{Durchschnittsbestand} = \frac{\text{Summe der Tagesbestände}}{\text{Anzahl der Tage}}.$$

Die **Umschlagshäufigkeit** ist i. d. R. auf das Jahr bezogen. Sie gibt an, wie oft die Bestände völlig verbraucht worden sind (das Lager sich umgeschlagen hat). Hohe Umschlagshäufigkeit bedeutet niedrigere durchschnittliche Bestände und somit niedrigere Kapitalbindungskosten. Zu ihrer Ermittlung wird die Formel

$$\text{Umschlagshäufigkeit} = \frac{\text{Jahresverbrauch}}{\text{Durchschnittlicher Jahresbestand}}$$

eingesetzt. Allerdings sollte die Umschlagshäufigkeit nicht pauschal, sondern für jeden Artikel einzeln berechnet werden. Nur so lassen sich die **„Ladenhüter"** finden und beseitigen.

Die **durchschnittliche Lagerdauer** gibt den durchschnittlichen Lageraufenthalt der Vorräte in Tagen an. Bei gegebenem Verbrauch ist sie von der Bestellmenge abhängig. Je mehr bestellt wird, desto höher ist der durchschnittliche Bestand und um so kleiner die Umschlagshäufigkeit, die wiederum eine lange Lagerdauer bewirkt. Die Rechenformel lautet:

$$\text{Durchschnittliche Lagerdauer} = \frac{360 \text{ (Tage)}}{\text{Umschlagshäufigkeit}}.$$

Die Lagerdauer ist in etwa gleichbedeutend mit den Begriffen der **Verweildauer,** der **Reichweite** und der **Eindeckzeit,** die durch die Formel

$$\begin{array}{l}\text{Durchschnittliche Verweildauer (Tage)}\\ \text{bzw.}\\ \text{Durchschnittliche Reichweite (Tage)}\\ \text{bzw.}\\ \text{Durchschnittliche Eindeckzeit (Tage)}\end{array} = \frac{\text{Durchschnittlicher Bestand}}{\text{Verbrauch je Zeiteinheit (Tag)}}$$

berechnet werden. Voraussetzung dafür ist aber eine geeignete Dimensionierung der Bestände und des Verbrauchs.

Der **Sicherheitskoeffizient** gibt den Anteil der Sicherheitsbestände an den Durchschnittsbeständen wieder.

$$\text{Sicherheitskoeffizient} = \frac{\text{Sicherheitsbestand}}{\text{Durchschnittlicher Bestand}}.$$

Der **Lagerhaltungskostensatz** liefert einen Einblick in die Lagerkostenarten. Er wird durch

$$\text{Lagerhaltungskostensatz} = \text{Zinssatz des im Lager gebundenen Vorratskapitals} + \text{Lagerkostensatz}$$

berechnet. Dabei drückt der **Lagerkostensatz** den Satz aller Lagerhaltungskosten außer dem der Kapitalbindungskosten aus. Er wird berechnet durch die Formel

$$\text{Lagerkostensatz} = \frac{\text{Lagerkosten je Periode außer Kapitalbindungskosten} \times 100}{\text{Durchschnittlicher Lagerbestandswert}}.$$

5.3.7 Die Materialdisposition

Disposition im wirtschaftlichen Sinne bedeutet Verfügung, Entscheidung und ist eine Aufgabe des dispositiven Faktors. **Materialdisposition** bedeutet dann Entscheidungen über das Material schlechthin. Solche Entscheidungen sind zahlreich und werden von vielen betrieblichen Instanzen getroffen. Vorwiegend haben die Konstruktion, die Fertigung und die Materialwirtschaft damit zu tun. Ihre Entscheidungen über das Material lassen sich in Entscheidungen über den **Materialbedarf,** die **innerbetriebliche Materiallieferbereitschaft** und den **Materialeinsatz** zusammenfassen. Für die Belange der **Materialwirtschaft** sind die ersten zwei von Bedeutung. Der Materialeinsatz ist Sache der Bedarfsträger und hauptsächlich der Fertigung. Hier sind dafür Stellen wie die Arbeitsvorbereitung, die Fertigungssteuerung u. ä. zuständig.

Die **Bedarfsermittlung** wurde als Voraussetzung einer optimalen Versorgung mit Material bereits im zweiten Teil dieses Buches ausführlich besprochen. Bei der **innerbetrieblichen Lieferbereitschaft** handelt es sich um die Fähigkeit, die benötigten Materialien unmittelbar den Bedarfsträgern zur Verfügung zu stellen.

Die benötigten Materialien können aus der Eigenproduktion stammen oder originären Bedarf darstellen. Die Bereitstellung kann unter bestimmten Bedingungen, über die noch zu sprechen sein wird, ohne Lagerung direkt von der produzierenden Stelle bzw. vom Lieferanten an den Bedarfsträger erfolgen. Bei einer solchen Materialbereitstellung spricht man von der „**einsatzsynchronen Bereitstellung**" oder vom „**Kanban-System**". Üblich ist auch die Bezeichnung „**just in time**".

Die Alternative dazu ist die Bereitstellung des Materials aus den Lagerbeständen. Die Materialbereitstellung mit Hilfe der Lagerung bildet den Regelfall der Praxis. Aus diesem Grund kann die innerbetriebliche Lieferbereitschaft als die Verpflichtung des Lagers definiert werden, zu einem bestimmten Zeitpunkt eine bestimmte Menge eines bestimmten Gutes den Bedarfsträgern (i. d. R. der Fertigung) bereitzustellen. Wie bereits erwähnt (vgl. S. 81 f.), wird die Lieferbereitschaft des Lagers durch den **Servicegrad** gemessen.

Bedarfsart, Bedarfsmenge und Bedarfstermine sind zwar durch die **Bedarfsrechnung** vorbestimmt, ihre Erfüllung ist jedoch nicht ohne weiteres sicher. Sie ist auch von der auf den relevanten Beschaffungsmärkten herrschenden Situation abhängig und verlangt vom Einkauf ein sinnvolles Vorgehen. Ausgehend vom zukünftigen Bedarf sind die **Bestellungen** und somit die künftigen Lieferungen unter Berücksichtigung der Forderung nach möglichst niedrigen Lagerbeständen und überhaupt nach minimalen Kosten festzulegen. Die Sicherung der Lieferbereitschaft unter der Bedingung der Kostenminimierung verlangt **Bedarfs-, Bestands- und Bestellentscheidungen,** die zukunftsgerichtet sind.

Entscheidungen betreffend den künftigen Bedarf, die künftigen Bestände und die künftigen Bestellungen stellen jeweils den **Bedarfsplan**, den **Bestandsplan** und den **Bestellplan** dar. Die optimale Lieferbereitschaft des Lagers verlangt also nach:

1. Bedarfsplanung,
2. Bestandsplanung und
3. Bestellplanung.

Die drei Pläne bilden zusammen die **Bereitstellungsplanung,** die in eine lang-, mittel- und kurzfristige Planung aufgeteilt wird. Die detaillierteste und genaueste davon ist die kurzfristige. Sie wird im betrieblichen Alltag unmittelbar zur Sicherstellung der Lieferbereitschaft des Lagers eingesetzt. Aus diesem Grund ist *die Materialdisposition als die kurzfristige Bereitstellungsplanung aufzufassen, die aus dem Bedarfs-, Bestands- und Bestellplan besteht und mit Hilfe der*

1. *Bedarfsrechnung,*
2. *Bestandsrechnung und*
3. *Bestellrechnung*

erstellt und überprüft wird.

Im Rahmen dieser Aufgabe ist das Lager mindestens mit der **Verfügbarkeitskontrolle**, d. h. mit der Abwicklung der **Bestandsrechnung,** der **Inventurrechnung** und der Erteilung einer **Bedarfsmeldung** beteiligt. Die Planungsaufgaben werden in der betrieblichen Praxis selten dem Lagerwesen übertragen. Hierfür ist die Leitung der Materialwirtschaft, des Einkaufs, oder eine Kommission, bestehend aus Vertretern der Konstruktion, der Fertigung, des Einkaufs und des Lagerwesens, zuständig.

Die **Bestandsrechnung (Bestandsführung)** umfaßt hier neben den Lagerbeständen auch die Werkstatt-, Vormerk- und Bestellbestände. Sie muß gegebenenfalls auch den Schwund berücksichtigen. Ihr Ziel besteht darin, durch die Ermittlung des **disponiblen (verfügbaren) Bestandes** den **Nettobedarf** zu berechnen und ihn dem Einkauf mitzuteilen. Das Vorgehen hierbei kann verschieden gestaltet sein. Entsprechend gibt es verschiedene **Dispositionsverfahren,** die weder in der Praxis noch in der Literatur einheitlich bezeichnet werden (vgl. KLEINE, O., MELZOW, W.: Disponieren in der modernen Beschaffung, S. 13; HARTMANN, H.: Materialwirtschaft, S. 294 ff.).

Die Materialdisposition lehnt sich methodisch an die Verfahren der Bedarfsermittlung an. Entsprechend der Unterscheidung der letzteren kann auch die Materialdisposition in eine **auftragsorientierte** und eine **verbrauchsorientierte** aufgeteilt werden. Neben der Orientierung an der Ausgangsgröße kann die Steuerung ein weiteres Aufteilungskriterium liefern. *Unter* **Dispositionssteuerung** *soll hier die Veranlassung einer Disposition verstanden werden.*

Je nach Steuerungsgröße kann die auftragsorientierte Materialdisposition in eine **bedarfs-** und eine **programmgesteuerte Disposition** untergliedert werden. Die verbrauchsorientierte Disposition kann in die **bestandsgesteuerte** und **termingesteuerte Disposition** aufgeteilt werden. Einen Überblick über die verschiedenen Dispositionsverfahren vermittelt die Abbildung 5.13.

5.3.7.1 Die auftragsorientierte (deterministische) Materialdisposition

Das Verfahren der **auftragsorientierten Bedarfsermittlung** ist im zweiten Teil ausführlich beschrieben. Hierbei geht es darum, aus dem **Primärbedarf** den **Bruttosekundärbedarf** zu ermitteln. Dies kann direkt aus den Kundenaufträgen geschehen. Die Kundenaufträge werden periodengerecht in **Lageraufträge** umgewandelt und bilden den **Materialentnahmeplan (Soll-Eindeckungsmenge).** Er enthält detaillierte Angaben über die Materialart, -menge und die Bereitstellungstermine. Damit werden die Kundenaufträge als Steuerungsinstrument der Materialdisposition benutzt. Bei dieser Disposition handelt es sich um eine **auftragsorientierte** und **bedarfsgesteuerte Materialdisposition.**

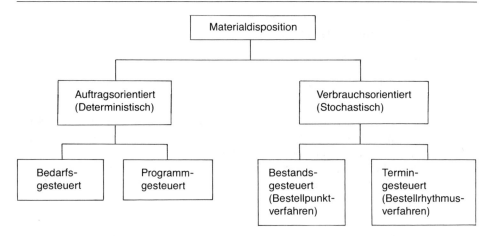

Abbildung 5.13 Verfahren der Materialdisposition

Eine zweite Möglichkeit besteht in der Erstellung eines Fertigungsprogrammes mit Hilfe der Kundenaufträge. Die Angaben des Programms werden dann zur Planung des Materialbedarfs, d. h. sie werden in **Lageraufträge**, die den **Materialentnahmeplan** darstellen, umgewandelt. In diesem Fall erfolgt die Steuerung der Materialdisposition durch die Daten des Fertigungsprogramms. Eine solche Materialdisposition ist zwar an den Kundenaufträgen orientiert, sie wird jedoch durch das Fertigungsprogramm gesteuert.

Im Anschluß an die Materialentnahmeplanung und die Benachrichtigung des Lagers darüber erfolgt hier eine **Verfügbarkeitskontrolle**, d. h. Ermittlung des disponiblen Bestandes und Gegenüberstellung des Bedarfs und der Bestände. Verfügt das Lager über die entsprechenden Bestände, dann ist seine Lieferbereitschaft gesichert. Reichen die Bestände nicht aus, um den Bedarf zu decken, muß die Differenz **(Nettobedarf)** dem Einkauf mitgeteilt werden und von ihm rechtzeitig bestellt werden.

Der Servicegrad des Lagers bei einer auftragsorientierten Disposition darf hinsichtlich des Sekundärbedarfs nicht unter 100% liegen, wenn die Benachrichtigung des Einkaufs rechtzeitig vorgenommen wird. Rechtzeitig heißt hier, daß dem Einkauf Zeit für Beschaffungsmarktforschung bleibt und die Lieferzeiten berücksichtigt werden. Zu diesem Zweck wird die **Terminrechnung** eingesetzt. Die sichere Lieferbereitschaft des Lagers im Falle einer auftragsorientierten Disposition gilt unabhängig davon, ob es sich um einen einzelnen Großauftrag **(Einzelbedarfs-** bzw. **Projektdisposition)** oder viele kleine Aufträge **(Sammeldisposition)** handelt.

Schwierigkeiten bereiten bei einer auftragsorientierten Disposition *ungeplante Entnahmen*, die z. B. auf Schwund und Materialausschuß zurückzuführen sind. Ebenso problematisch ist auch die Disposition von Teilen des Zusatzbedarfs und die der Hilfs- und Betriebsstoffe (Tertiärbedarf). Schwund, Materialausschuß, Zusatz- und

Tertiärbedarf werden **verbrauchsorientiert disponiert.** Dabei kann für die Schätzung des Materialausschusses folgende „Faustregel" eingesetzt werden:

$$\text{Materialausschuß} = \sqrt{\text{Materialbedarfsmenge}}.$$

Bei größeren Bedarfsmengen ist es jedoch ratsam, den Materialschwund und -ausschuß nach anspruchsvolleren statistischen Methoden zu ermitteln.

Nach der Verfügbarkeitskontrolle und der Meldung des Nettobedarfs an den Einkauf wird hier im Rahmen der **Bestellrechnung** zu überlegen sein, ob der gemeldete Nettobedarf mit einer oder mehreren Bestellungen, eventuell unter Berechnung von **optimalen Bestellmengen,** zu decken sei. Grundsätzliche Entscheidungen über die Gestaltung der Einkaufsdisposition sind im Rahmen der **Politik der Materialwirtschaft** zu treffen.

5.3.7.2 Die verbrauchsorientierte (stochastische) Materialdisposition

Auch bei der **verbrauchsorientierten Materialdisposition** bildet die Bedarfsplanung den ersten Arbeitsschritt der Disposition. Im Gegensatz jedoch zu der auftragsorientierten Disposition handelt es sich hier um eine **Bedarfsprognose.** Die mit der Materialdisposition beauftragte Stelle wird den Mengenbedarf der nächsten Periode, z. B. eines Jahres, prognostizieren und auf **Dispositionstermine,** z. B. Wochen, aufteilen.

Prognose bedeutet Vorauswissen. Dieses Vorauswissen ist jedoch mit Ungewißheit behaftet. Die **Prognoseaussage,** d.h. der vorausgeschätzte Bedarf, kann ganz, zum Teil, oder überhaupt nicht eintreten. So ungewiß auch die künftige Bedarfsentwicklung sein mag, oft gibt es gute Gründe, bestimmte Ereignisse mit einer gewissen Sicherheit zu erwarten. Diese Sicherheit wird durch die Wahrscheinlichkeit ausgedrückt, mit der das zukünftige Ereignis, hier der Bedarf, eintreten soll. Ein solches Vorgehen zur „Berechnung" eines künftigen Ereignisses unter unsicheren Bedingungen wird *stochastisches Vorgehen* genannt.

Einige wichtige Prognoseverfahren sind unter dem Gliederungspunkt 2.3.2 dargestellt. Diese Verfahren orientieren sich alle an dem Verbrauch der Vergangenheit. Unter bestimmten Annahmen wird eine Beziehung zwischen dem Verbrauch der Vergangenheit und dem Bedarf der Zukunft hergestellt und letzterer „berechnet". Daher auch die Bezeichnung der darauf basierenden Materialdisposition als verbrauchsorientiert.

Bei der Festlegung der Aufteilung der **Bedarfsperiode** in Zwischenperioden, die gleich den **Dispositionsperioden** sind, können Überlegungen über die Marktbedingungen und speziell über die Verwendung einer **optimalen Bestellmenge** angestellt werden (zur Berechnung der optimalen Bestellmenge vgl. die Ausführungen unter 6.3.2.2).

Nach Beendigung der vorgelagerten Dispositionsaufgabe der Bedarfsprognose ist die Frage der **Bestandshöhe,** der **Bestellmenge,** des **Bestelltermins** u.ä. zu klären. Das bedeutet, die Steuerung der Disposition zu bestimmen. Die Festlegung des Dispositionsverfahrens ist gleichbedeutend mit einer entsprechenden Politik, die als **Strategie der Materialwirtschaft** formuliert werden kann. In der Literatur ist es üblich, sie mit den Symbolen der Veranlassungs- und der Zielgrößen zu bezeichnen (vgl. z. B. WEBER, H. H.: Lagerhaltung. In: Handwörterbuch der Wirtschaftswissenschaft, Bd. 5, S. 8 f.). Solche Größen sind der **Meldebestand (Bestellpunkt)**, **Bestelltermin (Bestellrhythmus)**, **Höchstbestand** und die **Bestellmenge**.

5.3.7.2.1 Das Bestellpunktverfahren

Bei diesem Verfahren löst eine bestimmte Bestandshöhe das Signal zur Disposition aus. Mit Hilfe der Buchinventur oder einer körperlichen Aufnahme — die einfachste davon ist die *optische Erfassung* — ist die Bestandshöhe nach jeder Entnahme oder zu festgelegten periodischen Terminen dahingehend zu kontrollieren, ob sie den Punkt erreicht hat, bei dem eine Bestellung fällig wird **(Bestellpunkt)**. Diesen Bestand nennt man auch **Melde-** oder **Bestellbestand**. Er drückt die Bestandsmenge aus, die gerade ausreicht, um den Bedarf während der **Wiederbeschaffungszeit** zu decken.

Bei der Wiederbeschaffungszeit (t_W) handelt es sich um die Zeitspanne zwischen dem Zeitpunkt der Feststellung der Erreichung des Meldebestandes (Inventurzeitpunkt) und dem Zeitpunkt des Abschlusses der Einlagerung der dadurch ausgelösten Lieferung. Die Wiederbeschaffungszeit enthält also die Bearbeitungsdauer der Bedarfsmeldung im Lager und die Bearbeitungsdauer im Einkauf (t_E), die Lieferzeit (t_D) und die Dauer der Warenannahme und der Einlagerung (t_L). Es gilt also

$$t_W = t_E + t_D + t_L.$$

Aus der Definition des Meldebestandes (B_m) geht hervor, daß er vom Verbrauch (V) pro Zeiteinheit und der Wiederbeschaffungszeit abhängig ist. Seine Berechnung erfolgt durch die Gleichung

$$B_m = V \cdot t_W.$$

Beträgt der erwartete Verbrauch eines Lagerartikels z. B. 100 Stück pro Tag und die Wiederbeschaffungszeit 10 Tage, dann liegt der Meldebestandspunkt bei

$$100 \text{ Stück/Tag} \times 10 \text{ Tage} = 1000 \text{ Stück}.$$

Wird festgestellt, daß der Bestand 1000 Stück beträgt, dann stellt das Lager eine Bedarfsmeldung in Höhe des erwarteten Verbrauchs der Dispositionsperiode aus. Der Einkauf bestellt und die Anlieferung ist im Idealfall am Ende des letzten Tages der Dispositionsperiode verfügbar.

Diese Disposition ist der einfachste Fall des **Bestellpunktverfahrens**. Sie setzt jedoch voraus, daß der Verbrauch und die Wiederbeschaffungszeit bekannt und konstant sind. Die Inventur erfolgt nach jeder Materialentnahme. Der Zeitpunkt der Erreichung des Meldebestandes kann nicht verpaßt werden. Wegen der Konstanz des Verbrauchs und der Wiederbeschaffungszeit kann in diesem Beispiel u. U. mit einer gleichbleibenden, optimalen Bestellmenge disponiert werden, die gleich dem Perio-

164 Die Lagerung

denverbrauch und dem Höchstbestand ist, der hier auch optimal ist. Die Länge der Dispositionsperioden wird in diesem Fall durch die optimale Bestellmenge festgelegt. Bei Erreichung des Meldebestandes geht eine Bedarfsmeldung an den Einkauf, eine optimale Menge zu bestellen. Diese Disposition wird „**Meldebestand(B_m)-optimale Bestellmenge(q_{opt})-Strategie**" genannt.

Die grafische Darstellung der Disposition des Beispiels ist in der Abbildung 5.14 enthalten. Die optimale Bestellmenge ist mit 3000 Stück angenommen worden. Damit beträgt die optimale Dispositionsperiode 30 Tage:

Das Beispiel stellt einen Idealfall der „Zwei-Behälter-Disposition" der Praxis dar. Danach befinden sich am Beginn der Dispositionsperiode zwei volle Behälter, Behälter Nr. 1 und Behälter Nr. 2, im Lager. Der Inhalt des Behälters Nr. 2 entspricht dem Meldebestand. Der Behälter Nr. 1 enthält die Differenz zwischen Höchstbestand und Meldebestand. Zunächst wird Material vom Behälter Nr. 1 entnommen, bis er leer ist. Ist dies der Fall, dann ist eine Bestellung fällig. Bis zur Neuanlieferung und ihrer Einlagerung wird der Inhalt des Behälters Nr. 2 verbraucht.

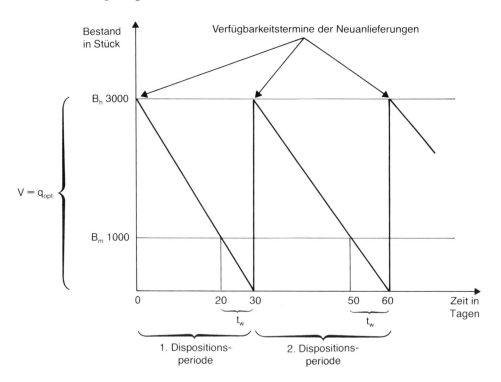

Abbildung 5.14 Materialdisposition ohne Sicherheitsbestände bei konstantem Verbrauch (V), konstanter Wiederbeschaffungszeit (t_w), optimalem Höchstbestand (B_h), konstanter Periodenlänge und optimaler Bestellmenge (q_{opt})

Eine Veränderung erfährt das Bestellpunktverfahren, wenn die Inventur in festgelegten, gleichlangen Zeitabschnitten, z. B. alle 14 Tage, vorgenommen wird. In diesem Fall findet während der 14 Tage keine Überprüfung der Bestände statt. Die Bestände können jedoch während dieser Zeit den Meldebestand erreichen und unterschreiten. Das bedeutet eine verspätete Bedarfsmeldung und die Gefahr von **Fehlmengen.** Das heißt, die Bestände reichen u. U. nicht aus, um den Bedarf zu decken. Deswegen muß der Meldebestand nicht nur für die Wiederbeschaffungszeit reichen. Er muß darüber hinaus auch die Zeitspanne zwischen zwei aufeinander folgenden Überprüfungen (t_K) eindecken. In diesem Fall ist die Berechnung des Meldebestandes durch die Gleichung

$$B_m = V (t_W + t_K)$$

vorzunehmen.

In der Praxis kann man allerdings nur in den seltensten Fällen mit einem konstanten Verbrauch und einer konstanten Wiederbeschaffungszeit rechnen. Unerwartete Einflüsse können zu *Verbrauchsüberschreitungen* und *Lieferterminüberschreitungen* führen. Darüber hinaus können Fehler der Bestandsrechnung, von der Bestellung abweichende Lieferungen u. ä. Fehlmengen bewirken. Solche Unsicherheiten können mit Hilfe von **Sicherheitsbeständen,** die auch **eiserne Bestände** oder **Mindestbestände** genannt werden, abgefangen bzw. gemildert werden.

Es gibt viele Möglichkeiten, eine Schätzung der Sicherheitsbestände vorzunehmen. Eine einfache Methode ist die Disposition mit der längsten Wiederbeschaffungszeit der Vergangenheit. Hierbei wird eigentlich eine **Sicherheitszeit** (t_s) unter normalen Verbrauchsbedingungen bestimmt. Sie entspricht der Differenz aus der längsten Wiederbeschaffungszeit und der herrschenden Wiederbeschaffungszeit.

Sicherheitszeit = längste Wiederbeschaffungszeit − herrschende Wiederbeschaffungszeit.

Eine weitere Möglichkeit der Schätzung der Sicherheitszeit bietet die Ermittlung des arithmetischen Mittels der Lieferzeitüberschreitung. Der Sicherheitsbestand (B_s) beträgt in beiden Fällen

$$B_s = V \cdot t_s.$$

Beide Methoden bieten den Vorteil gleitender Sicherheitsbestände. Das heißt, die Sicherheitsbestände passen sich den Verbrauchsbedingungen an. Sie sind nicht starr.

Eine andere Methode zur Ermittlung von Sicherheitsbeständen geht von einer möglichen Verbrauchszunahme aus und hält hierfür entsprechende Sicherheitsbestände bereit **(Planelastizität).** Liegt eine schwankende Verbrauchsentwicklung vor, dann kann aus den Fällen der Überschreitung des Prognoseverbrauchs durch den Istverbrauch das arithmetische Mittel gebildet werden und mit der Wiederbeschaffungszeit oder mit dem arithmetischen Mittel der Lieferzeitüberschreitungen multipliziert werden. Anspruchsvollere Verfahren koppeln die Sicherheitsbestände mit einem **optimalen Servicegrad,** wenn die Ermittlung der **Fehlmengenkosten** möglich ist.

166 Die Lagerung

Bei der Ermittlung des Optimalen Servicegrades wird davon ausgegangen, daß ein zunehmender Servicegrad die Fehlmengenkosten negativ und die Lagerkosten positiv beeinflußt.

Bei einem Servicegrad von 1 bzw. 100 % werden die Fehlmengenkosten gleich Null, während die Lagerkosten „explodieren".

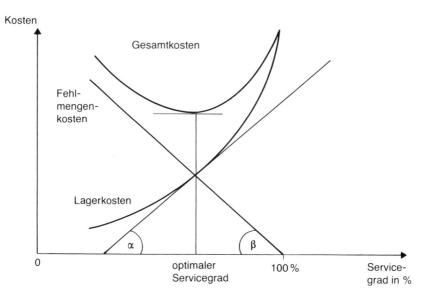

Abbildung 5.15 Grafische Bestimmung des optimalen Servicegrades

Werden die in der Abbildung 5.15 dargestellten Fehlmengen- und Lagerkosten addiert, erhält man die „Gesamtkosten". Das Minimum der Gesamtkostenkurve wird bestimmt durch die Gleichheit der absoluten Werte der Grenzfehlmengenkosten und der Grenzlagerkosten (tgα = tgβ) und markiert den **optimalen Servicegrad.** Ein noch höherer Servicegrad würde mehr Lagerkosten verursachen, als er Fehlmengenkosten vermeidet. Unter der Annahme normalverteilter Verbräuche läßt sich mit Hilfe der **„3-Sigma-Regel"** eine Beziehung zwischen dem Sicherheitsbestand (B_s), der Standardabweichung (s) und dem gewünschten optimalen Servicegrad herstellen. Sie lautet:

$$B_s = \lambda \cdot s.$$

Dabei ist λ ein Mehrfaches der Standardabweichung, das den Servicegrad bestimmt. Bei einem λ von 1 entspricht der Sicherheitsbestand der Standardabweichung und der Grad der Lieferbereitschaft des Lagers beträgt 84,13 % (vgl. die Ausführungen über die Fehlervorhersage unter dem Gliederungspunkt 2.3.2.9). Ist λ gleich 2, dann belaufen sich die Sicherheitsbestände auf das Doppelte der Standardabweichung. Der Servicegrad liegt hier bei 97,72 %. Bei einem λ von 3 betragen die Sicherheitsbestände das Dreifache der Standardabweichung. Dies entspricht einem Servicegrad von 99,87 %. Da zwischen der Standardabweichung (s) und der mittleren absoluten Abweichung (MAD) die Beziehung s = 1,25 MAD gilt, kann die obere Formel wie folgt umgeschrieben werden:

$$B_s = \lambda \cdot 1{,}25 \text{ MAD}.$$

Es soll jedoch hingewiesen werden, daß die Berechnung der Fehlmengenkosten und damit auch die eines optimalen Servicegrades sehr problematisch ist.

Wenn bei einem Bestellpunktverfahren mit Sicherheitsbeständen gearbeitet wird, müssen sie bei der Berechnung des Meldebestandes berücksichtigt werden. Die Berechnung erfolgt in diesem Fall durch die Formel:

$$B_m = V \cdot t_w + B_s \quad \text{bzw.} \quad B_m = V \cdot (t_w + t_k) + B_s.$$

Der Meldebestand enthält hier die Vorräte für die Wiederbeschaffungszeit bzw. für die Wiederbeschaffungszeit plus Überprüfungszeit und zusätzlich auch die Sicherheitsbestände.

Die grafische Darstellung des Verfahrens ist ähnlich der Abbildung 5.14. Der Höchstbestand (B_h) besteht hier jedoch aus dem Periodenverbrauch plus den Si-

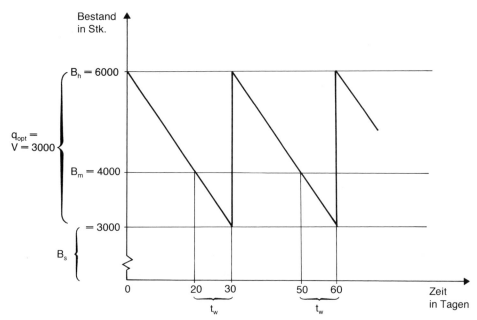

Abbildung 5.16 Materialdisposition mit Sicherheitsbeständen (B_s) bei konstantem Verbrauch (V), konstanter Wiederbeschaffungszeit (t_w), optimalem Höchstbestand (B_h), konstanter Periodenlänge und optimaler Bestellmenge (q_{opt})

168 Die Lagerung

cherheitsbeständen. Werden die Sicherheitsbestände nicht angegriffen, dann bilden sie am Ende der Dispositionsperiode die Mindestbestände. Das bedeutet, die Disposition erfolgt oberhalb der Sicherheitsbestände. Dieser Sachverhalt ist in der Abbildung 5.16 dargestellt. Hierbei sind die Zahlen des Beispiels der Abbildung 5.14 übernommen und zusätzlich 3000 Stück Sicherheitsbestände unterstellt worden.

Auch hier erfolgt die **Dispositionssteuerung** über den **Meldebestand**. Unter den gemachten Annahmen kann eine **optimale Bestellmenge** berechnet und bestellt werden, welche die Bestände auf die optimale Höhe aufstockt. Dieses Verfahren ist bekannt unter der Bezeichnung „**Meldebestand(B_m)-optimale Bestellmenge(q_{opt})-Strategie**" (B_m-q_{opt}-Strategie). Sie besagt: Wenn die Meldebestandshöhe erreicht wird, ist eine optimale Bestellmenge zu bestellen. Die Annahmen dieser Strategie sind jedoch ziemlich unrealistisch. Konstante Materialverbräuche, Wiederbeschaf-

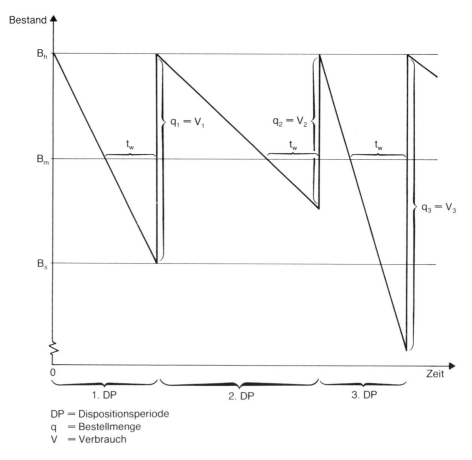

Abbildung 5.17 Materialdisposition mit Sicherheitsbeständen und variablem Verbrauch (B_m-B_h-Strategie)

fungszeiten und Beschaffungspreise sind in der Praxis kaum zu erwarten. Dies aber stellt die Berechnung einer optimalen Bestellmenge und damit das strategische Ziel dieser Dispositionsart in Frage.

Eine praktische Lösung bietet dagegen die Möglichkeit, mit Hilfe einer Verbrauchsprognose und der Sicherheitsbestände einen Höchst- und einen Mindestbestand zu definieren und die „**Meldebestands(B_m)-Höchstbestands(B_h)-Strategie**" (B_m-B_h-**Strategie**) anzuwenden. Sie besagt: Wenn die Meldebestandshöhe erreicht ist, ist eine Menge zu bestellen, welche den Bestand auf die Höchstbestandshöhe aufstockt. Diese Strategie ist auch als „**Minimum-Maximum-Prinzip**" bekannt. Dabei entsprechen die Sicherheitsbestände dem Minimum und der Höchstbestand dem Maximum. Sie ist gut geeignet, variable Verbräuche und Lieferzeiten, insofern sie in den Sicherheitsbeständen berücksichtigt wurden, aufzufangen. Ein Beispiel einer solchen Disposition mit variablem Verbrauch und gleichbleibender Wiederbeschaffungszeit ist in der Abbildung 5.17 grafisch dargestellt.

Den Dispositionsverfahren mit Sicherheitsbeständen entspricht auch die „**Drei-Behälter-Disposition**". Sie soll zum Ausdruck bringen, daß zunächst aus dem ersten Behälter Material entnommen wird, bis er leer ist. Dies ist das Signal zu bestellen. Danach wird der Inhalt des zweiten Behälters verbraucht. Er soll für die Überbrückung der Wiederbeschaffungszeit reichen. Ist es nicht der Fall, dann wird der Bedarf aus dem Inhalt des dritten Behälters gedeckt, der die Sicherheitsbestände darstellt.

Erfolgt die Bestandsprüfung in festgelegten Zeitabschnitten, dann wird das Verfahren „B_m-t-B_h-**Strategie**" genannt, wenn die Bestellmenge die Wiedererreichung des Höchstbestandes bewirken soll. Der Bestand wird hier aufgestockt, nachdem in einem der festgelegten Prüftermine (t) festgestellt worden ist, daß der Meldebestand erreicht wurde. Wird in einem solchen Fall eine optimale Bestellmenge in Auftrag gegeben, dann handelt es sich um die sogenannte „B_m-t-q_{opt}-**Strategie**".

5.3.7.2.2 Das Bestellrhythmusverfahren

Die Steuerung erfolgt hier durch die Zeit. Es sind im voraus festgelegte Termine in gleichen zeitlichen Abständen (**Rhythmus**), die die Bestellung auslösen. Zu einem solchen Termin wird eine Bestellrechnung durchgeführt. Im Rahmen dieser Rechnung wird der verfügbare disponible Lagerbestand und eventuell der Werkstattbestand ermittelt. Er entspricht der **Ist-Eindeckungsmenge**. Diese wird dem im voraus festgelegten Höchstbestand gegenübergestellt. Der Höchstbestand wird hier **Soll-Eindeckungsmenge** genannt. Diese ist gleich dem Periodenbedarf, wenn ohne Sicherheitsbestände disponiert wird. Wird dagegen mit Sicherheitsbeständen gearbeitet, dann entspricht die Soll-Eindeckungsmenge der Summe aus dem Periodenbedarf und den Sicherheitsbeständen.

Ziel der Gegenüberstellung ist, die Differenz zwischen Soll- und Ist-Eindeckungsmenge festzustellen. Diese Differenz ergibt die Bestellmenge, die den Bestand wieder auf das Höchstbestandsniveau bringt. Die Bestellmenge wird also aus der Gleichung

Bestellmenge = Solleindeckungsmenge − Isteindeckungsmenge

gebildet.

Das Dispositionsverfahren wird auch als „**t-B_h-Strategie**" bezeichnet. t steht hier für den Termin der Bestellrechnung. B_h soll zeigen, daß die Bestellmenge so zu wählen ist, daß der Höchstbestand erreicht wird.

Den Sachverhalt eines Bestellrhythmusverfahrens mit Sicherheitsbeständen gibt die Abbildung 5.18 wieder. Hier betragen die Dispositionsperioden (DP) jeweils 30 Betriebskalendertage. Die Wiederbeschaffungszeit soll der Einfachheit halber weniger als einen Tag betragen. Die Sicherheitsbestände und der erwartete Periodenverbrauch werden als gleichbleibend angenommen.

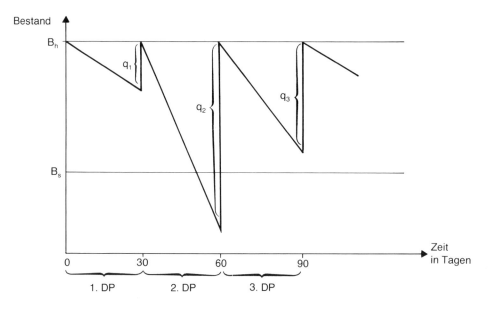

Abbildung 5.18 Materialdisposition nach dem Bestellrhythmusverfahren (t-B_h-Strategie) mit Sicherheitsbeständen

Die **Terminrechnung** erfolgt in Betriebskalendertagen. Die Bestellmenge (q) ist jeweils unterschiedlich. Am Dispositionstag entspricht der Höchstbestand, wenn mit einem solchen disponiert wird, der **Soll-Eindeckungsmenge** und der disponible Bestand der **Ist-Eindeckungsmenge**. Aus der Grafik der Abbildung 5.18 geht hervor, daß während der zweiten Dispositionsperiode mehr verbraucht wurde als angenommen worden war, während in den restlichen Perioden der tatsächliche Verbrauch unter dem erwarteten lag.

Eine Variante der dargestellten Strategie ergibt sich, wenn zu den einzelnen Dispositionsperioden ein unterschiedlich hoher Verbrauch erwartet wird. In einem solchen Fall entfällt der Höchstbestand. Der erwartete Bedarf zuzüglich der Sicherheitsbestände entspricht hier der Soll-Eindeckungsmenge. Bei gleichbleibenden Sicherheitsbeständen ist sie von Periode zu Periode unterschiedlich hoch. Die Bestellmenge richtet sich weiterhin nach der Differenz zwischen Soll- und Ist-Eindeckungsmenge.

Das **Bestellrhythmusverfahren** eignet sich für Fälle mit schwankendem Verbrauch. Darüber hinaus kann es zur Findung der Ladenhüter eingesetzt werden. Bei einem größeren Lagersortiment besteht jedoch, wegen des Arbeitsanfalls, die Gefahr der Überdehnung der Bestellrhythmen, was zu hohe Durchschnittsbestände bedeutet.

5.3.7.3 Die Terminrechnung in der Materialdisposition

Ziel der **Terminrechnung** ist es, die Bedarfstermine unter Berücksichtigung der Dauer von nötigen Arbeiten und der Dauer der Lieferzeiten durch Berechnung der richtigen **Bestelltermine** zu sichern. Ausgangspunkt der Rechnung ist der Termin, an dem das Lager das verlangte Gut dem Bedarfsträger zur Verfügung stellen kann. Dies ist der Fall mit dem Tag, an dem die Einlagerungsarbeiten abgeschlossen sind und das betrachtete Gut zur Entnahme verfügbar ist. Dieser Tag stellt den **Verfügbarkeitstermin** dar. Von dem Tag an rückwärts läßt sich der Liefertermin berechnen. Hierzu muß lediglich die Dauer der Einlagerung und der Warenannahme, gemessen in Tagen, berechnet werden. Mit Hilfe des Kalenders läßt sich dann der Liefertermin ermitteln. Mit den Komponenten der bereits behandelten Wiederbeschaffungszeit lassen sich weiter der Bestell- und der Inventurtermin festlegen.

Beispiel

Verfügbarkeitstermin	11. Dez. lfd. Jahr
− Warenannahme und Einlagerungsdauer von 1 Tag	
= Anlieferungstermin	10. Dez. lfd. Jahr
− Lieferzeit von 30 Tagen	
= Bestelltermin	10. Nov. lfd. Jahr
− Bestellvorbereitungszeit im Einkauf von 2 Tagen	
= Bedarfsmeldetermin	08. Nov. lfd. Jahr
− Bearbeitungsdauer im Lager 1 Tag	
= Inventurtermin	07. Nov. lfd. Jahr

Diese einfache Terminrechnung wird bei manuellen Dispositionsverfahren angewandt. Dort, wo bereits die Disposition mit Hilfe der EDV vorgenommen wird, ist es erforderlich, den **Soll-** und **Ist-Eindeckungstermin** als Äquivalente der **Soll-** und **Ist-Eindeckungsmenge** zu berechnen. Dabei wird i. d. R. vom Betriebskalender ausgegangen.

Der Soll-Eindeckungstermin drückt den letzten Tag der Zeitspanne zwischen dem Rechnungstag (Stichtag) und dem Ende der Soll-Eindeckungszeit aus. Der Rechnungstag

172 Die Lagerung

ist der Fabriktag „**heute**". Die Soll-Eindeckungszeit ist die Summe aus folgenden Zeitabschnitten:

$$
\begin{aligned}
&\text{Bearbeitungsdauer der Bedarfsmeldung im Lager} \\
&+ \text{Bearbeitungsdauer der Bestellvorbereitung im Einkauf} \\
&+ \text{Lieferzeit} \\
&+ \text{Warenannahme- und Einlagerungsdauer} \\
\hline
&= \text{Wiederbeschaffungszeit} \\
&+ \text{Sicherheitszeit} \\
&+ \text{Bestellrhythmus} \\
\hline
&= \text{Soll-Eindeckungszeit}
\end{aligned}
$$

Sie gibt die Zeitdauer wieder, für die der Höchstbestand unter den angenommenen Verbrauchsbedingungen ausreicht, den anfallenden Bedarf zu decken.

Zur Berechnung des Ist-Eindeckungstermins wird von der Ist-Eindeckungsmenge ausgegangen. Daraus wird die Ist-Eindeckungszeit berechnet. *Diese ist die Zeit vom Rechnungstag an gerechnet, bis der verfügbare (disponible) Bestand nicht mehr ausreicht, den anfallenden Bedarf zu decken. Der Tag, an dem die Differenz aus dem verfügbaren Bestand und dem laufenden Bedarf Null wird, ist der Ist-Eindeckungstermin.*

Um eine bessere **Terminkontrolle** zu erlangen, werden die **Bestellbestände** nach einzelnen Bestellungen getrennt berücksichtigt und entsprechend **laufende Ist-Eindeckungstermine** berechnet. Der erste davon berücksichtigt nur den im Lager und eventuell auch den in den Werkstätten verfügbaren Bestand, nicht jedoch den Bestellbestand. Der Lagerbestand und die erste Lieferung ergeben den zweiten Ist-Eindeckungstermin. Der Lagerbestand und die zweite Anlieferung ergeben den dritten Ist-Eindeckungstermin usw.

Der Vergleich von Ist-Eindeckungs- und Soll-Eindeckungstermin ergibt, ob eine Bestellung erforderlich ist. Dies ist der Fall, wenn der Ist-Eindeckungstermin vor dem Soll-Eindeckungstermin liegt. In diesem Fall ist die Ist-Eindeckungszeit kürzer als die Soll-Eindeckungszeit bzw. die Ist-Eindeckungsmenge kleiner als die Soll-Eindeckungsmenge.

Der Ist-Eindeckungstermin wird als Ausgangspunkt für die Bestimmung der restlichen Termine benutzt. Die Terminrechnung erfolgt wie folgt:

Ist-Eindeckungstermin		120. Fabrikkalendertag
− Sicherheitszeit	20 Fabriktage	
− Warenannahme- und Einlagerungsdauer	1 Fabriktag	
= Anlieferungstermin		99. Fabrikkalendertag
− Lieferzeit	28 Fabriktage	
= Bestelltermin		71. Fabrikkalendertag

Beispiel einer Disposition mit der Terminrechnung:
Am 30. Fabriktag (heute) wird der Bedarf an dem Lagerartikel X bis zum 180. Fabriktag (Soll-Eindeckungstermin) vorausgeschätzt. Täglich sollen 334 Stück X verbraucht werden. Der Gesamtbedarf beläuft sich somit auf 50 100 Stück (Soll-Eindeckungsmenge). Am Rechnungstag (heute) verfügt das Lager über einen verfügbaren (disponiblen) Bestand von 15 000 Stück. Am 40. Fabriktag soll eine früher bestellte Lieferung von 20 000 Stück ankommen. Zu berechnen ist, ob und gegebenenfalls wann eine Bestellung vorzunehmen ist, wenn die Sicherheitszeit 30 Fabriktage, die Dauer der Warenannahme und die Einlagerung 1 Fabriktag und die Lieferzeit 50 Fabriktage in Anspruch nehmen.

Lösung:

Berechnungsstichtag (heute) .... 30. Tag
  Lagerbestand   15 000 Stück
+ Bestellbestand   20 000 Stück

$$\frac{\text{Verfügbar}}{\text{Verbrauch/Tag}} = \frac{35\,000 \text{ Stück}}{334} = \text{Ist-Eindeckungszeit} \dots\dots\dots\dots \text{105 Tage}$$

= Ist-Eindeckungstermin .... 135. Tag
− Sicherheitszeit .... 30 Tage
− Annahme und Einlagerung .... 1 Tag

= Anlieferungstermin .... 104. Tag
− Lieferzeit .... 50 Tage

= Bestelltermin .... 54. Tag

Kontrollfragen

1. Beschreiben und begründen Sie die Lagerfunktionen und die Lagerstufen.
2. Nennen Sie gebräuchliche Lagerarten und -typen und ihre Unterscheidungskriterien.
3. Beschreiben Sie die Mittel der Lagertechnik.
4. Zeigen Sie die Funktionsweise von vollautomatischen Hochregallägern.
5. Welche Vorteile bringt die Teilung des Lagers in ein Arbeits- und ein Vorratslager?
6. Was bedeuten das Magazinier- und das Lokalisierprinzip (chaotisches Prinzip)?
7. Beschreiben Sie die Flach-, Stapel- und Regallagerung.
8. Was sind Kommissionslager und was Lagereien?
9. Bieten Container Einsatzmöglichkeiten im Lagerwesen?

Die Lagerung

10. Welchen Beitrag leisten Paletten im Rahmen der Materialwirtschaft?
11. Welche Möglichkeiten bieten Regale im Lagerwesen?
12. Welchen Beitrag leisten Transportmittel in Kombination mit einer elektronischen Datenverarbeitung im Lagerwesen?
13. Erläutern Sie die Vor- und Nachteile der Lagerzentralisation.
14. Teilen Sie die „Lagerung" in wichtige Teilaufgabengrupen. Beschreiben Sie den Beitrag der einzelnen Gruppen.
15. Beschreiben Sie ausführlich das Einlagerungsverfahren.
16. Beschreiben Sie ausführlich die Möglichkeiten der Auslagerung und speziell der Kommissionierung.
17. Was gibt die Kommissionierleistung an? Wie kann sie gemessen werden? Welche Faktoren beeinflussen sie?
18. Welche Aufgaben soll die Lagerbuchhaltung erfüllen?
19. Beschreiben Sie Verfahren der Verbrauchsrechnung. Wozu wird sie in der Materialwirtschaft eingesetzt?
20. Welche Aufgaben hat die Bestandsrechnung?
21. Beschreiben Sie Verfahren der Bestandsbewertung.
22. Wann und wie kann die Materialbewertung zu dem Anschaffungswert erfolgen?
23. Wann und wie erfolgt die Materialbewertung zu dem Wiederbeschaffungswert?
24. Wann und wie erfolgt die Bewertung mit Verrechnungspreisen?
25. Welchen Anforderungen muß eine Inventur genügen?
26. Beschreiben Sie die Arbeiten bei einer Stichtagsinventur. Welchen Grundsätzen muß sie entsprechen?
27. Was ist eine permanente Inventur? Unter welchen Bedingungen kann sie eingesetzt werden?
28. Welche sind die Aufgaben der Lagerstatistik?
29. Wie können der Flächen-, Höhen- und Raumnutzungsgrad berechnet werden? Wozu dienen sie?
30. Erläutern Sie folgende Lagerkennzahlen: Durchschnittsbestand, Umschlagshäufigkeit, durchschnittliche Lagerdauer, Lagerverweildauer, Lagerreichweite und Eindeckzeit.
31. Erläutern Sie den Servicegrad des Lagers. Was besagt der optimale Servicegrad? Wie wird er berechnet?

Kontrollfragen

32. Was bedeutet „Materialdisposition"? Inwiefern ist sie etwas anderes als die Lagerbuchhaltung? Welche sind die konkreten Aufgaben der Materialdisposition?

33. Beschreiben Sie das Verfahren der auftragsorientierten Materialdisposition.

34. Beschreiben Sie das Bestellpunktverfahren.

35. Beschreiben Sie das Bestellrhythmusverfahren.

36. Was besagt die „Bestellpunkt-optimale Bestellmengen-Strategie"?

37. Warum werden Sicherheitsbestände unterhalten? Wie können Sie festgelegt werden?

38. Beschreiben Sie die Ermittlung von Sicherheitsbeständen, die einen optimalen Servicegrad ermöglichen.

39. Welche Größen sind bei einer Bestellpunktdisposition mit Sicherheitsbeständen zu berücksichtigen? Wie können sie ermittelt werden?

40. Was besagt die Soll- und die Ist-Eindeckungsmenge?

41. Was besagt die Termin-Höchstbestand-Strategie?

42. Nennen Sie das Ziel der Terminrechnung und beschreiben Sie das Vorgehen.

43. Was besagt der Soll-Eindeckungstermin?

44. Was besagt der Ist-Eindeckungstermin? Wie ist er auszurechnen?

45. Was gibt der Bestellrhythmus an?

46. Was drückt die Sicherheitszeit aus?

47. Welche Zeitspanne enthält die Wiederbeschaffungszeit?

6 Politik der Materialwirtschaft (Materialmanagement)

6.0 Lernziele

Dieses Kapitel soll dem Leser
- die Aufgaben der Politik der Materialwirtschaft darlegen;
- die Ableitung der materialwirtschaftlichen Ziele verständlich machen;
- die Abhängigkeit des materialwirtschaftlichen Optimums vom Qualitäts-, Mengen- und Terminoptimum einerseits und dem Kostenminimum andererseits offenlegen;
- den Unterschied zwischen formalen und operationalen Zielen zeigen;
- die Aussage von lang-, mittel- und kurzfristigen Zielen deutlich machen;
- das Ordnungsinstrument der Organisation in der Materialwirtschaft erklären;
- den verrichtungsmäßigen Aufbau der Materialwirtschaft demonstrieren;
- verschiedene Konzeptionen zeigen und erläutern;
- Möglichkeiten der Einkaufsorganistion beschreiben;
- die Problematik des Konzernbezuges, der Gegengeschäfte, der Kooperation des Personals und der Ausrüstung mit technischen Hilfsmitteln demonstrieren;
- die Bereitstellungsmethoden erklären;
- die operativen Instrumente anzeigen und erläutern;
- die Bedeutung der Marktform und der Marktseitenverhältnisse offenlegen;
- Möglichkeiten der Qualitäts-, Mengen-, Preis-, Termin-, Lieferanten-, Nebenleistungs- und Werbepolitik beschreiben;
- Möglichkeiten der praktischen Politik zeigen;
- das Kontrollsystem der Materialwirtschaft darstellen.

6.1 Wesen der materialwirtschaftlichen Politik

Wie am Anfang dieses Buches gezeigt wurde, sind die betrieblichen Aktivitäten zweckgebunden. Das macht sie zu bewußten Handlungen des damit beauftragten Personals. Bewußte Handlungen einzelner Mitarbeiter, die einem Endzweck dienen, setzen jedoch eine festgelegte **Ordnung** der Teilaufgaben voraus. Darüber hinaus beinhalten sie Kenntnis des **Ausgangszustandes,** des **Endzustandes (Ziel)** und der **Einwirkungsmöglichkeiten (Mittel)** zur Realisierung des Endzustandes. Ein solches

Wirken wird als **Politik** bezeichnet. Da die Realisierung der als notwendig erkannten Maßnahme nicht ohne weiteres selbstverständlich und sicher ist, muß zu den Bestandteilen der Politik auch die **Kontrolle** gezählt werden.

Auf die Materialwirtschaft übertragen, läßt sich damit auch die Politik dieses Bereiches charakterisieren. *Sie umfaßt alle Bestrebungen, Handlungen und Maßnahmen, die darauf abzielen, den materialwirtschaftlichen Prozeß zu ordnen, zu beeinflussen oder unmittelbar festzulegen und zu kontrollieren.* Materialwirtschaftliche Politik bedeutet demnach:

1. Formulierung der im Bereich der Materialwirtschaft anzustrebenden **Ziele**.
2. Bestimmung der **Mittel,** mit deren Hilfe die Ziele der Materialwirtschaft erreicht werden.
3. Festlegung des **Mitteleinsatzes.**
4. Kontrolle der erzielten Wirkungen.

Die Zielformulierung sowie die Festlegung der Mittel und des Mitteleinsatzes sind Aufgaben der Leitung der Materialwirtschaft und erfolgen in Zusammenarbeit mit der Betriebsleitung. Die Mitarbeit der Betriebsleitung ist erforderlich, weil die Politik der Materialwirtschaft ein integrierter Teil der **Betriebspolitik** ist. Die Betriebsleitung achtet darauf, daß Ziele und Mittel der Materialwirtschaft dem Betriebszweck bzw. den Betriebszielen entsprechen.

Paßt sich die Leitung der Materialwirtschaft den Gegebenheiten, z.B. des Marktes, an und formuliert die Ziele in diesem Rahmen, dann betreibt sie eine **passive, adaptive Politik.** Setzt sie dagegen Mittel ein, um die Gegebenheiten entsprechend ihren Vorstellungen zu ändern, dann wendet sie eine **dynamische, aggressive Politik** an.

6.2 Ziele der Politik der Materialwirtschaft

Die allgemeine Aufgabe der Materialwirtschaft lautet: *Wirtschaftliche Deckung des Güterbedarfs eines Betriebes.*

Diese Aufgabe beschreibt einen künftigen Zustand. Er wird durch den zu deckenden Bedarf und die Wirtschaftlichkeit bestimmt. Die allgemeine Aufgabe kann also als das oberste Ziel der Materialwirtschaft gesehen werden, das aus dem betrieblichen Sachziel der Leistungserstellung abgeleitet wird. Das oberste Ziel der Materialwirtschaft kann in zwei Komponenten zerlegt werden. Die erste davon ist die angestrebte Bedarfsdeckung und die zweite die gleichzeitig zu realisierende Wirtschaftlichkeit.

Die Bedarfsdeckung ist abhängig von den Funktionen bzw. Eigenschaften der Materialien, d.h. von der Materialqualität. Sie stellt sich somit zunächst als ein **qualitatives Problem** dar. Darüber hinaus enthält sie ein **Mengenproblem.** Für die Erstellung einer bestimmten Leistung werden je nach Produktionsverfahren bestimmte Materialmengen benötigt. Bedarfsmengen sind nicht immer gleich den Bestell- oder Liefermengen.

Bedarfs-, Bestell und Liefermengen sind **zeitbezogen**. Das besagt, daß die Bedarfsdeckung zeitabhängig ist. Die benötigten Materialien in den benötigten Mengen müssen zu den Bedarfsterminen bereitstehen. Ihre Beschaffung bzw. die Produktion der Zwischenteile muß damit abgestimmt sein. Schließlich müssen alle diese Probleme gleichzeitig gelöst werden, und zwar zu möglichst niedrigen Kosten. Oft existieren sogar mehrere Lösungsmöglichkeiten bei den einzelnen Problemen.

Verschiedene Qualitäts-, Mengen- und Terminmöglichkeiten verursachen i. d. R. verschiedene Kosten. Vernünftigerweise sollen diejenigen gewählt werden, die den Bedarfsanforderungen genügen und die niedrigsten Kosten verursachen. Das bedeutet, *daß unter der wirtschaftlichen Bedarfsdeckung die Bereitstellung des **richtigen Materials** in den **richtigen Mengen**, zu den **richtigen Terminen**, zu niedrigsten Kosten zu verstehen ist.* „Richtig" bedeutet hier die bestmögliche Lösung unter Beachtung aller Bestandteile des materialwirtschaftlichen Problems. Solche Lösungen stellen optimale Zustände dar. Für die Bestimmung der **Optima** müssen also auch die Beziehungen zwischen den einzelnen Zielen berücksichtigt werden.

Theoretisch kann eine **Konflikt-, Harmonie-** oder **Neutralitätsbeziehung** vorliegen.

Beispiel

Ein Material liegt in verschiedenen Qualitäten jeweils zu verschiedenen Preisen vor. Nehmen die Preise bei zunehmender Qualität zu, dann besteht zwischen dem Qualitäts- und Kostenziel eine Konfliktbeziehung. Nehmen die Preise dagegen mit steigender Qualität ab, dann liegt zwischen den betrachteten Zielen eine Harmoniebeziehung vor. Kosten schließlich alle Qualitäten gleich viel, dann stehen die zwei Ziele in einer Neutralitätsbeziehung. In den meisten Fällen der Praxis bestehen Konfliktbeziehungen. In solchen Fällen muß dann entschieden werden: wieviel Qualität für wieviel Geld.

Das oberste Ziel der Materialwirtschaft muß **optimale Materialbedarfsdeckung** lauten. Sie liegt vor, wenn **optimale Qualitäten** in **optimaler Menge**, zu **optimalen Terminen**, zu **minimalen Kosten** bereitgestellt werden. Diese Ziele sollen jedoch nicht als die einzig möglichen betrachtet werden. Die Fortführung der Analyse der optimalen Bedarfsdeckung würde auch zusätzliche Ziele wie z.B. optimale Bezugsquellen, optimale Lieferanten, optimale Bereitstellungsmöglichkeiten u.ä. ergeben (vgl. Abb. 6.1).

Um die Komplexität der Ziele zu verringern, werden die allgemeinen Ziele auf die einzelnen Teilbereiche der Materialwirtschaft übertragen. Dadurch entstehen z.B. die **Einkaufsziele** und die **Lagerziele**. Die so abstrakt formulierten Ziele der Politik aus den einzelnen Teilbereichen bilden das **formale Zielbündel** der Materialwirtschaft. In dieser Form kann mit den Zielen jedoch nicht gearbeitet werden. Um ihre Verfolgung und Realisierung zu ermöglichen, müssen sie **operationalisiert** werden. *Zieloperationalisierung bedeutet eine exakte und eindeutige Zustandsbeschreibung durch Quantifizierung.* Überdies schließt sie die Realisierbarkeit der Ziele mit ein. Dies ist der Fall, wenn den Mitarbeitern z.B. in bezug auf die Qualitäts- und Mengenoptimierung genau mitgeteilt wird, was eine optimale Qualität und was eine optimale Menge ist.

Ziele der Politik der Materialwirtschaft 179

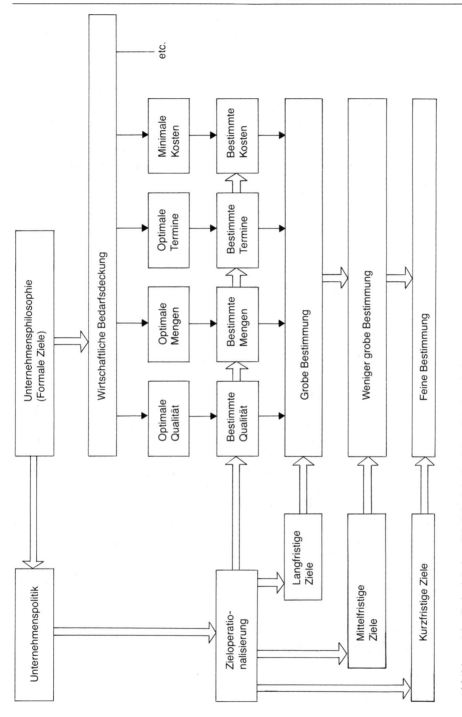

Abbildung 6.1 Beispiel eines Zielbündels der Materialwirtschaft

Die Zieloperationalisierung setzt allerdings zahlreiche Informationen über die Einflußgrößen und deren Einflußstärke auf den betrachteten Zustand in der Zukunft voraus. Solche Informationen liegen im allgemeinen nur begrenzt vor und nehmen mit zunehmender Entfernung der Zukunft ab.

Der Planungshorizont bildet die Grenze der Zieloperationalisierung. Je weiter in der Zukunft die Ziele liegen, desto weniger Informationen liegen vor, um so grober ist ihre Beschreibung. Deswegen werden die Teilziele der Materialwirtschaft weiter in grobe, langfristige Ziele, in weniger grobe, mittelfristige Ziele und feine, kurzfristige Ziele unterteilt. Innerhalb der letzteren bilden die im Rahmen der Materialdisposition verfolgten Ziele die detailliertesten und feinsten Ziele der Materialwirtschaft. Hier sind die Bedarfs-, Bestands-, Entnahme-, Anlieferungs-, Bestellungs-, Lieferanten-, Transport- und Kostenziele bis in alle Einzelheiten festgelegt.

Die zeitliche Grenze der Lang-, Mittel- und Kurzfristigkeit kann im allgemeinen nicht angegeben werden. Sie ist betriebsindividuell festzusetzen. Als Faustregel gilt:

1. Langfristige Ziele: Jahresziele und längere,
2. Mittelfristige Ziele: Quartals- bis Jahresziele,
3. Kurzfristige Ziele: Monats- bis Quartalsziele, untergliedert in Wochen- und sogar Tagesziele in der Materialdisposition.

6.3 Mittel der Politik der Materialwirtschaft

Die Frage nach den **Mitteln (Instrumenten)** der Politik der Materialwirtschaft kann beantwortet werden, wenn herausgearbeitet ist, welche Faktoren in welcher Weise und wie stark auf die Zielrealisierung hinwirken. Erst dann können die geeigneten Mittel ausgewählt und eingesetzt werden. Hierfür sind u. a. Praxiserfahrung und fundierte wirtschaftstheoretische Kenntnisse erforderlich. **Mittelentscheidungen** bilden die Hauptaufgabe des **dispositiven Faktors (Management)**. Solche zielorientierten, zukunftsbezogenen Entscheidungen über die Instrumente der Materialwirtschaftspolitik machen die **operative Planung der Materialwirtschaft** aus.

Auch hier wird, wie bei der Zielformulierung, eine Komplexitätsentflechtung durch die Mittelbestimmung nach Teilbereichen der Materialwirtschaft und ihre Aufteilung in lang-, mittel- und kurzfristige Mittel vorgenommen. Im Grunde genommen heißt dies: Formulierung der lang-, mittel- und kurzfristigen Einkaufs- bzw. Beschaffungsplanung und Lagerplanung.

6.3.1 Die Organisation als Ordnungsinstrument der Politik der Materialwirtschaft

Die Durchführung einer komplexen Aufgabe bedarf einer spezifischen Ordnung, innerhalb derer sie erledigt wird. Eine solche Ordnung ist vor allem für wiederkehrende zweckgebundene Aufgaben notwendig. Diese Ordnung wird durch die **Organisation** hergestellt. Wird sie zur Durchführung der komplexen und permanenten Aufgaben des Betriebes eingesetzt, dann handelt es sich um die **Betriebsorganisation**.

Sie umfaßt die **Stellenbildung**, die **Stellengliederung**, die Schaffung eines **Leistungssystems**, die Bestimmung der Raum- und Zeitbedingungen und die Klärung des Einsatzes der Hilfsmittel zur Bewältigung der betrachteten Aufgaben. Die ersten drei bilden die **Aufbauorganisation**. Die restlichen sind Bestandteile der **Ablauforganisation**.

Die Entscheidung über die organisatorische Ordnung der Materialwirtschaft erfordert zunächst eine Analyse der Betriebsaufgabe. Sie wird theoretisch bis zur Bildung von elementaren Aufgaben geführt. Mittels der Synthese und unter Berücksichtigung der zur Verfügung stehenden Zeit, der Mittel und des Personals werden sie dann zur sinnvollen pragmatischen organisatorischen Einheit zusammengefügt. Diese Einheiten bilden die **Organisationsstellen**.

Im weiteren Verlauf der Synthese werden die einzelnen Stellen unter Berücksichtigung ihrer arbeitstechnischen Beziehungen zu größeren Gebilden, den Abteilungen, zusammengelegt. Sie stellen die hierarchischen **Instanzen** dar.

Es ist von Vorteil, Aufgaben und Verantwortung der gebildeten Stellen mit Hilfe einer **Stellenbeschreibung** schriftlich festzuhalten. Dies dient nicht nur dazu, die Organisation transparent zu machen.

Darüber hinaus erleichtern Stellenbeschreibungen die Kontrolle, steigern die Effizienz der Stelleninhaber durch Vermittlung von Sicherheit und verkürzen die Einarbeitungsphase von Neumitarbeitern. Gewöhnlich werden sie von der Personalabteilung in Zusammenarbeit mit der Organisationsabteilung und der Fachabteilung erstellt.

In der betrieblichen Praxis haben sich folgende Organisationskonzeptionen herausgebildet:

1. Konzeption der **Materialwirtschaft,**
2. Konzeption der **Einkaufsabteilung,**
3. Konzeption der **Beschaffung,**
4. Konzeption der **Logistik.**

Sie werden jeweils unter Berücksichtigung der betriebsindividuellen Gegebenheiten in mehreren Mischformen eingesetzt. Im folgenden sollen sie in reiner Form dargestellt werden.

6.3.1.1 Die Konzeption der Materialwirtschaft

Das durch die Zusammenfügung aller Teilaufgaben des materialwirtschaftlichen Prozesses entstandene Organisationsgebilde stellt die **Konzeption Materialwirtschaft** dar. Durch die Erfassung aller für die wirtschaftliche Versorgung mit Materialien notwendigen Aufgaben erlaubt diese Konzeption die Durchsetzung einer einheitlichen Politik und Leitung. Damit besitzt sie eine hohe Leistungsfähigkeit. Auf Grund ihres Aufgabenumfanges, ihrer Bedeutung und der Anzahl des Personals ist sie häufig direkt unter der obersten Betriebsleitung einzuordnen.

Generell ist diese organisatorische Konzeption für Betriebe mit einem umfangreichen Materialsortiment und Problemen in der Bedarfsermittlung, im Einkauf, im Transport und in der Lagerung gut geeignet. In solchen Fällen ist eine enge Koordination der einzelnen Abteilungen erforderlich, die bei der Konzeption der Materialwirtschaft gewährleistet wird. Vor allem sind es Betriebe der Automobilindustrie, der Elektronik und Elektrotechnik, des Flugzeugbaus und der eisenschaffenden Industrie, die in der Praxis mit dieser Konzeption arbeiten.

Der Aufbau innerhalb der Materialwirtschaft ist den Bedürfnissen der einzelnen Betriebe angepaßt. Einige Gliederungsbeispiele zeigt die Abbildung 6.2.

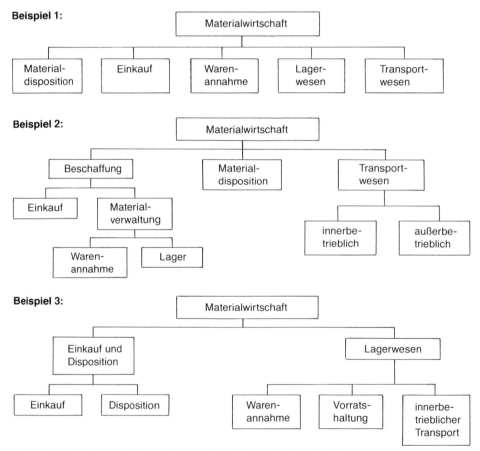

Abbildung 6.2 Beispiele der Konzeption „Materialwirtschaft"

Wird bei diesem Konzept unter dem Lagerwesen die Lagerung auf allen Stufen verstanden und zusätzlich auch die Aufgabe der Fertigungssteuerung als materialwirtschaftliche Funktion interpretiert, dann erhält man die **integrierte Materialwirtschaft**.

6.3.1.2 Die Konzeption der Einkaufsabteilung

Die Konzeption der Einkaufsabteilung ist mit dem „**traditionellen Einkauf**" identisch und wird heute noch häufig angewandt. Ihr Hauptmerkmal ist die Isolierung der einzelnen Teilaufgaben des materialwirtschaftlichen Prozesses. Sie sind hier einzeln institutionalisiert und werden unabhängig voneinander geleitet.

Der allgemeine Nachteil dieser Organisation ist die schwierige, wenn überhaupt mögliche Koordination der Teilaufgaben. Darunter leidet die Erfüllung der wirtschaftlichen Bedarfsdeckung. Um dieses Übel zu beseitigen, werden Querverbindungen mittels Bedarfskommissionen, Lagerkommissionen, Dispositionskommissionen u. ä. gebildet. Wegen der existierenden Abteilungsegoismen ist der Erfolg dieser Maßnahmen gefährdet, und die Effizienz dieser Organisationsform bleibt gering.

Im Rahmen dieser Konzeption sind folgende wichtige Organisationsentscheidungen zu treffen:
1. Klärung der Frage nach Zentral- oder Dezentraleinkauf,
2. Festlegung der internen Einkaufsorganisation.

6.3.1.2.1 *Zentral- oder Dezentraleinkauf*

Streng genommen bedeutet **Zentraleinkauf,** daß die Einkaufsfunktion eines Betriebes nur von einer Abteilung vorgenommen wird. Sind dagegen mehr als eine Abteilung damit beauftragt, dann handelt es sich um einen Dezentraleinkauf (räumliche Zentralisation). Hierbei ist es jedoch möglich, einen räumlichen Dezentraleinkauf zu haben, der jedoch fachlich, z.B. bei der Muttergesellschaft, zentralisiert ist (Entscheidungszentralisation). Ein Extremfall von Dezentralisation liegt vor, wenn alle Fertigungsabteilungen eine selbständige Einkaufsabteilung unterhalten. Generell werden für den Dezentraleinkauf folgende Argumente benutzt:
1. Höherer Informationsgrad,
2. Minderung der Bürokratie.

Der im Vergleich zum Zentraleinkauf höhere *Informationsgrad* bezieht sich auf die technischen Abteilungen, die im Extremfall ihren Einkauf betreiben. Dadurch kommen die „Techniker" an Marktinformationen, die ihnen im Falle des Zentraleinkaufs vorenthalten würden. Dies ist jedoch nicht allgemein gültig. Ein geeignetes Informationssystem kann auch diesen Informationsbedarf decken.

Hinsichtlich der geringeren *Bürokratie* im Vergleich zum Zentraleinkauf wird geltend gemacht, daß
1. die Wege zwischen Bedarfsträger und Einkauf kürzer sind,
2. die Entscheidungsfreiheit der Einkäufer größer ist und
3. die Reglementierung kleiner ist.

Diese Argumente können nicht unbedingt alle als gültig betrachtet werden. Die räumliche Entfernung zwischen Bedarfsträgern und Einkäufer kann mit Hilfe der Kommunikationstechnik schnell und billig überwunden werden. Die Entscheidungsfreiheit ist eine Frage der Kompetenzregelung. Größere Organisationsgebilde gelten jedoch als unflexibel.

Für den Zentraleinkauf werden im allgemeinen folgende Argumente angeführt:

1. höhere Marktmacht,
2. höhere Rationalisierung und
3. einheitliche Einkaufspolitik.

Das erste Argument gilt nur, wenn homogene Einkaufsprodukte bei den einzelnen Abteilungen unterstellt werden. Das Rationalisierungsargument ist nur zum Teil zutreffend. Zutreffend und von wesentlicher Bedeutung ist das Argument der einheitlichen Einkaufspolitik. Sie wirkt leistungssteigernd und ist dadurch wünschenswert.

6.3.1.2.2 Die Organisation innerhalb des Einkaufs

Die organisatorische Gliederung des Einkaufs erfolgt in der Praxis nach folgenden Kriterien:

1. Funktionen **(vertikales Prinzip)**,
2. Einkaufsprodukte **(horizontales Prinzip)**,
3. Fertigprodukte **(divisionales Prinzip)**,
4. Lieferanten und
5. Regionen.

Die Gliederung nach Funktionen ermöglicht einen Einsatz des Personals nach den Kenntnissen und Fähigkeiten des einzelnen Mitarbeiters. Darüber hinaus soll die Wiederholung der gleichen Tätigkeiten zur Spezialisierung führen. Dagegen spricht die partielle Verantwortung. Jeder ist nur für seine Teilfunktion zuständig und verantwortlich. Die Abstimmung eines Kaufes erfordert insgesamt zusätzliche Koordinationsaufgaben.

Das **vertikale Prinzip** bringt Vorteile, wenn es zur Trennung von kreativen Aufgaben und Verwaltungsaufgaben eingesetzt wird. Empirische Untersuchungen haben ergeben, daß eine solche Trennung die Zeit des Einkäufers für kreative Aufgaben von 30% auf 85% seiner Arbeitszeit erhöhen kann (vgl. SCHARSCHMIDT, W. (IBM Deutschland): Dem Einkäufer eine Chance, S. 14).

Die Organisation des Einkaufs **nach den Einkaufsprodukten** verlangt die Bildung von möglichst homogenen Produktgruppen, die dann bestimmten Stellen zugeordnet werden. Durch die ständige Betreuung der gleichen Produkte sollen die Einkäufer spezielle Produkt- und Marktkenntnisse erlangen. Dieses Gliederungsprinzip, kombiniert mit dem vertikalen Prinzip, ist die häufigste Einkaufsorganisation der Praxis.

Grundgedanke des **divisionalen Prinzips** ist es, die Einkaufskosten einzelner Sparten erfassen zu können. Darüber hinaus soll dadurch die Selbständigkeit der Sparten betont werden. Für den Einkauf bedeutet dieses Prinzip verbesserte Bedarfskenntnisse und gute Produkt- und Marktkenntnisse. Allerdings kann die konsequente Anwendung des divisionalen Prinzips zur Spaltung der Marktmacht führen.

Durch die Gliederung des Einkaufs nach Lieferanten sollen alle Bezüge von einem Lieferanten bei einem Einkäufer konzentriert werden. Dadurch wird eine Nachfrage- und Marktmachtkonzentration an einer Stelle erhofft. Gegen das Prinzip ist zu halten, daß eventuell der Gesamtmarkt vernachlässigt wird. Vor allem in bezug auf die Suche nach neuen Lieferanten ist dies zu befürchten.

Das regionale Gliederungsprinzip ist geeignet zur Schaffung von Regionenspezialisten im Einkauf. Bei einigen Produkten, wie z. B. Tabak, ist es von Vorteil, die Eigenschaften verschiedener Provenienzen zu kennen.

Alle diese Organisationsprinzipien kommen in der Praxis vor. Sie werden jedoch nie in reiner Form, sondern immer in Kombinationen, die den Bedürfnissen der einzelnen Betriebe entsprechen, realisiert. Die Zersplitterung und Isolierung der Teilaufgaben des materialwirtschaftlichen Prozesses bei der Realisierung dieser Konzeption sind in der Abbildung 6.3 deutlich zu erkennen.

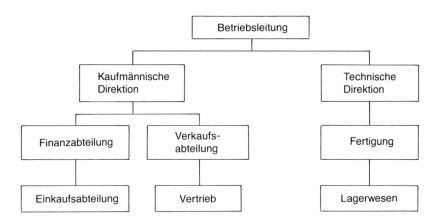

Abbildung 6.3 Beispiel der Konzeption „Einkaufsabteilung"

6.3.1.3 Die Konzeption der Beschaffung

Im Rahmen dieser Konzeption ist die Beschaffung kein Synonym für den Einkauf. Die Bezeichnung der Konzeption leitet sich aus der Beschaffungsfunktion des Betriebes ab. Bekanntlich ist sie für die wirtschaftliche Versorgung mit den Gütern des originären Bedarfs zuständig. Davon ausgehend propagierte in den sechziger und Anfang der siebziger Jahre der damalige „Bundesverband Industrieller Einkauf

(BIE)" die organisatorische Zusammenbringung des Einkaufs und des Lagers unter der Bezeichnung „Beschaffung".

Gemeint sind hier jedoch die Läger der ersten, vierten und fünften Stufe. Das bedeutet zwar, daß die Konzeption der Beschaffung effizienter ist als die des Einkaufs. Wegen der Spaltung des Lagerwesens und der Nichtbeachtung des Transports ist sie im Vergleich zu der Konzeption der Materialwirtschaft jedoch weniger geeignet, eine einheitliche, umfassende Politik zu sichern. Im Rahmen der Diskussion um diese Konzeption entstand eine Kontroverse zwischen „Kaufleuten" und „Technikern". Die „Techniker" wollten sich vom Lager nicht trennen und argumentierten mit der Sicherheitsfunktion. Ihre Forderung lautet: Unterstellung der „Beschaffung" unter die Fertigung. Die „Kaufleute" führten dagegen das Kostenargument an und verlangten die organisatorische Zusammenlegung des Einkaufs und des Lagers sowie die Unterstellung der Beschaffung unter die kaufmännische Direktion.

Unabhängig von der Bezeichnung ist diese Konzeption in der Praxis oft anzutreffen. In Betrieben mit einem hohen Materialkostenanteil heißt sie Beschaffung und ist dem kaufmännischen Bereich unterstellt. Allerdings gibt es Betriebe, die ihre Einkaufsabteilung und das Lager zusammenlegen und dem technischen Bereich unterstellen. Hier wird diese Konzeption oft „Materialwirtschaft" genannt. Die entsprechenden Organigramme sind in der Abbildung 6.4 enthalten.

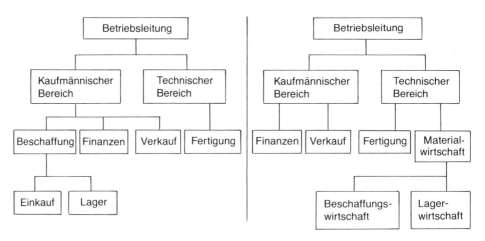

Abbildung 6.4 Beispiele der Konzeption „Beschaffung"

6.3.1.4 Die Konzeption der Logistik

Die Bezeichnung „**Logistik**" stammt aus dem Französischen (loger = einquartieren) und wurde in die Wirtschaft aus dem militärischen Bereich übernommen. Unter der militärischen Bezeichnung Logistik wird die Planung, die Bereitstellung und der Einsatz der für militärische Zwecke benötigten Mittel verstanden.

Im wirtschaftlichen Bereich enthält dieser Begriff mehrere Bedeutungen. Die geläufigste davon ist, unter der Logistik das **Transportwesen** zu verstehen. In erweiterter Form enthält der Begriff sowohl das Transport- als auch das Lagerwesen. In einer noch umfassenderen Bedeutung drückt die Logistik sämtliche Teilaufgaben der Materialwirtschaft aus. Dabei wird die **Materialverteilung** besonders betont. Schließlich gibt es Betriebe, die unter dem Bereich Logistik die Abteilung der Konstruktion, der Fertigung, des Einkaufs und das Lager- und das Transportwesen zusammenfassen. Letztere umfassendste Konzeption bietet die besten Planungs-, Koordinations-, Abstimmungs- und Durchführungsmöglichkeiten für die entsprechenden Funktionen. Da es sich hierbei um die Abstimmung der Konstruktion, der Fertigung und der Materialwirtschaft handelt, verspricht diese Konstruktion die höchste Effizienz.

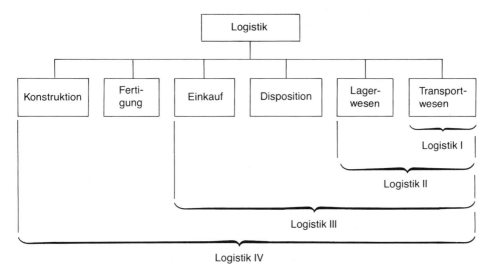

Abbildung 6.5   Vier Auslegungsmöglichkeiten der Logistik

6.3.1.5   Die Politik der Bezugsquellen und die externe Organisation (Organisation der Beschaffungswege)

Im allgemeinen wird bei der betrieblichen Beschaffung der **direkte Bezug** von den Herstellern angestrebt. Dies gilt vor allem für die Industriebetriebe. Das bietet die Möglichkeit einer kontinuierlichen Belieferung von großen Mengen zu i. d. R. niedrigeren Kosten als durch indirekten Bezug über den Handel. Es gibt jedoch Produkte und Situationen, bei denen nur ein indirekter Bezug möglich bzw. vorteilhaft ist. Dies ist z.B. bei eiligen Bestellungen, bei einem geringeren Bedarf, bei Verkäufermärkten u.ä. der Fall. Bei Großbetrieben wird der indirekte Bezug vom regionalen Handel auch aus Gründen der „public relations" angeordnet.

Im Rahmen der **Bezugsquellenpolitik** soll auch die Frage der Auslandsbezüge generell geklärt werden. Die Einfuhrgründe können in der Verfügbarkeit oder in den niedrigeren Kosten des Auslandes liegen. Die Erfahrung zeigt, daß es bei vielen Produkten beträchtliche Kostenunterschiede von Land zu Land gibt. Das zwingt dazu, das ausländische Angebot in Betracht zu ziehen.

Eng mit der Entscheidung über die Bezugsquellen verbunden ist auch die der **Gestaltung des Bezugsweges.** Sie ist eigentlich eine Frage der **externen Organisation** des Einkaufs. Es soll geklärt sein, wer die Kontakte zu den Lieferanten knüpft, verhandelt, Verträge schließt u. ä. In Betracht kommen hierfür: der Facheinkäufer, der Chefeinkäufer oder auch der Leiter des Einkaufs. Dies ist unter anderem von der Bedeutung der einzelnen Geschäfte und Lieferanten abhängig. Neben den eigenen Mitarbeitern können auch Makler, Agenten, Auktionatoren und Vertreter eingesetzt werden, wenn es die Situation erfordert. Groß- und Spezialbetriebe unterhalten auf wichtigen Handelsplätzen **Einkaufsbüros, -niederlassungen** oder sogar **Einkaufsgesellschaften.** Im Rahmen der Bezugsquellen soll auch über die Konzernbezüge und die Gegengeschäfte entschieden werden.

6.3.1.5.1 *Der Konzernbezug*

Bei den **Konzernbezügen** handelt es sich um Entscheidungen der Konzernleitung, einen Bedarf bei einer „Schwestergesellschaft" zu decken. Dabei wird die Entscheidungsfreiheit des Einkaufs spürbar eingeengt bzw. völlig beseitigt. Letzteres ist der Fall, wenn der Bezug zwingend ist und die Aushandlung von Preisen wegfällt. Diese Form ist jedoch nur eine der möglichen „Spielarten". Alternativ dazu kann das Angebot der produzierenden „Schwester" zwingend und die Annahme des Einkaufs freiwillig sein. Darüber hinaus können Präferenzen für die „Schwester" festgestellt werden.

Konzernbezüge werden mit Beschäftigungsargumenten begründet. In solchen Fällen sollen die Beschäftigungsvorteile mit den Einkaufsnachteilen verglichen werden. Bei den letzten wären dann auch die Folgenachteile, wie z. B. der Verlust eines langjährigen Lieferanten, zu berechnen. Außerdem soll der Faktor „Nachlässigkeit" sowohl beim Einkauf als auch beim Lieferbetrieb in Rechnung gestellt werden. (Zum Problem des Konzernbezugszwangs vgl. EVERLING, W.: Bezugszwang bei Schwesterwerken oder freie Lieferantenwahl? In: Neue Betriebswirtschaft, 22. Jg., Heft 3/1969, S. 16 ff.)

Der Bezugszwang im Konzern ist nicht mit **„Eigenherstellung oder Fremdbezug"** zu verwechseln. Bei der Frage der Eigenherstellung geht es darum, ein benötigtes Zwischenteil in die Eigenfertigung aufzunehmen. (Zur Frage Eigenfertigung oder Fremdbezug vgl. z. B. CHURCHMANN, A. A.: Operations Research, S. 89 ff.; MÄNNEL, W.: Die Wahl zwischen Eigenfertigung oder Fremdbezug. Theoretische Grundlagen, praktische Fälle; JACOB, H.: Industriebetriebslehre in programmierter Form, Bd. 2, Planung und Planungsrechnungen, S. 206 ff.) Im Rahmen dieser Entscheidung beteiligt sich die Materialwirtschaft als Informationslieferant über die Kosten des alternativen Fremdbezuges. Ihre Interessen werden davon nur indirekt, z. B. durch eine Verkleinerung des **Einkaufsvolumens** bzw. **-sortiments,** berührt. Im Gegensatz zu dem Bezugszwang im Konzern leidet hier die Eigenständigkeit der Beschaffung nicht.

6.3.1.5.2 Die Gegengeschäfte

Als **Gegengeschäft** wird die Bindung eines Verkaufs- mit einem Einkaufsgeschäft bezeichnet. Häufig werden solche Geschäfte von Kunden mittels der Verkaufsabteilung veranlaßt. Im Rahmen des Handels mit osteuropäischen und Entwicklungs-Ländern sind Gegengeschäfte üblich und oft Voraussetzung für ein Exportgeschäft. In der Regel handelt es sich bei einem Gegengeschäft aus der Sicht des Einkaufs um ein „Verlustgeschäft". Der Einkäufer verliert hierbei den Raum einer freien Entscheidung. Dadurch wird die Realisierung der vom Einkauf verfolgten Ziele gefährdet. Dies kann vermieden werden, wenn die Entscheidung darüber beim Einkauf bleibt. Ein Entscheidungskriterium soll der Vergleich der Angebotsbedingungen des Kunden mit denen des günstigsten Lieferanten bilden. Wird eine Entscheidung gegen den Willen des Einkäufers getroffen, dann soll die Verantwortung für das Gegengeschäft von der anordnenden Stelle übernommen werden.

6.3.1.5.3 Die Kooperation

Die **Kooperation** als beschaffungspolitisches Mittel sollte in zweifacher Hinsicht betrachtet werden. Zum einen geht es dabei um die innerbetriebliche und zum anderen um die außerbetriebliche Kooperation. Die innerbetriebliche Kooperation kann mit Hilfe organisatorischer Maßnahmen, z.B. durch Erstellung eines entsprechenden Informationssystems, gefördert werden. Dabei handelt es sich bei den kooperierenden Stellen um organisatorisch selbständige Stellen. Von besonderer Bedeutung ist in diesem Zusammenhang die Zusammenarbeit zwischen Materialwirtschaft, Produktion, Verkauf und Rechnungswesen.

Bei der außerbetrieblichen Kooperation handelt es sich um die Zusammenarbeit von rechtlich und wirtschaftlich unabhängigen Betrieben. In Anlehnung an die Verkaufspraxis kann im Beschaffungsbereich im Rahmen der vorbereitenden Funktionen, z.B. gemeinsame Beschaffungsmarktforschung, oder der Beschaffungsdurchführung, z.B. durch eine gemeinsame Einkaufsgesellschaft, zwischen mehreren Betrieben kooperiert werden.

Als Kooperationsgrundlage können **grobe Absprachen** oder ein **Kooperationsvertrag** dienen. Allerdings müssen bei einer angestrebten Kooperation die Bestimmungen des **Kartellrechts** beachtet werden. Ein gemeinsamer Einkauf mit Rechtszwang (Verpflichtung zur Deckung des Bedarfs teilweise oder ganz durch gemeinsamen Einkauf) ist nicht gestattet. Dagegen ist die gemeinsame Beschaffungsmarktforschung gestattet. Hinsichtlich der Beschaffungsmarktforschung bietet es sich z.B. an, einer „**Preismeldestelle**" beizutreten, soweit solche Stellen nicht gegen das Kartellrecht verstoßen. (Zum Problem der Kooperation vgl. BENISCH, W.: Kooperationsfibel; BDI und RKW (Hrsg.): Leitfaden für die Kooperation in der Beschaffung.)

Die Kooperation von mehreren kleineren Firmen bringt ihnen die Vorteile der Großabnehmer (Beispiel: Einkaufsgenossenschaften).

Unter bestimmten Bedingungen kann die Beschaffungsfunktion eines Unternehmens einem anderen übertragen werden (out sourcing). In solchen Fällen sollte die Gefahr der Schaffung von Abhängigkeiten gut überlegt sein.

6.3.1.6 Das Personal und die Ausrüstung mit technischen Hilfsmitteln

Das Personal und seine Ausrüstung mit technischen Hilfsmitteln sind fundamentale Faktoren für die Erfüllung der Aufgaben der Materialwirtschaft. Damit jedoch der Personal- und Mitteleinsatz entsprechend den materialwirtschaftlichen Aufgaben erfolgen können, ist es erforderlich, daß die Leitung der Materialwirtschaft

1. konkrete Vorstellungen über die erforderlichen Faktorqualitäten entwickelt,
2. die vorhandenen Möglichkeiten kennt und
3. geeignete Maßnahmen ausarbeitet, um gegebene Abweichungen zwischen den eigenen Vorstellungen und dem Ist-Zustand auszugleichen.

Hinsichtlich des Personals sollen aus der Aufgabenanalyse und -bewertung die entsprechenden **Anforderungsprofile** abgeleitet werden. Für die Einkäufer z.B. gelten bei Neueinstellungen folgende Eigenschaften und Kenntnisse als Entscheidungskriterien:

- Charakter;
- Verantwortungsbewußtsein;
- Verhandlungsgeschick;
- Geistige Beweglichkeit;
- Selbständiges Arbeiten;
- Eigeninitiative;
- Beharrungs- und Standvermögen;
- Umgangsformen;
- Flexibilität;

- Streben nach Weiterbildung;
- Allgemeine kaufmännische Kenntnisse;
- Einkaufserfahrung;
- Allgemeines Wissen;
- Technische Kenntnisse;
- Produktkenntnisse;
- Branchenkenntnisse;
- Kenntnisse der organisatorischen Zusammenhänge;
- Juristische Kenntnisse.

Neben diesen Eigenschaften und Kenntnissen sind auch spezifische Kenntnisse über den eigenen Betrieb und die eigene Abteilung erforderlich. Außerdem muß berücksichtigt werden, daß im modernen Arbeitsprozeß die an das Personal gestellten Anforderungen sich ständig verändern. Das bedeutet, daß ein Betrieb gezwungen ist, sich auch um die Aus- und Weiterbildung des Personals der Materialwirtschaft zu kümmern. Dabei könnten folgende Maßnahmen ergriffen werden:

1. Orientierung im Einkauf,
2. Durchlauf anderer Abteilungen,
3. Training „on the job",
4. Vermittlung von inner- und außerbetrieblichen Kursen und Seminaren.

Hinsichtlich der Ausrüstung mit technischen Hilfsmitteln ist die Entscheidung über den Einsatz der EDV von größter Bedeutung. Die Entwicklung in diesem Bereich hat relativ billige leistungsstarke Geräte und für die Materialwirtschaft speziell geeignete Programme hervorgebracht. Allerdings ist die Umstellung von manueller auf EDV-Bearbeitung nicht immer von Erfolg begleitet, obwohl die entsprechende Literatur seit mehreren Jahren vorliegt (vgl. z. B. BOJE, A.: Moderne Einkaufsorganisation; TRUX, R.: Einkauf und Lagerdisposition mit Datenverarbeitung in der Materialwirtschaft; GRUPP, B.: Materialwirtschaft mit EDV, Einführungsschritte, Modularprogramme, Praxisbeispiele, Umstellungsprobleme; GRUPP, B.: Materialwirtschaft mit Bildschirmeinsatz; GRUPP, B.: Bildschirmeinsatz im Einkauf; POLENZ, D. VON: Materialwirtschaft mit kleinen EDV-Systemen, Planung, Organisation, Programmierung und Realisierung eines Materialwirtschafts-Modells für kleinere und mittlere Produktionsbetriebe; MERTENS, P.: Industrielle Datenverarbeitung, Bd. 1, Administrations- und Dispositionssysteme; ROLLE, G. (Hrsg.): Softwareführer '89 für Personal-Computer, vor allem S. 180—221; NOMINA INFORMATION SERVICES (Hrsg.): ISIS Software Report; GRUPP, B.: EDV-Projekte in den Griff bekommen; GRUPP, B.: EDV-Pflichtenheft zur Hardware- und Softwareauswahl). Das mag daran liegen, daß die betroffenen Betriebe ihre Problemstellung und die Möglichkeit der verschiedenen Systeme nicht ausreichend kennen.

Grundsätzlich bestehen zwei Lösungsmöglichkeiten:
1. Es werden einzelne Aufgaben der Materialwirtschaft einem Computer übertragen, wie z. B. maschinelle Lagerbestandsführung, Bestellbestandsführung, Bestellschreibung etc. **(Insellösungen).**
2. Es wird eine **integrierte Datenverarbeitungskonzeption** angewandt. Dazu gehört die DV-mäßige Durchführung der Bedarfs-, Bestell- und Bestandsrechnung. Darüber hinaus können in einigen Fällen auch zusätzliche Aufgaben, wie z. B. die der Beschaffungsmarktforschung, der Einkaufsplanung, der Bestellschreibung und der Terminüberwachung, mit Hilfe der EDV erledigt werden.

Vor der Einführung der EDV soll jedoch entschieden werden, welche Aufgaben von der EDV übernommen werden sollen. Dann sollten Informationen über die angebotenen Geräte und Programme gesammelt und verglichen werden. Anschließend sollen die eigentlichen Einführungsmaßnahmen getroffen werden. Darunter fallen Überlegungen und Entscheidungen über die

1. notwendigen Umstellungsschritte,
2. Höhe der Einführungskosten,
3. Einführungsdauer,
4. Wirtschaftlichkeitsrechnung,
5. erwarteten Umstellungsrisiken.

Neben der Entscheidung über den EDV-Einsatz sind hinsichtlich der Ausrüstung mit Hilfsmitteln u. a. auch folgende Fragen von Bedeutung:

1. Anzahl der Fernsprechapparate,
2. Zurverfügungstellung von Rechenapparaten,
3. Errichtung von FAX-Möglichkeiten,
4. Ausrüstung mit Schreibmaschinen (zentrales — dezentrales Schreibbüro, Einsatz von Schreibautomaten etc.),
5. Ausrüstung mit Frankiermaschinen,
6. Mechanisierung und Automatisierung des Lagerwesens etc.

6.3.1.7 Die Bereitstellungsmethoden

Die Entscheidung über die **Bereitstellungsmethoden** stellt den Rahmen dar, innerhalb dessen die wichtigsten Beschaffungsfunktionen Einkaufen und Lagern sich abspielen. Grundsätzlich ist zwischen dem **Prinzip der Bedarfsdeckung mit Vorratshaltung** und dem **Prinzip der Bedarfsdeckung ohne Vorratshaltung** zu unterscheiden. Eine Reihe von Einsatzstoffen muß vor ihrer Verwendung eine gewisse Zeit lang lagern. Andere wiederum können wegen ihrer Eigenschaften nicht gelagert werden. Zwischen diesen beiden Gruppen existieren eine Vielzahl von Produkten, die gelagert werden könnten, es aber nicht unbedingt müssen. Die Entscheidung bei diesen Produkten muß sich auf den Vergleich zwischen Vor- und Nachteilen der einzelnen Bedarfsdeckungsverfahren stützen.

Die Vorratshaltung bietet den Vorteil der Sicherung. Sie verursacht jedoch Kosten. Vor dieses Dilemma gestellt, muß die Leitung der Materialwirtschaft sich überlegen, ob und gegebenenfalls bei welchen Materialien das Bedarfsdeckungsprinzip ohne Lagerhaltung angewandt werden kann.

Die Ausschaltung der Vorratshaltung ist möglich durch Realisierung des Prinzips der

1. Einzelbeschaffung im Bedarfsfall,
2. einsatzsynchronen Anlieferung (Kanban-System, just in time).

Die **Einzelbeschaffung im Bedarfsfall** bedeutet, daß der Beschaffungsprozeß erst dann ausgelöst wird, wenn eine Bedarfsmeldung vorliegt. Der Bestell- und Liefertermin könnte so gewählt werden, daß die Lieferung nur kurze Zeit im Bereich der Materialwirtschaft verbleibt. Dadurch sind die Kapitalbindungskosten und die Risiken der Lagerhaltung im Vergleich zum Prinzip der Vorratshaltung wesentlich niedriger. Im Gegensatz hierzu wird durch die Anwendung dieses Prinzips der Aktionszeitraum des Einkaufs jedoch eingeengt. Folge davon könnte der Zwang des Kaufs in einer ungünstigen Marktsituation sein. Darüber hinaus setzt die Realisierung dieses Prinzips einen ausgesprochenen „Einkäufermarkt", mindestens jedoch eine uneingeschränkte Termintreue der Lieferanten voraus. Andernfalls könnte es zu Produktionsstörungen wegen fehlender Materialien kommen, wenn die Bedarfsmeldung nicht früh genug erteilt wird.

Seine praktische Anwendung findet dieses Prinzip vor allem in Betrieben, deren Leistungserstellung in Einzelfertigung erfolgt.

Durch die Realisierung der **einsatzsynchronen Anlieferung,** die häufig als **Kanban-System** oder **Just-in-time-System** bezeichnet wird, wird versucht, die hohe Kapitalbindung des Vorratsprinzips und die Unsicherheit des Prinzips der Einzelbeschaffung im Bedarfsfall auszuschalten.

Voraussetzung für die Anwendung dieses Prinzips ist die frühzeitige Bedarfsermittlung, die Ausarbeitung eines qualitativ, quantitativ und terminlich abgesicherten Bedarfsplanes, die Zuverlässigkeit der Lieferanten und Transporteure und das Fehlen von unvorhersehbaren Störungen, wie z.B. Streik u.ä. Auf Grund des Bedarfsplanes kann dann der Einkauf unter Berücksichtigung der Marktsituation seinen Plan entwickeln und darin längerfristige Lieferverträge mit genau bestimmten und abgesicherten Abruf- bzw. Lieferterminen vorsehen.

Infolge dieser Abstimmung zwischen Lieferungen und Produktion ist nicht nur die Ausschaltung der Materialläger im eigenen Betrieb möglich. Die Lieferanten können auch auf ihre Fertigproduktläger verzichten, wenn sie ihre Produktion entsprechend exakt planen.

Das Prinzip der einsatzsynchronen Anlieferung ist vor allem für Betriebe der Großserien- bzw. Massenfertigung geeignet.

In der Praxis können wegen der Vielfalt der Materialien und deren Eigenschaften die einzelnen Prinzipien nicht generell angewandt werden. Vielmehr wird dort aufgrund von langfristigen Bedarfsanalysen die Entscheidung materialspezifisch und unter Berücksichtigung der Entwicklung des eigenen Betriebes und der verschiedenen Märkte fallen müssen. Das bedeutet, daß u. U. auch Mischformen möglich und vorteilhaft sind.

6.3.2 Operative Instrumente der Politik der Materialwirtschaft

Die Deckung des in einer Zeitperiode auftretenden Bedarfs unter optimalen Bedingungen erfordert eine Reihe von **operativen Maßnahmen.** Diese Maßnahmen sind den spezifischen Bedingungen der betrachteten Bedarfsfälle möglichst genau anzupassen. Sowohl der Bedarf als auch die Bedingungen seiner Deckung können sich von Periode zu Periode ändern. Diese Änderungen wirken sich auch auf die auszuwählenden und einzusetzenden Maßnahmen aus. Sie müssen den konkreten Bedarfsfällen Rechnung tragen und ihnen adäquat sein. Das bedeutet, daß das Hauptmerkmal der operativen Mittel der Politik der Materialwirtschaft ihre fallweise Variierbarkeit ist.

Im Grunde handelt es sich hier um Entscheidungen der **Beschaffungspolitik,** verstanden als **Einkaufspolitik.** Der sonstige Raum der **Politik der Materialwirtschaft,** wie z.B. die Bereitstellungsmethode, die Dispositionsverfahren und allgemein die **Lagerpolitik,** ist längerfristig festgelegt. Es gibt jedoch Fälle, in denen die Beschaffungspolitik durch Entscheidung der Lagerpolitik determiniert wird. Dies ist im allgemeinen der Fall bei bekannten und konstanten Marktbedingungen und unsicheren variablen Verbrauchsbedingungen.

Da die Beschaffungspolitik sich in der Bestellung niederschlägt, können die operativen beschaffungspolitischen Instrumente dem Bestellinhalt entnommen werden. Dazu sind zu zählen:

- die Qualität,
- die Menge,
- der Preis,
- der Lieferant,
- die Lieferzeit,
- die Nebenleistungen,
- die Zahlungsbedingungen,
- die Lieferbedingungen u. ä.

(Vgl. dazu auch THEISEN, P.: Grundzüge einer Theorie der Beschaffungspolitik, S. 86.)

Die Festlegung dieser Punkte erfolgt jedoch nicht allein durch die Interessen des Einkäufers. Ob die Einkäufer sie bestimmen oder mindestens ihre Festlegung mitbeeinflussen können, ist abhängig von den Marktgegebenheiten. Im allgemeinen ist dies eine Frage der **Marktform** und der **Marktseitenverhältnisse**.

Die Marktform kennzeichnet die horizontalen Strukturen der Marktteilnehmer. Als Kriterien der verschiedenen Marktformen werden die Marktanteile und die Anzahl der Marktteilnehmer benutzt. Je nach Anzahl und Marktanteil der Anbieter bzw. Nachfrager entstehen Marktformen wie **Monopol, Polypol, Oligopol** etc. (vgl. Abb. 6.6).

Anbieter / Nachfrager	viele kleine	wenige mittlere	ein großer
viele kleine	Polypol (a) Polypson (b)	Oligopol (a)	Monopol (a)
wenige mittlere	Oligopson (b)	bilaterales Oligopol (c)	beschränktes Monopol (c)
ein großer	Monopson (b)	beschränktes Monopson (c)	bilaterales Monopol (c)

Abbildung 6.6 Marktseitenverhältnisse und Marktformen unter der Koinzidenzannahme

Die Realisierung einer bestimmten Politik ist jedoch nicht allein von den Beziehungen der Teilnehmer einer Marktseite, sondern auch von der Betrachtungsweise der Marktgegenseite (vertikale Marktbeziehungen) abhängig. Diese Beziehungen werden durch die Marktseitenverhältnisse ausgedrückt. Sie beinhalten die gegenseitige Betrachtungsweise der Nachfrager und Anbieter. Dabei lassen sich unter Benutzung des Marktanteils und der Anzahl der Marktteilnehmer folgende Grundfälle bilden:

- kollektive Betrachtung der Nachfrager durch die Anbieter (Fall a),
- kollektive Betrachtung der Anbieter durch die Nachfrager (Fall b) und
- gegenseitige singuläre Betrachtung der Marktpartner (Fall c).

(Vgl. THEISEN, P.: Grundzüge einer Theorie der Beschaffungspolitik, S. 38 ff.)

Der Fall a ist zu erwarten, wenn die Anzahl der Nachfrager im Verhältnis zu der der Anbieter so groß ist, daß die einzelnen Nachfrager für einen Anbieter unbedeutend sind. Der Anbieter legt sein Verhältnis aufgrund der Gesamtnachfrage fest.

Ist im Gegensatz dazu die Anzahl der Anbieter im Verhältnis zu der der Nachfrager so groß (und die jeweiligen Anteile entsprechend klein), daß die einzelnen Anbieter für einen Nachfrager unbedeutend sind, dann liegt der Fall b vor. Die Nachfrager bestimmen ihr Verhalten aufgrund des Gesamtangebotes.

Im Fall c, im Falle der singulären Betrachtungsweise, haben die einzelnen Anbieter und Nachfrager etwa gleichgroße Marktanteile (ihre Anzahl weicht voneinander nicht ab). Jeder Anbieter ist für jeden Nachfrager von Bedeutung und umgekehrt.

Neben diesen Grundformen lassen sich mehrere Zwischenformen bilden. Ein Nachfrager betrachtet z.B. einige für ihn unbedeutende Anbieter kollektiv und einige für ihn bedeutende Anbieter singulär. Singuläre Betrachtung heißt, daß keiner dem anderen seine Vorstellungen aufzwingen kann. Die Ergebnisse sind beiderseitige Kompromisse, die durch Verhandlungen erzielt werden.

Da für die Bildung der Marktformen und der Marktseitenverhältnisse die gleichen Kriterien angewandt werden, können sie auch in einen Zusammenhang gebracht werden. Dies ist in Abb. 6.6 geschehen. Dabei wurde unterstellt, daß das Vorkommen von „vielen kleinen" Marktteilnehmern auf einer Marktseite zur Folge hat, daß

1. diese sich einzeln nicht beeinflussen können (z.B. das Verhalten eines Nachfragers beeinflußt nicht das Verhalten der anderen Mitnachfrager),
2. diese einzelnen keinen bedeutenden Einfluß auf die Marktgegenseite haben (z.B. das Verhalten eines Nachfragers beeinflußt nicht das Verhalten der Anbieter).

Die Annahmen unter 1 und 2 ergeben die sogenannte **Koinzidenzannahme**.

Liegt eine konkrete Kombination von Marktform und Martkseitenverhältnis vor, dann ist die Frage, welche Mittel von welchen Marktpartnern bestimmt werden, von der Organisation des Marktes abhängig. In der Regel wird z.B. der Preis von den Anbietern festgelegt, bzw. die Anbieter akzeptieren den Marktpreis, weil sie ihn einzeln nicht beeinflussen können. Die Nachfrager können in diesem Fall die Menge als Aktionsparameter einsetzen. Umgekehrt ist der Fall denkbar, in dem der Preis von den Nachfragern und die Menge von den Anbietern festgelegt werden.

Generell könnte hier nach dem von der Harvard-Schule entwickelten „Struktur-Verhalten-Ergebnis-Ansatz" verfahren werden.

Je nachdem, welche beschaffungspolitischen Mittel von einem Betrieb angewandt werden, kann die Beschaffungspolitik unterschieden werden in: **Qualitäts-, Mengen-, Preispolitik** etc.

6.3.2.1 Die Qualitätspolitik

Bei der **Qualitätspolitik** handelt es sich um die Durchführung von Maßnahmen zur Findung, Bestimmung, Beschaffung und Bereitstellung der optimalen Materialqualität. Sie ist vorwiegend eine langfristige und nur zu einem kleinen Teil eine kurzfristige Angelegenheit. In Anlehnung an die Marketingsterminologie kann sie in die Teilbereiche der **Materialinnovation, -variation** und **-eliminierung** aufgeteilt werden. Im Rahmen der Materialinnovation soll die Entwicklung von neuen Einsatzstoffen betrieben werden. Die Materialvariation beinhaltet die Schaffung von alternativen Materialien, und die Materialeliminierung behandelt Maßnahmen der Herausnahme eines Materials aus dem Materialsortiment. Die Problematik dieser Politiken ist grundsätzlich langfristiger Natur und wurde in Zusammenhang mit der Materialrationalisierung und vor allem der Wertanalyse behandelt.

Kurzfristig liegt die Qualität der angebotenen Materialien fest. Sie entspricht völlig, zum Teil oder überhaupt nicht den Vorstellungen des betrachteten beschaffenden Betriebes. Der erste Fall ist besonders interessant, wenn mehrere homogene Substitute angeboten werden. Die Entscheidung ist dann eine Frage der Kosten oder anderer Faktoren, wie z. B. Lieferzeiten. Der Einkauf muß in einem solchen Fall **Substitutionsvorschläge** unterbreiten. Das gleiche gilt auch für den zweiten und dritten Fall. Hier sollen jedoch mittel- und längerfristige Maßnahmen zur Änderung der Situation ergriffen werden. Möglicherweise auch in Zusammenarbeit mit den Lieferanten sollen die notwendigen Qualitäten entwickelt werden.

Im Rahmen der kurzfristigen Qualitätspolitik sind auch die notwendigen Maßnahmen zur **Qualitätssicherung** zu beschließen. Hierzu gehören neben den Maßnahmen der Materialrationalisierung auch die Verwendung von knappen, klaren, eindeutigen und genauen Spezifikationen, die Überprüfung der Fertigstellung beim Lieferanten, die Qualitätskontrolle bei der Warenannahme, die Vereinbarung von Zahlungen nach Probelauf u. ä.

6.3.2.2 Die Mengenpolitik

Aktionsparameter dieser Politik ist die Menge. Obwohl die Materialmengen für die Materialwirtschaft bedarfsgebunden sind und somit von außen bestimmt werden, besitzt sie eine Reihe von Möglichkeiten, mit der Menge Politik zu betreiben.

Die Sicherung der Bedarfsdeckung aus der eigenen Produktion ist nur bedingt ein materialwirtschaftliches Problem. Wichtiger ist für die Materialwirtschaft die optimale Deckung der Mengen des originären Bedarfs. Das heißt, daß das zentrale Instrument der **Mengenpolitik** die **Beschaffungsmengen** sind. Bei gegebenem Verbrauch bestimmen sie auch die Lagermengen **(Bestandspolitik)**. Der Einkauf hat die Möglichkeit, einen langfristigen Bedarf z. B. durch eine feste Vereinbarung über die zu liefernde Menge oder mit einem Rahmenabkommen zu decken. Die Entscheidung ist in erster Linie von der Sicherheit, mit der der Bedarf erwartet wird, abhängig. Ist die Bedarfsmenge eine ziemlich unsichere Größe, dann kann eine **Option** erworben werden. Darüber hinaus besteht die Möglichkeit, **Sicherheitsbestände** einzusetzen und melde- und höchstbestandsorientierte Materialdisposition zu betreiben. Das Instrument der Mengenpolitik ist hier die **Bestandshöhe.**

Ist der Bedarf dagegen eine sichere Größe, dann kann überlegt werden, ob er mit einer Bestellung oder durch mehrere Bestellungen abgedeckt wird. Die Bestellung der gesamten Bedarfsmenge auf einmal läßt vielleicht Beschaffungskosten sparen. Sie wird jedoch mehr Lagerkosten verursachen als die Teilung der Bedarfsmenge in mehrere Bestellungen. In einem solchen Fall ist die Bestellmenge so zu bemessen, daß die Mehrbelastung durch die Lagerkosten nicht die Einsparung durch die Verringerung der Beschaffungskosten übersteigt. Die niedrigsten Gesamtkosten der Materialwirtschaft werden durch diejenige Mengeneinheit der Bestellmenge bestimmt, die genau soviel Einsparungen wie Mehrbelastung bringt. Diese Menge ist die **optimale Bestellmenge.**

Die Überlegungen über die optimale Bestellmenge sind alt. Sie lassen sich in der englischsprachigen Literatur bis in das Jahr 1915 zurückverfolgen (vgl. HARRIS, F. W.: Operation and Cost (Factory Management Service), zitiert nach ZWEHL, W. VON: Kostentheoretische Analyse des Modells der optimalen Bestellmenge). Im deutschsprachigen Raum markieren die Aufsätze von STEFANIK-ALTMEYER und NARATH im Jahr 1927 sowie die Dissertation von ANDLER die Anfänge (vgl. STEFANIK-ALTMEYER, K.: Die günstigste Bestellmenge beim Einkauf. In: Sparwirtschaft, Zeitschrift für den wirtschaftlichen Betrieb, 5. Bd., S. 504 ff.; NARATH, H.: Die Ermittlung des wirtschaftlich günstigsten Lagerbestandes, des günstigsten Zeitpunktes der Nachbestellung und des Reserve-Lagerbestandes. In: Zeitschrift für Betriebswirtschaft, 4. Jg., 1927, S. 473 ff.; ANDLER, K.: Rationalisierung der Fabrikation und optimale Losgröße, Diss. Stuttgart (1929)).

Den Ausgangspunkt der Überlegungen bilden folgende Unterstellungen:

1. Der Betrieb weist einen originären Bedarf auf.
2. Ein Teil dieses Bedarfs ist lagerfähig.
3. Jede Bestellung verursacht Kosten.
4. Je größer die Bestellmenge ist, desto günstiger sind die Beschaffungskosten.
5. Je größer die Bestellmenge ist, desto höher sind die Lagerkosten.

Die Optimierungsaufgabe lautet:

Der Betrieb soll seine Bestellmengen so wählen, daß die Gesamtkosten der Materialwirtschaft minimiert werden. Dabei wird die Ausgangssituation zusätzlich durch folgende Annahmen genauer fixiert:

1. Die Bedarfsmengen sind beliebig teilbar.
2. Die Bedarfsentwicklung ist stetig und gleichmäßig.
3. Die Anlieferungstermine sind frei wählbar.
4. Mengenrestriktionen seitens der Lieferanten, der Lagerfähigkeit und der Finanzstärke werden ausgeschlossen.
5. Die Liefermenge entspricht der Bestellmenge.
6. Die Einkaufspreise bzw. Einstandspreise sind konstant.
7. Die beschaffungsanzahlabhängigen Kosten verändern sich proportional und in der gleichen Richtung wie die Bestellhäufigkeit.
8. Die Lagerkosten sind bei gegebenem Zinssatz $\left(\dfrac{i}{100}\right)$ abhängig von dem Wert der Lagerprodukte und ihrer Lagerdauer.

198 Politik der Materialwirtschaft

In das Optimierungsmodell gehen folgende Kostenarten ein:

1. unmittelbare Beschaffungskosten ($Q \cdot p$),
2. mittelbare Beschaffungskosten ($K_B \cdot n$) und die
3. Lagerkosten $\frac{q}{2} \left(p + \frac{K_B}{q} \right) \frac{i}{100}$.

Ihre Summe ergibt die Gesamtkosten der Materialwirtschaft (K).

Die **unmittelbaren Beschaffungskosten** der betrachteten Periode ergeben sich aus dem Produkt Periodenbedarf (Q) · Einstandspreis (p).

Die Periode entspricht dem Zeitraum, für den der Gesamtbedarf (Q) bekannt ist. Durch die Aufteilung des Gesamtbedarfs (Q) in mehrere Bestellungen entstehen die Planperioden (Dispositionsperioden), für die die Bestellmenge (q) ausreichen soll. Die unmittelbaren Beschaffungskosten insgesamt stellen also die Summe der Einstandskosten aller Lieferungen zur Deckung des Periodenbedarfs dar. Da die Preise und der Periodenbedarf konstant sind, sind auch die unmittelbaren Beschaffungskosten konstant, d. h. sie sind von der Bestellmenge unabhängig.

Die mittelbaren Beschaffungskosten werden durch Multiplikation der Fixkosten pro Bestellung (K_B) mit der Bestellhäufigkeit (n) ermittelt. Da die Bestellhäufigkeit umgekehrt proportional zur Bestellmenge ist, sind auch die mittelbaren Beschaffungskosten umgekehrt proportional von der Bestellmenge abhängig.

Für die Berechnung der Lagerkosten werden folgende Überlegungen angestellt: Ohne Berücksichtigung von Sicherheitsbeständen ist der Bestand zum Zeitpunkt der Anlieferung gleich der Bestellmenge (q). Die Bestellmenge ist so definiert, daß sie die Versorgung bis zum Ende der Planperiode ohne Rest sicherstellt. Das bedeutet, daß am Ende der Planperiode der Bestand gleich null ist. Daraus ergibt sich als Durchschnittsbestand während der Planperiode $\frac{q}{2}$. Der Wert einer gelagerten Mengeneinheit ist gleich dem Einstandspreis des Lagergutes (p) zuzüglich der durchschnittlichen mittelbaren Beschaffungskosten $\left(\frac{K_B}{q} \right)$.

Wird nun der Durchschnittsbestand mit dem Wert einer Einheit des gelagerten Produktes multipliziert, dann gibt das Produkt $\frac{q}{2} \left(p + \frac{K_B}{q} \right)$ den durchschnittlich am Lager gehaltenen Wertbestand an. Um nun die **Lagerkosten** für eine Periode berechnen zu können, braucht lediglich der durchschnittliche Lagerbestandswert mit dem Zinssatz $\left(\frac{i}{100} \right)$ multipliziert zu werden. Daraus ergibt sich, daß die

$$\text{Lagerkosten} = \frac{q}{2} \left(p + \frac{K_B}{q} \right) \frac{i}{100}$$

sind. Aufgrund der Annahmen entsprechen die Lagerkosten den **Kapitalbindungskosten**. Aus der Gleichung geht hervor, daß bei steigenden Bestellmengen die Durchschnittsbestände zunehmen, was bei gegebenen Verbrauch eine längere Lagerdauer zur Folge hat. Größere Bestände und längere Lagerdauer wiederum bedeuten unter sonst gleichen Bedingungen höhere Kapitalbindungskosten.

Die Gleichung der Gesamtkosten der Materialwirtschaft lautet:

$$K = Q \cdot p + K_B n + \frac{q}{2}\left(p + \frac{K_B}{q}\right)\frac{i}{100}.$$

In dieser Gleichung sind q und n die Unbekannten. Drückt man n durch q aus, dann verbleibt nur eine unbekannte Größe, nämlich die Bestellmenge (q), nach der die Gleichung gelöst werden kann.

Bei Deckung der Bedarfsmenge einer Periode (Q) durch nur eine Bestellung muß die Bestellmenge (q) gleich dem Bedarf in der gleichen Periode sein. Dann gilt

$$q = Q.$$

Bei einer Deckung des Periodenbedarfs durch n-malige Bestellungen beträgt die jeweilige Bestellmenge

$$q = \frac{Q}{n}.$$

Durch Umformung erhält man den Ausdruck

$$n = \frac{Q}{q}.$$

Wird nun in die Gleichung der Gesamtkosten der Materialwirtschaft anstatt n der Ausdruck $\frac{Q}{q}$ eingesetzt und werden die Kapitalbindungskosten entsprechend umgeformt, dann lautet sie

$$K = Q \cdot p + K_B \frac{Q}{q} + \frac{(q p + K_B) i}{200}.$$

In dieser Gleichung sind die Gesamtkosten der Materialwirtschaft (K) nur von der Bestellmenge (q) abhängig. Steigt die Bestellmenge, dann steigen die Kapitalbindungskosten und gleichzeitig fallen wegen der Degression der bestellfixen Kosten die Beschaffungskosten. Fallen die Beschaffungskosten stärker als die Kapitalbindungskosten steigen, dann lohnt es sich, die Bestellmenge zu erhöhen, denn die Gesamtkosten nehmen ab. Die Erhöhung der Bestellmenge wird solange vorgenommen, bis die durch sie verursachten Veränderungen der Kapitalbindungskosten und der Beschaffungskosten sich gegenseitig ausgleichen. In diesem Punkt ist die optimale Bestellmenge erreicht (vgl. ZWEHL, W. VON: Zur Bestimmung der kostenminimalen Bestellmenge. In: WiSt-Wirtschaftswissenschaftliches Studium, 3. Jg., 1974, S. 469 ff.). Mathematisch bedeutet es, daß die Gesamtkostengleichung nach der Bestellmenge (q) differenziert und die erste Ableitung $\frac{dK}{dq}$ gleich Null und die zweite Ableitung größer als Null sein müssen, wenn die Gesamtkosten (K) ein Minimum erreichen sollen.

$$\frac{dK}{dq} = K' = -\frac{K_B Q}{q^2} + \frac{p i}{200} = 0.$$

Daraus ergibt sich durch entsprechende Umformung

$$q_{opt} = \pm \sqrt{\frac{200 \cdot K_B \cdot Q}{p\,i}}.$$

Da ökonomisch negative Bestellmengen nicht sinnvoll sind, kann die negative Lösung außer Betracht gelassen werden, so daß die **optimale Bestellmenge** dann aus der positiven Wurzel besteht. Anstatt der optimalen Bestellmenge kann aus der Formel durch entsprechenden Einsatz von $q = \frac{Q}{n}$ die **optimale Bestellhäufigkeit** (n_{opt}) abgeleitet werden. Die Formel lautet dann:

$$n_{opt} = \sqrt{\frac{Q \cdot p \cdot i}{200\, K_B}}.$$

Durch den Aufbau eines deterministischen Modells kann weiterhin aus der optimalen Bestellmenge die optimale Lagerdauer bestimmt werden.

Der Sachverhalt der optimalen Bestellmenge läßt sich wie in der Abbildung 6.7 grafisch darstellen. Die mittelbaren und unmittelbaren Beschaffungskosten sind hier als Beschaffungskosten (BK) zusammengefaßt. Wegen der Annahme von festen Einkaufspreisen sind die unmittelbaren Beschaffungskosten der unterstellten Bedarfsperiode von der Bestellmenge unabhängig. Sie beeinflußt jedoch die mittelbaren Beschaffungskosten. Je größer die Bestellmenge ist, desto kleiner ist die Bestellhäufigkeit. Je kleiner die Bestellhäufigkeit ist, desto niedriger sind die mittelbaren Beschaffungskosten und damit auch die Beschaffungskosten insgesamt. Je größer aber die

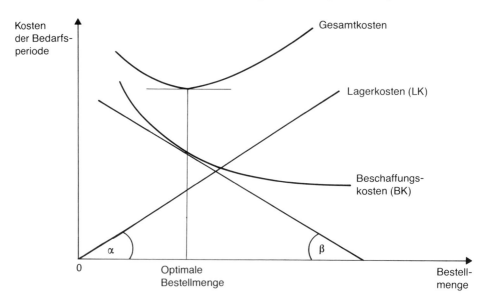

Abbildung 6.7 Grafische Darstellung der Bestimmung der optimalen Bestellmenge

Bestellmenge ist, desto höher ist der durchschnittliche Lagerbestand und um so länger ist seine Lagerdauer. Mit zunehmender Bestellmenge nehmen also die Kapitalbindungs- bzw. Lagerkosten zu. Die Gesamtkosten der Materialwirtschaft bestehen aus der Summe der Beschaffungs- und Lagerkosten. Sie nehmen zunächst ab. Dieses geschieht bei steigender Bestellmenge so lange, solange die Abnahme der Beschaffungskosten $-\frac{dBK}{dq}$ die Zunahme der Lagerkosten $\frac{dLK}{dq}$ übertrifft. Die Bestellmenge, bei der die Abnahme der Beschaffungskosten gleich der Zunahme der Kapitalbindungskosten ist, d. h. die Bestellmenge, bei der die Winkel α und β der Abbildung 6.7 gleich sind, ist die optimale Bestellmenge. Sie verursacht die geringsten Gesamtkosten. Wird die Bestellmenge über die optimale Bestellmenge ausgedehnt, dann steigen die Kapitalbindungskosten stärker als die Beschaffungskosten abnehmen. Dadurch nehmen die Gesamtkosten der Materialwirtschaft zu.

Die Kritik an diesem „klassischen Modell" oder „Grundmodell" geht berechtigterweise auf die Analyse und Würdigung der Modellparameter, -prämissen und Auswirkungen von Variationen der Modellparameter auf die gesuchte Größe ein.

Bei den Modellparametern wird vor allem kritisiert, daß die Beschaffungskosten — und hier insbesondere der Anteil der bestellfixen Kosten je Mengeneinheit —, die Entwicklung des Bedarfs innerhalb der Planperiode und die Kapitalbindungskosten kaum exakt zu berechnen sind.

Die Modellannahmen werden durchaus als unrealistisch angesehen. Dies gilt vor allem hinsichtlich der stetigen und kontinuierlichen Bedarfsentwicklung, der konstanten Einstandspreise und des Ausschlusses von jeglichen Restriktionen. Allerdings ist das Modell so aufgebaut, daß Variationen der Parameter, die auf eine ungenaue Datenermittlung oder auf eine exogene zwischenzeitliche Änderung der Einflußgrößen zurückzuführen sind, stets eine kleinere Veränderung der optimalen Bestellmenge hervorrufen, weil ihre Berechnung aus einer Wurzel erfolgt. Darüber hinaus werden die Auswirkungen auf die optimale Bestellmenge um so kleiner sein, je ähnlicher die Veränderungen der Parameter des Zählers und Nenners des Bruches in der Wurzel sind.

Durch die Entwicklung des Operations Research und der EDV wurde die Bildung von realistischeren Modellen begünstigt. So sind bereits Programme entwickelt worden, die variable Preise, einen variablen Bedarf, variable Anlieferungstermine sowie Lager- und Finanzrestriktionen berücksichtigen (vgl. GROCHLA, E.: Grundlagen der Materialwirtschaft, S. 84 ff.; BRUNNBERG, J.: Optimale Lagerhaltung bei ungenauen Daten; ZWEHL, W. VON: Kostentheoretische Analyse des Modells der optimalen Bestellmenge).

Die Modelltechnik wurde mit Hilfe der Simulation und der Überprüfung der Sensibilität verbessert und ermöglicht bereits eine bessere Anpassung an die Praxis. Allerdings vermögen solche Modelle nicht, das Beschaffungsoptimum als Ganzes zu erfassen. Die Gestaltung der Modellparameter wie Preise, Liefertermine und -bedingungen bleibt weiterhin das Betätigungsfeld der „Kleinarbeit" der Beschaffungspolitik. Selbstverständlich erlaubt das Vorhandensein eines solchen Modells einen besseren Überblick über die „Stoßrichtung" der Beschaffungspolitik, weil es die Vorteile in Form von Einsparungen transparenter macht und die Problem- und Aufgabenstellung der Beschaffungspolitik vermittelt.

Die Berechnung von optimalen Bestellmengen ist eine Möglichkeit der Mengenpolitik. Wie bereits im Rahmen der Materialdisposition gezeigt wurde, gibt es auch andere relevante Verhaltensweisen im Rahmen der Bestellmengenpolitik. Dazu zählt z. B. die Bestellmenge zur Aufstockung der Bestände auf die Solleindeckungsmenge (Höchstbestand). Darüber hinaus ist eine Mengenpolitik zu spekulativen Zwecken denkbar. Werden z. B. Preiserhöhungen erwartet, dann lohnt es sich u. U., mehr als nur den Bedarf der nächsten Periode zu bestellen. Außerdem soll die Mengenpolitik der Materialwirtschaft auch die Möglichkeit bieten, **Spot-** und **Sonderangebote** wahrnehmen zu können. Diese Probleme stellen sich ähnlich wie das der optimalen Bestellmenge. Die optimale Bestellmenge wird hier durch die Gleichheit der Zunahme des „**Spekulationsgewinns**" und der der Lagerkosten bestimmt. Eine solche Politik ist bekannt unter der Bezeichnung **antizyklische Bestellpolitik**.

Die Politik der **Mengensicherung** umfaßt darüber hinaus auch Maßnahmen des Vertragsabschlusses (Fixgeschäfte; Konventionalstrafen), der Risikostreuung auf mehreren Lieferanten und organisatorische Maßnahmen, z. B. bei der Warenannahme.

6.3.2.3 Die Preispolitik

Versucht die Einkaufsabteilung, materialwirtschaftliche Ziele durch Beeinflussung der Einkaufspreise zu verwirklichen, dann betreibt sie **Preispolitik**. Der Einkaufspreis eines Materials ist der Wert einer Mengeneinheit des betrachteten Materials. Es wird üblicherweise zwischen **Brutto-** und **Nettoeinkaufspreis** unterschieden. Der Bruttoeinkaufspreis ist der mit dem Anbieter vereinbarte Preis. Werden davon die Preisnachlässe in Form von **Rabatten, Skonti** und **Boni** abgezogen, erhält man den **Nettoeinkaufspreis.** Er, oder viel besser der **Einstandspreis,** soll im Rahmen der Preispolitik das Entscheidungskriterium bilden. In einigen Fällen sind auch Überlegungen über die Verpackung und den Service anzustellen.

Preise sind i. d. R. das Ergebnis des Marktgeschehens. Nur in seltenen Fällen werden sie behördlich festgelegt. Aus diesem Grund sind detaillierte Marktkenntnisse des Einkaufs die Voraussetzung für seine Preispolitik. Um die Preise beeinflussen zu können, muß der Einkäufer über die erforderliche **Markttransparenz** verfügen und sich in den **Preisbildungsmechanismen** auskennen.

Liegt z. B. ein **Polypol** vor und verhalten sich die Anbieter tatsächlich polypolistisch, dann wird keiner davon allein den Preis bestimmen können. Der Preis bildet sich viel mehr durch das gesamte Marktgeschehen. Wird unterstellt, daß

1. die angebotenen Güter homogen sind,
2. die Nachfrager keinerlei Präferenzen besitzen und
3. die Marktteilnehmer über eine vollständige Markttransparenz verfügen,

dann liegt das Modell der **vollständigen Konkurrenz** vor. Der Preis ist hier gleich den **Grenzkosten** des letzten Anbieters.

Liegt dagegen ein **Monopolfall** vor, dann bildet sich der Preis nach dem Prinzip der **Gleichheit von Grenzkosten und -erlösen**. Unter sonst gleichen Bedingungen ist der Monopolpreis höher als der der Konkurrenz. Das zeigt, daß der Einkäufer bestrebt sein soll, soviel Konkurrenz zu schaffen wie möglich. Auch unter Wettbewerbsbedingungen sind die Preise in der Praxis beeinflußbar, weil die Bedingungen der vollständigen Konkurrenz unrealistisch sind. Mindestens eine davon ist immer verletzt. Mit Hilfe der **Preis-** und **Kostenanalyse** kann der Einkäufer in solchen Situationen versuchen, kostengünstige Anbieter zu finden. Durch Variation seines Nachfrageverhaltens, z. B. dem kostengünstigsten Anbieter werden große Abnahmemengen in Aussicht gestellt, kann der Einkäufer Präferenzen für sich erzeugen und einen niedrigeren Preis vereinbaren.

Im Falle eines Monopols ist es wichtig zu wissen, ob ein natürliches oder künstliches Monopol vorliegt. Handelt es sich um den ersten Fall, dann soll versucht werden, mit Hilfe des Auslandes oder Bildung von Substituten die Monopolstellung zu verändern. Im Fall eines künstlichen Monopols kann das gleiche mit „Außenseitern" versucht werden. Ähnliches gilt auch für den Fall des Oligopols (zum Problem der Preisbildung vgl. z. B. KRELLE, W.: Preistheorie; JACOB, H.: Preispolitik).

Grundsätzlich sollte der Einkäufer bedacht sein, einen festen Preis zu vereinbaren. Abschlüsse auf „günstigst" oder „bestens" sind zu vermeiden, weil sie vieldeutig sind. Darüber hinaus soll er in der Lage sein, Saison- und Konjunkturvorteile z. B. durch die Freilassung von „Spitzenmengen" auszunutzen.

6.3.2.4 Die Terminpolitik

Den Ausgangspunkt der **Terminpolitik** bilden die **Bedarfstermine**. Es gilt, sie mit den **Lieferterminen** des Marktes abzustimmen. Dabei soll unter Beachtung der Wirtschaftlichkeit eine kontinuierliche Bedarfsdeckung gewährleistet werden. Die Bestimmung der Liefertermine erfolgt i. d. R. durch die Einkäufer. Sie müssen jedoch dabei die Lieferfähigkeit der Anbieter berücksichtigen. Letztere ist z. B. von der Konjunktursituation abhängig. Generell sollen kurze Lieferzeiten angestrebt werden. Kurze Termine sind überschaubarer und bedeuten unter sonst gleichen Bedingungen niedrigere Kapitalbindungskosten sowohl im Lager als auch in Form von vielfach üblichen Vorauszahlungen.

Die Sicherstellung der vereinbarten Termine beginnt bereits mit dem Vertragsabschluß. Die Vereinbarung eines **Fixgeschäftes** und von **Konventionalstrafen** bietet eine Sicherungsmöglichkeit. Langfristig ist es von Vorteil, den Lieferanten die Bedeutung der Lieferpünktlichkeit und ihrer Bewertung bei Angebotsvergleichen mitzuteilen. Weiterhin wird hierfür die Terminverfolgung eingesetzt. Bei größeren Bestellungen mit längeren Fabrikationszeiten ist es sinnvoll, zwischenzeitig den Lieferanten zu besuchen, um die Entwicklung der Arbeiten zu kontrollieren.

6.3.2.5 Die Lieferantenpolitik

Aktionsparameter sind hier die **Lieferanten**. Durch die **Lieferantenauswahl** werden beschaffungspolitische Ziele angestrebt. Langfristig gilt es, einen **Lieferantenstamm** zu bilden. Kurzfristig sollen dann daraus diejenigen berücksichtigt werden, die den Anforderungen in einem konkreten Kauf am besten entsprechen, d.h. eine optimale Bedarfsdeckung garantieren. Dies ist sowohl durch einen häufigen Lieferantenwechsel als auch durch eine **„Hoflieferantenpolitik"** möglich. Häufiges Wechseln ist im allgemeinen mit kurzfristigen Kostenvorteilen verbunden. Hoflieferanten sollen dagegen langfristig günstiger sein. Es muß allerdings vermerkt werden, daß oft Versäumnisse des Einkaufs den Hoflieferanten günstiger erscheinen lassen. Wenn laufend **Marktforschung** betrieben wird und eine **Lieferantenbewertung** mit geeigneten **Angebotsvergleichsmethoden** vorgenommen wird, dann stellt sich das Problem erst gar nicht. Unter diesen Bedingungen können die Kostenvorteile der strengsten Form einer „Hoflieferantenpolitik", des „single sourcing", voll ausgenutzt werden. Dabei bedeutet „single sourcing", daß es für jedes Material einen Lieferanten gibt.

6.3.2.6 Die Nebenleistungspolitik

Im Absatzbereich ist es üblich, die **Nebenleistungen** als **Service** oder **Kundendienst** zu bezeichnen. Darunter fallen z.B. Einleitung und Bedienungsberatung, Einarbeitung von Bedienungspersonal, Wartungs- und Instandsetzungsdienste etc. Häufig werden solche Dienste „gratis" angeboten. Sie können aber auch einen eigenen Preis haben. Im letzteren Fall ist es ein Vergleichsproblem, die richtige Entscheidung zu treffen. Da es sich jedoch bei den Nebenleistungen um Dienstleistungen handelt, können sie nur schwierig quantifiziert werden. Kann die Neben- von der Hauptleistung getrennt werden, dann soll der Einkauf bei ihr genauso vorgehen wie auch bei der Hauptleistung. Handelt es sich um technische Dienste, dann sollte ein **technisch qualifiziertes Verfahren** angefordert werden. Ist die Trennung der **Neben-** von der **Hauptleistung** schwierig oder für den Einkauf unmöglich, dann sollte die **Wertanalyse** eingeschaltet werden. Mit ihrer Hilfe soll geklärt werden, ob und welche Nebenleistungen benötigt werden und welche Kosten sie verursachen dürfen.

Von besonderer Bedeutung in diesem Zusammenhang ist die Frage nach dem **„Selbermachen oder Kaufen"**. Für kleine Firmen wird es — wie die Erfahrung zeigt — immer vorteilhafter sein, Nebenleistungen in Anspruch zu nehmen, als eigene Gruppen wie z.B. Betriebsschlosser, -elektriker, -anstreicher, -systemanalytiker etc. zu unterhalten. Ist die Möglichkeit, die Nebenleistung selbst zu erbringen, gegeben, dann ist es eine Kostenfrage hinsichtlich der Entscheidung „Selbermachen oder Kaufen". Ist diese Möglichkeit nicht gegeben, müssen die Nebenleistungen trotz ihrer spezifischen Eigenschaften wie alle Einkaufsgüter behandelt werden.

6.3.2.7 Die Werbepolitik

Die **Beschaffungswerbung** kann entsprechend der **Absatzwerbung** als die beschaffungspolitischen Zwecken dienende, absichtliche und zwangsfreie Einwirkung auf die Anbieter bezeichnet werden. Damit diese Einwirkung eintritt, muß überlegt werden:
1. Welches sind die Werbeziele?
2. Welche Werbemittel sollen eingesetzt werden?

3. Welchen Inhalt soll die Werbebotschaft enthalten?
4. Welche Werbeträger sollen benutzt werden?

Nicht selten werden bei neuentwickelten Produkten Zwischenteile benötigt, von denen nur die Funktionen bekannt sind. In solchen Fällen ist es gut vorstellbar, daß die Beschaffungswerbung ein gutes Instrument für die Lieferantenfindung ist. Darüber hinaus kann die Werbung zur Erweiterung der Anzahl der Lieferanten bei bekannten Produkten anstatt einer Anfrage eingesetzt werden, um die Anzahl der Angebote erhöhen zu können. Ein weiteres Ziel kann die Verbesserung der bisherigen Beschaffungsbedingungen sein.

Die Beschaffungswerbung wendet sich i. d. R. an eine ziemlich kleine Zielgruppe. Aus diesem Grund scheiden die Massenmedien als Werbemittel aus. Am geeignetsten erscheinen Anzeigen in Fachzeitschriften im In- und Ausland. Darüber hinaus eignen sich zur Pflege der Beziehungen zu den Lieferanten Plakate, Broschüren, Berichte und Schaukästen gut als Werbemittel bzw. Werbeträger. Sie können z. B. in den Besucherräumen ausgelegt bzw. ausgestellt werden. In dieser Richtung wirken ebenfalls gut organisierte Besuche, angenehme Verhandlungsräume etc. Diese Mittel sind jedoch mehr Public-Relations-Mittel als Werbemittel.

Die Werbebotschaft bedarf im allgemeinen sowohl einer äußeren als auch einer inhaltlichen Gestaltung. Die äußerliche Gestaltung dient mehr psychologischen Zielen, während die inhaltliche Gestaltung sich stärker an ökonomischen Zielen orientiert. Generell läßt sich die inhaltliche Werbebotschaft in den emotionalen und den rationalen Appell gliedern. Bei der Beschaffungswerbung enthält die Werbebotschaft vorwiegend Informationen. Sie ist also an die Vernunft gerichtet.

6.3.3 Hilfsmittel der praktischen Beschaffungspolitik

Im Rahmen der **Betriebsphilosophie** und der langfristigen **Politik der Materialwirtschaft** können mit Hilfe der Kausalzusammenhänge der Ziele und Mittel der Materialwirtschaft in Verbindung mit einer langjährigen Erfahrung **allgemeine Verhaltensregeln** entwickelt werden. Damit sie effektiver in die tägliche Praxis eingesetzt werden können, könnten sie in einem Handbuch zusammen mit der operativen Beschaffungspolitik festgelegt werden.

6.3.3.1 Beschaffungspolitische Grundsätze und Richtlinien

Die beschaffungspolitischen **Grundsätze** und **Richtlinien** leisten Entscheidungshilfen im Rahmen des alltäglichen Geschehens. Dabei beschreiben die Grundsätze das Verhalten der Betroffenen nur grob, während die Richtlinien es genauer festlegen. Folgende Beispiele mögen dies verdeutlichen: Im Rahmen der Lieferantenpolitik gilt im allgemeinen der Grundsatz „Keine all zu enge Bindung an einen Lieferanten". In den Richtlinien wird das erwartete Verhalten den Einkäufern konkretisiert. Die übliche Richtlinie lautet: **„Nicht mehr als 75 % des Bedarfs eines A-Produktes von einem**

Lieferanten beziehen." Dem Loyalitätsgrundsatz dient die Richtlinie **„Keine Geschenke über DM 100,— annehmen".** Dem Grundsatz **„Der Einkäufer betreibt Marktforschung"** steht zur Seite die Richtlinie: **„Vor der Bestellung eines A-Produktes müssen drei gültige Angebote vorliegen."**

6.3.3.2 Das Beschaffungshandbuch

Die Mitteilung der festgelegten Grundsätze und Richtlinien an die zuständigen Mitarbeiter kann in Loseblattform oder in Form eines **Beschaffungshandbuches** erfolgen.

Die Form der losen Blätter eignet sich für Firmen, die ihre politischen Grundsätze und Richtlinien nicht systematisch, sondern gelegentlich entwickeln und flexibel bleiben wollen. Die Darstellung eines Beschaffungshandbuches dagegen zwingt das **Beschaffungsmanagement,** die Gesamtproblematik zu überdenken und harmonierende Mittel zu wählen. Das bedeutet, daß das Handbuch eine systematische Methode ist. Außerdem kann auch die Flexibilität gewährleistet werden, wenn ein Ringbuch gewählt wird. Wegen des systematischeren Aufbaus des Ringhandbuches ist die Sicherheit für die Benutzer — vor allem für den Nachwuchs — größer, das Gesuchte darin zu finden.

Für den Aufbau eignet sich eine Gliederung in drei Teile. Im ersten Teil kann die **Beschaffungspolitik** dargestellt sein. Vor allem sollen hier die operativen **Ziele** und **Mittel** enthalten sein. Im zweiten Teil kann die **Organisation** beschrieben werden. Er soll Angaben über die Aufgaben der Stellen, ihre Kompetenz und Verantwortung machen, Abwicklungsverfahren und Abgrenzungen enthalten und auch die Aufbauorganisation mit Hilfe von Organigrammen zeigen. Der dritte Teil schließlich kann der **Statistik** gewidmet sein.

6.4 Das Kontrollsystem der Materialwirtschaft

Materialwirtschaftliche Entscheidungen leiden wie die meisten wirtschaftlichen Entscheidungen an Ungewißheit. Das macht sie zu unsicheren Entscheidungen. Darüber hinaus kann nicht davon ausgegangen werden, daß die Anordnungen des dispositiven Faktors prompt und richtig in Maßnahmen umgesetzt werden. Aus diesen Gründen ist eine Überprüfung des materialwirtschaftlichen Prozesses notwendig. Diese Überprüfung umfaßt die **Parallel-** oder **Zwangslaufkontrolle,** die **Revision** und die Maßnahmen der **Erfolgsmessung.**

6.4.1 Die Parallelkontrolle

Darunter sind die Kontrollmaßnahmen der vorgesetzten Instanzen **(Vorgesetztenkontrolle)** zu verstehen. Sie dienen der Sicherung eines kontinuierlichen, störungsfreien und entsprechend den Anforderungen verlaufenden Arbeitsablaufes. Voraussetzung für eine solche Kontrolle sind formalisierte (zwingende), dem Prinzip der Arbeitsteilung unterworfene Arbeitsabläufe **(Zwangslaufkontrolle)**. Solche Kontrollen erfassen den gesamten materialwirtschaftlichen Prozeß. Im Rahmen der Bedarfsermittlung kann z.B. die Richtigkeit der Stücklisten, die Anwendung der vorgeschriebenen Bedarfsermittlungsmethode u.ä. überprüft werden. Durch Stichproben vergewissern sich z.B. die Einkaufsvorgesetzten, ob ihre Untergebenen die Bedarfsmeldung entsprechend des formalisierten Ablaufs kontrolliert haben. Diese Überprüfungen beginnen bei der Richtigkeit der Bedarfsmeldung und werden mit der Kontrolle des Anfrageumfanges, der Vergleichsmethode der Angebote, der Berücksichtigung des kostengünstigsten Anbieters, der Auswahl der richtigen Bestellform, der Einhaltung der Terminverfolgungsmaßnahmen, der Anwendung der angeordneten Prozedur bei der Warenannahme, der Einhaltung der vorgeschriebenen Lagerbestandsgrenzen u.ä. fortgesetzt.

6.4.2 Die Revision

Die **Revision** verfolgt ähnliche Ziele wie die Parallelkontrolle. Durch sie soll vorwiegend überprüft werden, ob die vorgeschriebenen Verfahren vor allem im Einkauf **(Einkaufsrevision)** eingesetzt worden sind. Sie erfolgt jedoch erst nach Beendigung des betrachteten Prozesses und wird von materialwirtschaftsfremden Stellen durchgeführt.

Mit der Durchführung können betriebsinterne Stellen, die eigene Revisionsabteilung, beauftragt sein **(interne Revision)**. Sie kann allerdings auch von betriebsfremden Stellen **(externe Revision)** vorgenommen werden.

Die üblichen Prüfungsziele sind:
- Beglaubigung eines ordnungsgemäßen und wirtschaftlichen Handelns,
- Entdeckung und Beseitigung von Unwirtschaftlichkeiten und Unregelmäßigkeiten.

Als Revisionsschwerpunkte dienen also die *Überprüfung der Organisation*, die *Ordnungsmäßigkeit* der durchgeführten Arbeiten und der getroffenen Entscheidungen (formelle Prüfung) sowie die *sachliche Richtigkeit und Angemessenheit* von Arbeiten und Entscheidungen (sachliche Prüfung).

Bei der Organisationsprüfung soll der Wirkungsgrad der Aufbau- und Ablauforganisation ermittelt werden. Vorwiegend wird zu diesem Zweck ein **Soll-Ist-Vergleich** angestellt. Voraussetzung dafür ist jedoch das Vorhandensein von Organisationsplänen und Stellenbeschreibungen. Im Rahmen einer solchen Revision wird gewöhnlich auch das interne Kontrollsystem und seine Wirksamkeit überprüft. Bei der Überprüfung der Ordnungsmäßigkeit geht es vorwiegend um die Einhaltung der erforderlichen Formen. Es wird z.B. die Benutzung der vorgeschriebenen Formulare, die Einhaltung der Unterschriftsregelungen etc. kontrolliert. Bei der sachlichen Prüfung dagegen geht es um die Einhaltung der beschaffungspolitischen Ziele und der Überprüfung des wirtschaftlichen Handelns. Solche Prüfungen können sich nicht auf die Gesamtheit der Geschäfte erstrecken, sondern werden stichprobenartig vorgenommen.

Voraussetzung für ein gutes Abschneiden der Materialwirtschaft ist eine ordnungsgemäße Ablage von Belegen, Korrespondenz, Preislisten, Angeboten, Bestellungen etc., aus denen die Einhaltung der Grundsätze und der Richtlinien hervorgeht. In erster Linie werden Revisionsprüfungen im Einkauf, Lager und in der Warenannahme durchgeführt.

6.4.3 Die Erfolgsmessung in der Materialwirtschaft

Wie bereits dargestellt, besteht die allgemeine Aufgabe der Materialwirtschaft darin, den Güterbedarf eines Betriebes wirtschaftlich zu decken. Die Erfüllung dieser Aufgabe ist identisch mit dem Erfolg der Materialwirtschaft. Wirtschaftlich bedeutet hier:

1. Mit gegebenen Kosten soll ein höchst möglicher Erfolg, d. h. eine qualitativ, quantitativ und zeitlich höchst mögliche Bedarfsdeckung erzielt werden (Produktivitätsanforderung), oder
2. ein gegebener Erfolg, d. h. eine qualitativ, quantitativ und zeitlich festgelegte Bedarfsdeckung soll mit den geringsten Kosten erreicht werden (Sparsamkeitsanforderung).

Beide Prinzipien beinhalten die Forderung, einen Optimalzustand zu realisieren. Dieser ist allerdings in einem konkreten Fall, wie z. B. bei der Materialbereitstellung innerhalb einer Zeitperiode, wegen der unvollkommenen Informationen nicht quantifizierbar. Deswegen fallen sowohl die höchstmögliche Bedarfsdeckung als auch die minimalen Kosten als konkrete absolute Bezugsgrößen des Erfolges der Materialwirtschaft in einer Periode aus. Damit aber nicht ganz auf eine Erfolgskontrolle verzichtet wird, können berechenbare Erfolgsindikatoren und ihre Bezugsgrößen definiert werden.

Generell läßt sich eine Reihe solcher Indikatoren als Produktivitäts- oder als Sparsamkeitsindikatoren einsetzen. Je größer z. B. die Umschlagshäufigkeit oder je kleiner die Reklamationsquote in einer Periode ist, desto größer ist die Produktivität der Materialwirtschaft in dieser Periode unter sonst gleichen Bedingungen. Oder, je niedriger z. B. die Einkaufspreise einer Periode sind, desto größer ist die Sparsamkeit der Materialwirtschaft in dieser Periode unter sonst gleichen Bedingungen. Dabei kann der Erfolg auf das eigene Ergebnis einer früheren Periode (**Ist-Ist-Vergleich**), auf die eigenen Planziele (**Soll-Ist-Vergleich**), auf das Ergebnis der Konkurrenz (**Konkurrenzvergleich**) oder auf das Branchen- bzw. Marktergebnis (**Branchen- bzw. Marktvergleich**) bezogen werden. In einem Ist-Ist-Erfolgsvergleich wird unter der Hypothese gearbeitet, daß der Wert des eingesetzten Indikators in der Bezugsperiode (Basisperiode) die konkrete absolute Bezugsgröße darstellt. Er ist der Maßstab des Erfolges in der betrachteten Periode (Berichtsperiode). Bei einem Soll-Ist-Erfolgsvergleich bilden die Planziele der eingesetzten Indikatoren den Erfolgsmaßstab. Eigene Vergangenheitsergebnisse und eigene Planziele sind betriebsintern leicht zu gewinnen. Anders liegt die Situation bei einem Konkurrenz- oder Branchen- bzw. Marktvergleich. Hier ist das Ergebnis der Konkurrenz, der Branche bzw. des Marktes in der betrachteten Periode der absolute Erfolgsmaßstab. Diese betriebsexternen Ergebnisse sind jedoch, wenn überhaupt, nur schwer zu ermitteln.

6.4.3.1 Erfolgsmessung mittels eines Produktivitätsansatzes

Zur Messung des Erfolges der Materialwirtschaft mit Hilfe der Entwicklung der Produktivität in einer Periode **(Ist-Ist-Vergleich)** wird von der Produktivitätsformel

$$\text{Produktivität} = \frac{\text{Faktorertrag der Materialwirtschaft (Output)}}{\text{Faktoreinsatz in der Materialwirtschaft (Input)}}$$

ausgegangen. Der Faktoreinsatz soll aus dem gesamten Faktorpotential der Materialwirtschaft bestehen und wird in der Zeit als konstant angesehen. Der Faktorertrag soll jeweils durch verschiedene Kennziffern ausgedrückt werden. Solche Kennziffern können u. a. folgende sein:

Umschlagshäufigkeit
Servicegrad
Umgeschlagene Tonnenkilometer
Einsatz der Transportmittel
Genutzte Lagerfläche, Lagerhöhe und genutzter Lagerraum
Anzahl der Groß-, Normal- und Kleinbestellungen
Bestellungen, Bestellmenge und Bestellwert pro Einkäufer
Anzahl der Verhandlungen
Abgewiesene Preisforderungen u. ä.

Wenn der Faktoreinsatz in der Zeit unverändert bleibt, dann zeigt die Veränderung der als Faktorertrag eingesetzten Kennzahlen die Produktivitätsentwicklung in der betrachteten Periode an. Das bedeutet, daß zwischen diesen Indikatoren und dem Faktorertrag bzw. der Produktivität der Materialwirtschaft eine positive Korrelation besteht. Unter diesen Bedingungen impliziert die Entwicklung dieser Kennziffer eine gleichläufige Produktivitätsentwicklung. Wird nun unterstellt, daß eine Zu- oder Abnahme des betrachteten Indikators in einer Periode eine gleich große Zu- oder Abnahme der Produktivität anzeigt, dann können diese Indikatoren zur Messung des Erfolges der Materialwirtschaft herangezogen werden. Die Berechnungsformel des Erfolges in Prozenten lautet in diesem Fall:

$$\text{Erfolg} = \frac{\text{Indikatorwert der Berichtsperiode}}{\text{Indikatorwert der Basisperiode}} \cdot 100 - 100$$

Darüber hinaus gibt es eine Anzahl von materialwirtschaftlichen Kennzahlen, welche eine negative Korrelation zum Faktorertrag bzw. zur Produktivität aufweisen. Ihre negative Entwicklung impliziert eine positive Produktivitätsentwicklung, während ihre positive Entwicklung eine negative Produktivitätsänderung beinhaltet. Solche Kennzahlen können beispielsweise folgende sein:

Fehlmengen
Reklamationen
Durchschnittliche Lagerdauer
Durchschnittlicher Bestand
u. ä.

Soll der Erfolg durch solche Kennziffern gemessen werden, dann ist die Erfolgsformel mit -1 zu multiplizieren und ändert sich wie folgt:

$$\text{Erfolg} = 100 - \frac{\text{Indikatorwert der Berichtsperiode}}{\text{Indikatorwert der Basisperiode}} \cdot 100$$

Selbstverständlich ist der Aussagewert einer solchen Erfolgsmessung mit Vorsicht zu interpretieren. Je mehr Erfolgsindikatoren allerdings eingesetzt werden und je eingehender ihre Aussage analysiert wird, desto eher kann der Erfolg der Materialwirtschaft geschätzt werden.

In einem **Soll-Ist-Vergleich** wird der Erfolg auf den Planwert des betrachteten Indikators bezogen. Entsprechend wird in einem **Konkurrenz-** oder **Branchenvergleich** der eigene Indikator in Beziehung zu dem der Konkurrenz bzw. der Branche gebracht. Die Berechnungsformeln lauten entsprechend

$$\text{Erfolg} = \frac{\text{Indikator der Berichtsperiode}}{\text{Planwert des Indikators in der Berichtsperiode}}$$

$$\text{Erfolg} = \frac{\text{Eigener Indikator}}{\text{Konkurrenzindikator}}$$

$$\text{Erfolg} = \frac{\text{Eigener Indikator}}{\text{Indikator der Branche}}$$

Allerdings werden geeignete Produktivitätsindikatoren der Materialwirtschaft in der Praxis kaum geplant und es ist nicht zu erwarten, daß die Konkurrenz- und Branchenindikatoren zu ermitteln sind. Dies macht die Durchführung von Ist-Ist-Vergleichen um so nötiger.

6.4.3.2 Erfolgsmessung mittels der Sparsamkeit

Auch bei der Berechnung der Sparsamkeit wird von der Formel der Wirtschaftlichkeit

$$\frac{\text{Faktorertrag (Output)}}{\text{Faktoreinsatz (Input)}}$$

ausgegangen. Faktorertrag und Faktoreinsatz sind jedoch anders zu interpretieren als im Produktivitätsansatz. Als Faktorertrag werden hier die in einer bestimmten Zeitperiode den Bedarfsträgern bereitgestellten Güter und ihre Mengen verstanden.

Als Faktoreinsatz wären generell die Kosten der Materialwirtschaft zu sehen. Wegen der großen Bedeutung des Einkaufs können sie jedoch auf die Einkaufspreise bzw. auf die Einkaufswerte (Einkaufskosten) reduziert werden. Dabei kann der Erfolg auch hier sowohl betriebsintern als auch betriebsextern bezogen absolut und relativ gemessen werden.

6.4.3.2.1 Messung der Sparsamkeit mit Hilfe eines Ist-Ist-Vergleichs

Bei einem **Ist-Ist-Vergleich** kann die Sparsamkeit, d. h. der Erfolg, durch die Einkaufspreis- oder die Einkaufswertentwicklung berechnet werden. Die in einer Periode (Berichtsperiode) erzielten Einkaufspreise bzw. getätigten Einkaufswerte drücken im Vergleich zu den Einkaufspreisen bzw. -werten einer früheren Periode (Basisperiode) den Erfolg der Materialwirtschaft aus. Dabei bildet die Differenz der Preise (p) eines Artikels (i) zwischen einer Basisperiode (0) und der Berichtsperiode (1) den Erfolg der betrachteten Periode.

$$\text{Erfolg} = p_{i0} - p_{i1}. \qquad i = 1, 2, ..., n = \text{Einkaufssortiment}$$

Relativ kann der Erfolg durch die Formel

$$\text{Erfolg} = 100 - \frac{p_{i1}}{p_{i0}} \cdot 100 \qquad i = 1, 2, ..., n = \text{Einkaufssortiment}$$

in Prozenten gemessen werden.

Zur Berechnung des Durchschnittserfolges können folgende Ausdrücke eingesetzt werden:

$$\text{Erfolg} = 100 - \frac{\sum_{i=1}^{n} p_{i1} \cdot q_{i1}}{\sum_{i=1}^{n} p_{i0} \cdot q_{i1}} \cdot 100 \qquad \begin{array}{l} i = 1, 2, ..., n = \text{Einkaufssortiment} \\ q = \text{Einkaufsmenge} \end{array}$$

oder

$$\text{Erfolg} = 100 - \frac{\sum_{i=1}^{n} p_{i1} \cdot q_{i0}}{\sum_{i=1}^{n} p_{i0} \cdot q_{i0}} \cdot 100 \qquad \begin{array}{l} i = 1, 2, ..., n = \text{Einkaufssortiment} \\ q = \text{Einkaufsmenge} \end{array}$$

Die erste der beiden Formeln zur Berechnung des Durchschnittserfolges stützt sich auf den Preisindex nach PAASCHE. Sie zeigt die gewogene prozentuale durchschnittliche Preisveränderung gegenüber der Basisperiode. Dabei werden als Gewichte die Mengen der Berichtsperiode eingesetzt. Sie gibt also an, um wieviel Prozent mehr (−)

oder weniger (+) durchschnittlich die in der Berichtsperiode eingekauften Mengen im Vergleich zu der Basisperiode gekostet haben. Die zweite Formel zur Berechnung des Durchschnittserfolges basiert auf dem Preisindex nach LASPEYRES. Auch sie zeigt die durchschnittliche prozentuale Preisveränderung von der Basis- bis zu der Berichtsperiode an. Allerdings erfolgt dies hier für die in der Basisperiode eingekauften Mengen. Sie gibt also an, um wieviel Prozent billiger (+) oder teurer (−) die in der Basisperiode eingekauften Mengen in der Berichtsperiode im Durchschnitt wären.

Soll der Erfolg durch die Entwicklung des Einkaufswertes ermittelt werden, dann kann dies durch die Formel

$$\text{Erfolg} = \sum_{i=1}^{n} p_{i0} \cdot q_{i1} - \sum_{i=1}^{n} p_{i1} \cdot q_{i1} \qquad \begin{array}{l} i = 1, 2, ..., n = \text{Einkaufssortiment} \\ q = \text{Einkaufsmenge} \end{array}$$

erfolgen. Ist das Ergebnis positiv, dann ist in der betrachteten Periode eine Einsparung in Höhe der Differenz erzielt worden. Ist das Ergebnis negativ, dann liegt eine Verteuerung vor.

Soll die Sparsamkeit durch die Kostenentwicklung gemessen werden, dann können folgende Formeln eingesetzt werden:

$$\text{Absoluter Erfolg} = \sum_{i=1}^{n} k_{i0} - \sum_{i=1}^{n} k_{i1} \qquad \begin{array}{l} k = \text{Kosten} \\ i = 1, 2, ..., n = \text{Kostenarten} \end{array}$$

$$\text{Relativer Erfolg} = 100 - \frac{\sum_{i=1}^{n} k_{i1}}{\sum_{i=1}^{n} k_{i0}} \cdot 100$$

6.4.3.2.2 Messung der Sparsamkeit mit Hilfe eines Soll-Ist-Vergleichs

Wird die Materialwirtschaft und speziell der Einkauf mittels der Planung geführt, dann kann die Sparsamkeit, d. h. der Erfolg anhand der Abweichung der Einkaufspreise bzw. Einkaufswerte einer Periode von ihren Planwerten berechnet werden (**Soll-Ist-Vergleich**). Die aus dem Ist-Ist-Vergleich bekannten Formeln ändern sich hier wie folgt, wenn die Plangrößen durch b und die tatsächlichen Größen mit t bezeichnet werden:

1. Erfolg = Absolute Preisabweichung = $p_{ib} - p_{it}$ bzw.
   Erfolg = Absolute Kostenabweichung = $k_{ib} - k_{it}$

   $k = \text{Kosten}$
   $i = 1, 2, ..., n = \text{Einkaufssortiment}$

2. Erfolg = Relative Preisabweichung = $100 - \dfrac{p_{it}}{p_{ib}} \cdot 100$ bzw.

Erfolg = Relative Kostenabweichung = $100 - \dfrac{\sum_{i=1}^{n} k_{it}}{\sum_{i=1}^{n} k_{ib}} \cdot 100$

3. Erfolg = Durchschnittliche gewogene Preisabweichung = $100 - \dfrac{\sum_{i=1}^{n} p_{it} \cdot q_{it}}{\sum_{i=1}^{n} p_{ib} \cdot q_{it}} \cdot 100$

4. Erfolg = Durchschnittliche gewogene Preisabweichung = $100 - \dfrac{\sum_{i=1}^{n} p_{it} \cdot q_{ib}}{\sum_{i=1}^{n} p_{ib} \cdot q_{ib}} \cdot 100$

5. Erfolg = Absolute Wertabweichung = $\sum_{i=1}^{n} p_{ib} \cdot q_{it} - \sum_{i=1}^{n} p_{it} \cdot q_{it}$

6. Erfolg = Relative Wertabweichung = $\dfrac{\sum_{i=1}^{n} p_{ib} \cdot q_{it}}{\sum_{i=1}^{n} p_{it} \cdot q_{it}}$

Auch bei der Berechnung der Sparsamkeit ist ein Bezug auf die Konkurrenz bzw. auf die Branche oder den Markt nicht leicht. Es ist jedoch nicht immer unmöglich, die Branchen- oder die Marktpreisentwicklung zu erfahren. Liegt z. B. die Marktpreisentwicklung vor, dann kann die eigene Preisentwicklung in Beziehung zu der des Marktes gesetzt werden und der Erfolg marktbezogen ermittelt werden. Der Erfolg ist um so größer, je kleiner der Quotient aus

$$\dfrac{\text{Eigene Preisentwicklung}}{\text{Preisentwicklung des Marktes}}$$

ist.

Kontrollfragen

1. Wer ist für die Politik der Materialwirtschaft zuständig? Was wird hier festgelegt?
2. Wie werden die materialwirtschaftlichen Ziele abgeleitet? Wie lauten sie?
3. Was besagen die formalen und was die operationalen Ziele der Materialwirtschaft?
4. Was besagen lang-, kurz- und mittelfristige Ziele der Materialwirtschaft?
5. Wie werden die Mittel der Politik der Materialwirtschaft bestimmt. Wie lauten sie?
6. Was wird mit Hilfe der Organisation in der Materialwirtschaft geklärt?
7. Beschreiben und beurteilen Sie die Organisationskonzeption „Materialwirtschaft".
8. Was ist unter einer integrierten Materialwirtschaft zu verstehen?
9. Beschreiben und beurteilen Sie die Organisationskonzeption „Einkaufsabteilung".
10. Was bedeuten „Zentral-" und „Dezentraleinkauf"? Welche Vor- und Nachteile haben sie?
11. Nach welchen Kriterien kann der Aufbau der Einkaufsabteilung erfolgen? Welche Vor- und Nachteile haben sie?
12. Beschreiben und beurteilen Sie die Organisationskonzeption „Beschaffung".
13. Beschreiben und beurteilen Sie die Organisationskonzeption „Logistik".
14. Erläutern Sie die Politik der Bezugsquellen.
15. Stellen Sie die Konzernbezugspolitik dar und beurteilen Sie sie.
16. Beschreiben und beurteilen Sie die Gegengeschäfte.
17. Zeigen und erläutern Sie Kooperationsmöglichkeiten der Materialwirtschaft.
18. Beschreiben Sie Möglichkeiten der Produktivitätssteigerung des Personals in der Materialwirtschaft.
19. Beschreiben Sie die Bereitstellungsmethoden. Welche Vor- und Nachteile weisen sie auf? Welche Bedingungen müssen für eine einsatzsynchrone Bereitstellung erfüllt sein?
20. Was sind operative Instrumente der Politik der Materialwirtschaft? Wovon ist ihr Einsatz abhängig?
21. Beschreiben Sie mögliche Marktformen. Nach welchen Kriterien werden sie gebildet?
22. Beschreiben Sie mögliche Marktseitenverhältnisse. Nach welchen Kriterien werden sie gebildet?

Kontrollfragen

23. Wie können Marktformen und Marktseitenverhältnisse miteinander kombiniert werden?
24. Was besagt die Koinzidenzannahme?
25. Beschreiben Sie Ziele und Mittel der Qualitätspolitik.
26. Beschreiben Sie Ziele und Mittel der Mengenpolitik.
27. Unter welchen Bedingungen kann eine Bestellung die Kosten der Materialwirtschaft minimieren?
28. Wie beeinflußt die Bestellmenge die einzelnen Kostenarten im Grundmodell der Bestellmengenoptimierung? Zeigen Sie diese Zusammenhänge grafisch.
29. Beschreiben Sie Ziele und Mittel der Preispolitik.
30. Beschreiben Sie Ziele und Mittel der Terminpolitik.
31. Beschreiben Sie Ziele und Mittel der Lieferantenpolitik.
32. Beschreiben Sie Ziele und Mittel der Nebenleistungspolitik.
33. Kann die Werbung ein Instrument der Einkaufspolitik sein? Wie sollte sie dann eingesetzt werden?
34. Geben Sie Beispiele von Beschaffungsgrundsätzen und -richtlinien.
35. Beschreiben Sie ein Einkaufshandbuch.
36. Beschreiben Sie das Kontrollsystem der Materialwirtschaft und nennen Sie die Ziele und die Möglichkeiten der einzelnen Maßnahmen.
37. Beschreiben und erläutern Sie wichtige Erfolgsindikatoren der Materialwirtschaft.
38. Was ist unter der Produktivität der Materialwirtschaft zu verstehen? Wie kann sie zur Messung des materialwirtschaftlichen Erfolges eingesetzt werden?
39. Was ist unter der Forderung nach Sparsamkeit in der Materialwirtschaft zu verstehen? Wie kann sie zur Messung des materialwirtschaftlichen Erfolges eingesetzt werden?

Glossar

ABC-Analyse
2.2.4
Klassifizierungsverfahren.

Abrufvertrag
3.4.1.2
Im Abrufvertrag sind alle Konditionen mit Ausnahme des Liefertermins festgelegt. Der Liefertermin wird zu einem späteren Zeitpunkt vom Käufer bestimmt.

Allgemeine Beschaffung
1.2.1
Die wirtschaftliche Versorgung des Betriebes mit Finanzmitteln, originären Gütern und Personal.

Anfrage oder Angebotseinholung
3.3.1.4
Einkaufsaufgabe. Mit ihrer Hilfe bringt der Einkäufer in Erfahrung, ob und unter welchen Bedingungen er einen Bedarf decken kann.

Antizipationsläger
5.1.1.1
Sie liegen vor, wenn sich zwischen abgebendem und annehmendem Bereich zeitliche Diskrepanzen in unterschiedlichen Bewegungsrhythmen niederschlagen. Das Lager übernimmt hier die Ausgleichs- bzw. Pufferfunktion.

Arbeit
1.1
Der Einsatz von menschlichen Fähigkeiten zur Verwirklichung des Betriebszweckes.

Auftragsorientierte (deterministische) Materialbedarfsplanung
2.3.1
Materialbedarfsplanung, deren Ausgangspunkt Kundenaufträge (Primärbedarf) sind.

Angebotsvergleich
3.3.1.6
Aufgabe des Einkaufs mit dem Ziel, den kostengünstigsten Anbieter zu ermitteln.

Automatische Preisgleitklausel
3.4.1.3
Siehe Kostenelementklausel.

Barkauf
3.4.1.4.3
Der Zahlungstermin fällt mit dem Liefertermin zusammen.

Baukastenstückliste
2.3.1.1
Sie weist alle Materialien, die direkt in die nächsthöhere Baugruppe bzw. in das Fertigerzeugnis eingehen, aus.

Bedarfsermittlung
2.1
Die Ermittlung der Bedarfsarten, -mengen und -termine eines Betriebes. Sie umfaßt die Materialrationalisierung (Materialsortiment), die Bedarfsrechnung, die Bedarfsprognose und die Bedarfsplanung.

Bedarfsmeldung
3.2
Aufforderung einer dazu autorisierten Stelle an den Einkauf, bestimmte Güter in bestimmten Mengen zu einem bestimmten Termin bereitzustellen.

Beschaffung in der Betriebspraxis
1.2.3
Wirtschaftliche Versorgung des Betriebes mit den Gütern seines originären Bedarfs.

Beschaffungsmarktforschung
3.3.1
Bestellvorbereitende Teilaufgabe des Einkaufs, deren Ziel es ist, die relevanten Märkte mittels der Informationssammlung und -verarbeitung transparent zu gestalten.

Bestandsrechnung
5.3.6.2
Sie erfaßt alle Materialbewegungen mengen- und wertmäßig zum Zwecke der Ermittlung der Bestände.

Bestellung
3.4
Sie erklärt den Willen des Einkäufers, der Verkäufer oder ein von ihm Beauftragter möge dem Einkäufer oder einem Dritten das in der Bestellung beschriebene Gut zu den in der Bestellung enthaltenen Bedingungen liefern. Sie bildet den Kern der Einkaufsaufgaben.

Bestellbestand
2.3.1.1
Setzt sich zusammen aus den bereits erteilten, aber noch nicht gelieferten Bestellungen (offene Bestellmenge, Unterwegsbestellungen).

Bestellbuch
3.4.2.5
In dem Bestellbuch werden wichtige Inhaltspunkte der Bestellung, wie z.B. Bestellgut, -menge, Preis und Lieferant, eingetragen.

Bestellpunktverfahren
5.3.7.2.1
Dispositionsverfahren, bei dem eine bestimmte Bestandshöhe (Meldebestand) das Signal zur Disposition auslöst.

Bestellrhythmus
5.3.7.2.2
Die Zeitspanne zwischen zwei Bestellungen.

Bestellrhythmusverfahren
5.3.7.2.2
Dispositionsverfahren, bei dem ein bestimmter Zeitpunkt das Signal zur Disposition auslöst.

Betrieb
1.1
Produktive Wirtschaftseinheit.

Betriebliche Hauptfunktionen
1.1
Ihre Ausführung allein kann die Erfüllung des Betriebszweckes herbeiführen.

Betriebsbedarf
1.1
Die von einem Betrieb benötigten Produktionsfaktoren, Finanzmittel, Handelswaren und fremden Dienstleistungen.

Betriebsmittel
1.1
Die zur Verwirklichung des Betriebszweckes eingesetzte technische Apparatur, zu der neben den Anlagen und Maschinen auch die Grundstücke, Gebäude, Werkzeuge, der Fuhrpark und die gesamte Betriebseinrichtung zu zählen sind.

Bonifikation
3.4.1.4.2
Gewichtsabzug für unbrauchbare Mengen bei der Berechnung des zu zahlenden Wertes.

Brutto für netto
3.4.1.4.2
Zu bezahlen ist das Bruttogewicht. Tara wird mitbezahlt.

Bruttogewicht
3.4.1.4.2
Summe aus dem Netto- (Reingewicht) und Verpackungsgewicht (Tara).

Chaotisches Prinzip
5.3.1
Bei seiner Anwendung erfolgt die Festlegung des Lagerplatzes bei jeder Einlagerung von neuem.

Container
5.2.6.1.1
Von der „International Standardization Organization" (ISO) genormte dauerhafte Behälter (Box-Container) mit einem Fassungsvermögen von mindestens 1 m^3, die die Aufbewahrung, den Umschlag und den Transport von Gütern rationalisieren.

Definierte Preisgleitklausel
3.4.1.3
Siehe Kostenelementklausel.

Dispositionsstufe
2.3.1
Die tiefste Fertigungsstufe, in der ein Wiederholteil vorkommt.

Dispositiver Produktionsfaktor
1.1
Die leitende Arbeit des Menschen im Rahmen des Willensbildungsprozesses einschließlich der Durchsetzung und Überwachung der getroffenen Entscheidungen.

Dokumentäre Zahlungsbedingungen
3.4.1.4.3
Die Zahlung wird von der Präsentation bestimmter Dokumente, wie z.B. des Konnossements, abhängig gemacht.

Drei-Behälter-Disposition
5.3.7.2.1
Siehe Minimum-Maximum-Prinzip.

Durchschnittliche Verweildauer (DVD)
5.3.6.4
$$DVD = \frac{Durchschnittsbestand}{Verbrauch}.$$

Durchschnittsbestand (DB)
5.3.6.4
$$DB = \frac{Anfangsbestand + Endbestand}{2}$$
oder
$$DB = \frac{Jahresanfangsbestand + 12\ Monatsendbestände}{13}.$$

Durchschnittslagerdauer (DLD)
5.3.6.4
$$DLD = \frac{360\ (Tage)}{Umschlagshäufigkeit}.$$

Eingeengte Beschaffung
1.2.2
Wirtschaftliche Versorgung des Betriebes mit Personal und originären Gütern.

Einkauf
3.1
Die zweite Aufgabe des materialwirtschaftlichen Prozesses. Seine Hauptaufgabe besteht in dem Erwerb von Eigentums- bzw. Verfügungs- oder Nutzungsrechten über den ihm gemeldeten oder von ihm selbst erwarteten Bedarf.

Einkaufsbedarf
2.3.1
Originärbedarf; Bedarf, der durch den Einkauf am Markt (Bestellbedarf) gedeckt wird.

Einsatzsachgüter
1.2.3
Im Rahmen der Leistungserstellung eingesetzte Sachgüter in Form von Betriebsmitteln und Werkstoffen.

Einstandspreis
3.3.1.6
Einstandspreis = Bruttoeinkaufspreis + Preiszuschläge − Preisabschläge.

Einzelbeschaffung im Bedarfsfall
6.3.1.7
Sie besagt, daß der Beschaffungsprozeß erst bei einer Bedarfsmeldung ausgelöst wird.

Erfüllungsort
3.4.1.4.4
Der Ort, an dem die geschuldete Leistung an den Gläubiger zu bewirken ist (§§ 269, 270 BGB).

Erweiterter Beschaffungsprozeß
1.3.1
Zeitliche sinnvolle Aneinanderreihung der Teilaufgaben der Bedarfsermittlung, des Einkaufs, des Transports, der Warenannahme und der Lagerung.

Erwerbsprinzip
1.1
Streben nach Einkommenserwirtschaftung in selbständiger Position.

Fifo
5.3.6.2.1
First in, first out (fiktive Verbrauchsfolge).

Fixgeschäft
3.4.1.4.4
Der Liefertermin ist fest zu einer bestimmten Zeit vereinbart.

Flächennutzungsgrad (FNG)
5.3.6.4
$$FNG = \frac{\text{Genutzte Lagerfläche}}{\text{Vorhandene Lagerfläche}}.$$

Gegengeschäfte
6.3.1.5.2
Bindung eines Verkaufs- mit einem Einkaufsgeschäft.

Gozintograph
2.3.1.3
Erzeugnisstrukturgraph, bestehend aus Knoten, Pfeilen und Zahlen. Die Knoten des Graphen geben in ihrer oberen Hälfte die Sachnummer an. Darunter ist gegebenenfalls der Primärbedarf eingetragen. Die Pfeile demonstrieren die Bedarfsbeziehung und die Zahlen auf den Pfeilen den spezifischen Verbrauch.

Gutgewicht
3.4.1.4.2
Gewichtsverlust bis zum Wiederverkauf.

Hifo
5.3.6.2.1
Highest in, first out (fiktive Verbrauchsfolge).

Hilfsstoffe
1.1
Sie gehen wie Rohstoffe unmittelbar in das Erzeugnis über und üben hier Hilfsfunktionen aus.

Höhennutzungsgrad (HNG)
4.3.6.4
$$\text{HNG} = \frac{\text{Genutzte Lagerhöhe}}{\text{Vorhandene Lagerhöhe}}$$

Incoterms
3.4.1.4.6
International Commercial Terms (Internationale Handelsklauseln).

Innerbetriebliche Lieferbereitschaft
2.3.2.9
Servicegrad des Lagers.

Ist-Eindeckungsmenge
5.3.7.2
Sie ist gleich dem disponiblen Bestand am Dispositionstermin.

Kauf auf Probe
3.4.1.4.1
§ 495 BGB.

Kauf nach Probe
3.4.1.4.1
§ 494 BGB.

Kleinbestellungen
3.4.2.1
Bestellungen mit einem geringen Bestellwert.

Kommissionierung
5.3.5
Teilaufgabe der Auslagerung. Sie umfaßt das Zusammentragen und -stellen der angeforderten Lagergüter nach Lageraufträgen.

Kommissionslager
5.2.4.1
Lagervorräte sind Kommissionsgut, d.h. Eigentum des Lieferanten.

Konsignationslager
5.2.4.1
Siehe Kommissionslager.

Kostenelementklausel
3.4.1.3
Bindung des Preises eines Gutes an die Entwicklung dessen Kosten.

Kreditkauf
3.4.1.4.3
Siehe Zielkauf.

Lagerbestand
2.3.1.1 und 5.3.6.2
Der im Materiallager (Lagerstufe 1) am Dispositionsstichtag sich befindende Bestand eines Materials.

Lagerhaltungskostensatz (LHKS)
5.3.6.4
LHKS = Zinssatz des im Lager gebundenen Vorratskapitals + Lagerkostensatz.

Lagerkostensatz (LKS)
5.3.6.4
$$LKS = \frac{\text{Lagerkosten außer Kapitalbindungskosten}}{\text{Durchschnittlicher Lagerbestandswert}} \cdot 100.$$

Lagereien
5.2.4.2
Betriebe, die gewerbsmäßig Lagerraum vermieten.

Leckage
3.4.1.4.2
Siehe Bonifikation.

Lifo
5.3.6.2.1
Last in, first out (fiktive Verbrauchsfolge).

Lofo
5.3.6.2.1
Lowest in, first out (fiktive Verbrauchsfolge).

Lokalisierprinzip
5.3.1
Siehe chaotisches Prinzip.

Mängelanzeige
3.5.2
Formloses Schreiben an den Verkäufer über eine fehlerhafte Lieferung. Aus ihr soll die Art und der Umfang der Mängel hervorgehen. Nach § 377 HGB ist sie dem Verkäufer unverzüglich zu erklären.

Magazinierprinzip
5.3.1
Bei seiner Anwendung erhalten die einzelnen Lagergüter einen festen Lagerplatz.

Markt
3.3.1.1
Zusammentreffen von Anbietern und Nachfragern eines bestimmten Gutes in einem räumlich und zeitlich abgegrenzten Bereich zum Zwecke des Ver- und Einkaufs.

Marktbeobachtung
3.3.1.3
Feststellung einzelner oder sämtlicher Marktmerkmale bzw. des Verhaltens von Marktteilnehmern zu einem Zeitpunkt und ihre zeitliche Entwicklung.

Marktform
3.3.1.1
Die horizontale Marktstruktur.

Marktseitenverhältnisse
3.3.1.1
Die vertikale Marktstruktur.

Material
1.4.1
Sachgüter, die zur Herstellung von anderen Gütern eingesetzt werden.

Materialdisposition
5.3.7
Die kurzfristige Materialbereitstellungsplanung, bestehend aus den entsprechenden Bedarfs-, Bestands- und Bestellplänen.

Materialfluß
5.1
Die Gesamtheit der Ströme beweglicher Sachgüter eines Betriebes von der Beschaffung über die Leistungserstellung bis zu der Vermarktung bildet den betrieblichen Materialfluß.

Materialsorte
2.2
Materialien aus dem gleichen Stoff, gleicher Art und in gleicher Ausführung hinsichtlich der Größe, Güte, Form u. ä.

Materialwirtschaft
1.4.2
Die betriebliche Aufgabe, die den Material- und Handelswarenbedarf des Betriebes wirtschaftlich zu decken hat.

Mathematische Preisgleitklausel
3.4.1.3
Siehe Kostenelementklausel.

Meldebestand
5.3.7.2.1
Er reicht gerade aus, die Produktion bis zur Ankunft der nächsten Lieferung aufrecht zu erhalten.

Mengenübersichtsstückliste
2.3.1.1
Enthält alle zur Herstellung einer Mengeneinheit eines Fertigerzeugnisses notwendigen Bedarfsmengen.

Minimum-Maximum-Prinzip
5.3.7.2.1
Disposition nach dem Bestellpunktverfahren mit Sicherheitsbeständen und festgelegtem Höchstbestand.

Nettobedarf
2.3.1
Nettobedarf = Bruttobedarf − disponible Bestände.

Nettogewicht
3.4.1.4.2
Gewicht des bestellten Gutes.

Normalbestellung
3.4.2
Sie überschreitet den Bestellwert einer Kleinbestellung.

Normung
2.2.2.1
Vereinheitlichung einer Vielfalt von ähnlichen Materialien durch die Schaffung von allgemein anerkannten Gruppen und die dazugehörenden Gruppenmerkmale.

Optimale Bestellmenge
6.3.2.2
Die Bestellmenge, welche die Bedarfsdeckung sichert und gleichzeitig die geringsten Kosten verursacht.

Optionsvertrag
3.4.1.2
Sie gewährt dem Käufer das Recht, durch einseitige Erklärung den Vertrag zustande zu bringen.

Organisation
6.3.1
Spezifische Ordnung einer komplexen Aufgabe, innerhalb derer sie erledigt wird.

Originärer Bedarf
1.1
Der Teil des Bedarfs, dessen Deckung über den Markt erfolgt.

Paletten
5.2.6.1.2
Beförderungs- und Lagerungshilfsmittel.

Politik der Materialwirtschaft
6.1
Sie umfaßt alle Bestrebungen, Handlungen und Maßnahmen, die darauf abzielen, den materialwirtschaftlichen Prozeß zu ordnen, zu beeinflussen oder unmittelbar festzulegen und zu kontrollieren.

Preisgleitklausel
3.4.1.3
Bindung des Preises an die Preisentwicklung eines anderen Gutes oder an die Kostenentwicklung.

Primärbedarf
2.1
Bedarf der Absatzmärkte des betrachteten Betriebes an dessen Produkten und Handelswaren.

Primärforschung
3.3.1.3
Erstmalige Erhebung von Daten und Informationen.

Produktionsfaktoren
1.1
Sie besitzen die Eigenschaft, sinnvoll miteinander kombiniert, Güter produzieren zu können.

Produktivläger
5.1.1.4
Dienen der Qualitätsverbesserung der gelagerten Güter. Sie üben also eine Veredelungsfunktion aus.

Prognose
3.3.1.5
Durch Annahmen gestütztes Vorauswissen über künftige Ereignisse.

Rahmenvertrag
3.4.1.2
Er bringt zum Ausdruck, daß die Vertragsparteien sich grundsätzlich bis auf die zu liefernde Menge geeinigt haben und willens sind, den Abschluß zu tätigen.

Raumnutzungsgrad (RNG)
5.3.6.4
$$\text{RNG} = \frac{\text{Genutzter Lagerraum}}{\text{Vorhandener Lagerraum}}.$$

Refaktie
3.4.1.4.2
Siehe Bonifikation.

Regale
5.2.6.1.2
Türlose Gestelle aus Holz, Beton oder Kunststoff, die der Aufnahme, der Ordnung, der Aufbewahrung, der Beförderung, dem Schutz und der Bereitstellung von Lagergütern dienen.

Reingewicht
3.4.1.4.2
Siehe Nettogewicht.

Rein netto Tara
3.4.1.4.2
Zu bezahlen ist das Reingewicht.

Rohstoffe
1.1
Aus der Natur gewonnene Sachgüter, die durch Be- und Verarbeitung eine neue Form und neue Eigenschaften erhalten.

Sekundärbedarf
2.1
Bedarf an Rohstoffen, Zuliefer- bzw. Bauteilen und Zwischenprodukten.

Sekundärforschung
3.3.1.3
Sammlung von Daten und Informationen, die bereits in der Vergangenheit für andere Zwecke erhoben worden sind.

Servicegrad
2.3.2.9
Anteil der sofort gedeckten Bedarfsfälle.

Sicherheitskoeffizient (SK)
5.3.6.4
$$\text{SK} = \frac{\text{Sicherheitsbestand}}{\text{Durchschnittsbestand}}.$$

Soll-Eindeckungsmenge
5.3.7.2.2
Sie entspricht dem Höchstbestand.

Soll-Eindeckungstermin
5.3.7.3
Der letzte Tag der Zeitspanne zwischen dem Rechnungstag (Stichtag) und dem Ende der Soll-Eindeckungszeit.

Soll-Eindeckungszeit
5.3.7.3
Die Zeitdauer, für die der Höchstbestand ausreicht, den anfallenden Bedarf zu decken. Sie besteht aus der Wiederbeschaffungszeit, Sicherheitszeit und dem Bestellrhythmus.

Spezifischer Verbrauch
2.3.1.3
Die Inputmenge (Verbrauch) zur Herstellung einer Mengeneinheit Output.

Standardisierung
2.2.2
Vereinheitlichung einer Vielfalt von ähnlichen Dingen durch die Schaffung von allgemein anerkannten Gruppen und den dazugehörenden Gruppenmerkmalen (Normung, Typung).

Strukturstückliste
2.3.1.1
Sie gibt neben den Bedarfsmengen auch die Struktur eines Erzeugnisses an.

Stückliste
2.3.1.1
Materialverzeichnis, das gegebenenfalls auch die Materialmenge und den strukturellen Aufbau von Halb- und Fertigerzeugnissen enthält.

Subsistenzbedarf
1.1
Bedarf an selbsterstellten Teilen.

Sukzessivlieferungsvertrag
3.4.1.2
In ihm wird die Lieferung von Teilmengen nach Abruf oder zu festen Terminen vereinbart.

Tageskauf
3.4.1.4.4
Die Auslieferung des gekauften Gutes an den Käufer und die Zahlung erfolgt sofort.

Teileverwendungsnachweise
2.3.1.2
Umgekehrte Stücklisten. Sie geben Auskunft über die Verwendung einzelner Materialien.

Terminüberwachung
3.5.1
Verfolgung der Termine der Auftragsbestätigung, der Versandanzeigen, der Fertigstellung und vor allem der Lieferung zum Zwecke der Sicherung dieser Termine.

Tertiärbedarf
2.1
Bedarf an Hilfs- und Betriebsstoffen.

Umschlagshäufigkeit (UH)
5.3.6.4
$$UH = \frac{Jahresverbrauch}{Durchschnittlicher\ Jahresbestand}.$$

Unternehmung
1.1
Autonome Betriebe mit erwerbswirtschaftlichem Zweck werden Unternehmungen genannt.

Verbrauchsfaktoren
1.4.1
Verbrauchsfaktoren (Repetierfaktoren) hören nach ihrem Einsatz auf, als solche zu existieren.

Verbrauchsorientierte (stochastische) Materialbedarfsplanung
2.3.2
Planung (Prognose) des künftigen Bedarfs durch Extrapolation des Verbrauchs der Vergangenheit.

Vorlaufzeit
2.3.1.1
Vorlaufzeit = Fertigstellungstermin des Erzeugnisses − Bereitstellungstermin des Materials.

Vormerkbestand
2.3.1.1
Bestand, der für bestimmte Aufträge bereits reserviert ist (Auftragsbestand, Reservierungsbestand).

Vorzahlungskauf
3.4.1.4.3
Der Zahlungstermin liegt vor der Lieferung.

Werkstoffe
1.1
Die zur Verwirklichung des Betriebszweckes im Rahmen des Produktionsprozes-

ses eingesetzten Sachgüter, welche direkt oder indirekt in die produzierten Güter eingehen.

Wertanalyse
2.2.1
Die systematische Anwendung bewährter Techniken zur Ermittlung der Funktionen eines Erzeugnisses oder einer Arbeit, zur Bewertung der Funktionen und zum Auffinden von Wegen, um die notwendigen Funktionen mit den geringsten Gesamtkosten verläßlich zu erfüllen.

Wiederbeschaffungszeit
5.3.7.2.1
Die Zeitspanne zwischen dem Zeitpunkt der Feststellung der Erreichung des Meldebestandes und dem Zeitpunkt der Ankunft der dadurch ausgelösten Lieferung.

Wiederholteil
2.3.1
Ein Teil, das in mehreren Baustufen eingesetzt wird.

Wirtschaftlichkeitsprinzip
1.1
Forderung nach Sparsamkeit im betrieblichen Leistungsbereich.

Zahlungsbedingungen
3.4.1.4.3
Bedingungen, welche den Zahlungstermin und den Nettopreis festlegen.

Zielkauf
3.4.1.4.3
Der Zahlungstermin liegt nach dem Liefertermin.

Zieloperationalisierung
6.2
Exakte und eindeutige Zustandsbeschreibung durch Quantifizierung realistischer Ziele.

Zwei-Behälter-Disposition
5.3.7.2.1
Disposition nach dem Bestellpunktverfahren ohne Sicherheitsbestände, aber mit festgelegten Höchstbeständen.

Literaturverzeichnis

ANDLER, K.: Rationalisierung der Fabrikation und optimale Losgröße, Diss. Stuttgart (1929)
ARNOLDS, H., HEEGE, F., TUSSING, W.: Materialwirtschaft und Einkauf. Praktische Einführung und Entscheidungshilfe, 7. Auflage, Wiesbaden 1993

BAHKE, E. u. a.: Materialflußsysteme, Bd. 1, Materialflußtechnik, Mainz 1974
BATTELLE-INSTITUT: Methoden und Organisation des industriellen Einkaufs, Bd. 1, Funktionen, Organisation, Politik, Kooperation, Personalwesen, Frankfurt 1970
BATTELLE-INSTITUT: Methoden und Organisation des industriellen Einkaufs, Bd. 3, Beschaffungsmarktforschung, Wertanalyse, Eigenfertigung oder Zukauf, Frankfurt 1970
BDI und RKW (Hrsg.): Leitfaden für die Kooperation in der Beschaffung, Stuttgart 1969
BEHRENS, K. C.: Handbuch der Marktforschung, Wiesbaden 1974/77
BENISCH, W.: Kooperationsfibel. Bundesrepublik und EWG, 4. Auflage, Bergisch Gladbach 1973
BICHLER, K.: Beschaffungs- und Lagerwirtschaft, 6. Auflage, Wiesbaden 1992
BOJE, A.: Moderne Einkaufsorganisation, 2. Auflage, München 1976
BUNDESVERBAND MATERIALWIRTSCHAFT UND EINKAUF E.V. (Hrsg.): Gabler-Lexikon Material-Wirtschaft & Einkauf, Wiesbaden 1983
BUNDESVERBAND DES DEUTSCHEN GÜTERFERNVERKEHRS E.V. (Hrsg.): Verkehrswirtschaftliche Zahlen 1988, Frankfurt 1988
BRUNNBERG, J.: Optimale Lagerhaltung bei ungenauen Daten, Wiesbaden 1970
BUSSE VON COLBE, W.: Bereitstellungsplanung, Einkaufs- und Lagerpolitik. In: JACOB, H. (Hrsg.): Industriebetriebslehre. Handbuch für Studium und Praxis, Wiesbaden 1990, S. 595 ff.
BUSSE VON COLBE, W., LASSMANN, G.: Betriebswirtschaftstheorie, Bd. 1, Grundlagen, Produktions- und Kostentheorie, 5. Auflage, Berlin, Heidelberg, New York 1991

CHURCHMANN, A. A.: Operations Research, 5. Auflage, Wien, München 1971

DEMMER, K. H.: Wertanalyse. In: Management Enzyklopädie, Bd. 6, München 1972, S. 547 ff.
DÜRR, W., MAYER, H.: Wahrscheinlichkeitsrechnung und Schließende Statistik, 3. Auflage, München, Wien 1992

EVERLING, W.: Bezugszwang bei Schwesterwerken oder freie Lieferantenwahl. In: Neue Betriebswirtschaft, 22. Jg., Heft 3/1969, S. 16 ff.

FISCHER, G.: Die Betriebsführung, Bd. 1, Allgemeine Betriebswirtschaftslehre, 10. Auflage, Heidelberg 1964

GLASER, H.: Materialbedarfsvorhersagen. In: KERN, W. (Hrsg.): Handwörterbuch der Produktionswirtschaft, Enzyklopädie der Betriebswirtschaftslehre, Bd. 7, 2. Auflage, Stuttgart 1996, Spalte 1202 ff.
GROCHLA, E.: Materialwirtschaft. In: KERN, W. (Hrsg.): Handwörterbuch der Produktionswirtschaft, Enzyklopädie der Betriebswirtschaftslehre, Bd. 7, Stuttgart 1979, Spalte 1257 ff.
GROCHLA, E.: Grundlagen der Materialwirtschaft. Das materialwirtschaftliche Optimum im Betrieb, 3. Auflage, unveränderter Nachdruck, Wiesbaden 1986
GRUPP, B.: Materialwirtschaft mit EDV. Einführungsschritte, Modularprogramme, Praxisbeispiele, Umstellungsprobleme, 4. Auflage, Grafenau 1994
GRUPP, B.: Materialwirtschaft mit Bildschirmeinsatz, Wiesbaden 1983
GRUPP, B.: Bildschirmeinsatz im Einkauf, 2. Auflage, Wiesbaden 1985
GRUPP, B.: EDV-Projekte in den Griff bekommen, 4. Auflage, Köln 1993
GRUPP, B.: EDV-Pflichtenheft zur Hardware- und Softwareauswahl. Praktische Anleitung. Auch für Mittel- und Kleinbetriebe. Mit 4 ausführlichen Praxisbeispielen, 2. Auflage, Köln 1991
GUTENBERG, E.: Einführung in die Betriebswirtschaftslehre, Wiesbaden 1959
GUTENBERG, E.: Grundlagen der Betriebswirtschaftslehre, Bd. 1, Die Produktion, 21. Auflage, Berlin, Heidelberg, New York 1976

HARRIS, F. W.: Operation and Cost (Factory Management Service), Chicago 1915, zitiert nach ZWEHL, W. VON: Kostentheoretische Analyse des Modells der optimalen Bestellmenge, Wiesbaden 1973
HARTMANN, H.: Materialwirtschaft. Organisation, Planung, Durchführung, Kontrolle, 6. Auflage, Stuttgart 1993
HAUSSMANN, G. u. a.: Automatisierte Läger, Mainz 1972

IBM: Der Einkauf in der IBM Deutschland, Sindelfingen 1972
INSTITUT DER WIRTSCHAFTSPRÜFER: Stellungnahme Hauptfachausschuß 1/1981, Stichprobenverfahren für die Vorratsinventur zum Jahresabschluß. In: Die Wirtschaftsprüfung, 34. Jg., 1981, S. 479 ff.

JACOB, H.: Preispolitik, 2. Auflage, Wiesbaden 1971
JACOB, H.: Industriebetriebslehre. Handbuch für Studium und Praxis, 4. Auflage, Wiesbaden 1990
JÜNEMANN, R.: Lagerhaltung, Technik und Steuerung. In: KERN, W. (Hrsg.): Handwörterbuch der Produktionswirtschaft, Enzyklopädie der Betriebswirtschaftslehre, Bd. 7, 2. Auflage, Stuttgart 1996, Spalte 1073 ff.

KIRSCH, W. u. a.: Betriebswirtschaftliche Logistik. Systeme, Entscheidungen, Methoden, Wiesbaden 1973

KLEINE, O., MELZOW, W.: Disponieren in der modernen Beschaffung. Bedarfsermittlung. Mathematische Bestellmengenrechnung. Elektronische Datenverarbeitung. Herausgegeben im Rahmen des RKW-Projektes CD 66/68, Frankfurt/Main 1972

KOBELT, H.: Wirtschaftsstatistik für Studium und Praxis, 5. Auflage, Baden-Baden, Bad Homburg vor der Höhe 1992

KÖHLER, H.: Lineare Algebra, 2. Auflage, München, Wien 1987

KRELLE, W.: Preistheorie, Teil 1, Monopol- und Oligopoltheorie, 2. Auflage, Tübingen 1976

KROEBER-RIEL, W.: Beschaffung und Lagerung. Betriebswirtschaftliche Grundlagen der Materialwirtschaft, Wiesbaden 1966

LAHDE, H.: Neues Handbuch der Lagerorganisation und Lagertechnik, München 1967

LÖFFELHOLZ, J.: Repetitorium der Betriebswirtschaftslehre, 6. Auflage, Wiesbaden 1980

LUGER, A. E.: Allgemeine Betriebswirtschaftslehre, Bd. 1, Der Aufbau des Betriebes, 3. Auflage, München, Wien 1991

MÄNNEL, W.: Die Wahl zwischen Eigenfertigung und Fremdbezug. Theoretische Grundlagen, praktische Fälle, 2. Auflage, Herne, Berlin 1981

MERTENS, P.: Industrielle Datenverarbeitung, Bd. 1, Administrations- und Dispositionssysteme, 7. Auflage, Wiesbaden 1988

MILES, L. D.: Techniques of Value Analysis and Engineering, 2. Auflage, New York 1972

MÜLLER-MERBACH, H.: Operations Research. Methoden und Modelle der Optimalplanung, 3. Auflage, München 1973

MÜLLER-MERBACH, H.: Mathematik für Wirtschaftswissenschaftler, Bd. 1, Lineare Algebra, Analysis, München 1974

NARATH, H.: Die Ermittlung des wirtschaftlich günstigsten Lagerbestandes, des günstigsten Zeitpunktes der Nachbestellung und der Größe des Reserve-Lagerbestandes. In: Zeitschrift für Betriebswirtschaft, 4. Jg., 1927, S. 473 ff.

NOMINA INFORMATION SERVICES (Hrsg.): ISIS Personal Computer Report. Software, Hardware, Services, 2 Bde. Halbjährliche Neuauflage, München

POLENZ, D. VON: Materialwirtschaft mit kleinen EDV-Systemen. Planung, Organisation, Programmierung und Realisierung eines Materialwirtschafts-Modells für kleinere und mittlere Produktionsbetriebe, Berlin 1980

REIF, K.: Bedarfsvorhersagen mittels mathematisch-statistischer Verfahren, IBM-Form 81518, IBM-Fachbibliothek 1966

ROGGE, H.-J.: Marktforschung, Elemente und Methoden betrieblicher Informationsgewinnung, 2. Auflage, München, Wien 1992
ROLLE, G. (Hrsg.): Softwareführer 89 für Personal-Computer, 5. Auflage, München 1988

SCHÄFER, E.: Die Unternehmung. Einführung in die Betriebswirtschaftslehre, 10. Auflage, Wiesbaden 1980
SCHARSCHMIDT, W. (IBM Deutschland): Dem Einkäufer eine Chance, o. o. und o. J.
SCHRÖDER, M.: Einführung in die kurzfristige Zeitreihenprognose und Vergleich der einzelnen Verfahren. In: MERTENS, P. (Hrsg.): Prognoserechnung, 4. Auflage, Würzburg, Wien 1981
STEFANIK-ALTMEYER, K.: Die günstigste Bestellmenge beim Einkauf. In: Sparwirtschaft, Zeitschrift für den wirtschaftlichen Betrieb, Bd. 5, Wien 1927, S. 504 ff.
STEINBRÜCHEL, M.: Die Materialwirtschaft in der Unternehmung, Bern, Stuttgart 1971

THEISEN, P.: Beschaffung und Beschaffungslehre. In: GROCHLA, E., WITTMANN, W. (Hrsg.): Handwörterbuch der Betriebswirtschaft, Bd. 1, Stuttgart 1974, Spalte 494 ff.
THEISEN, P.: Grundzüge einer Theorie der Beschaffungspolitik, Berlin 1970
TRUX, R.: Einkauf und Lagerdisposition mit Datenverarbeitung in der Materialwirtschaft, München 1968

VAZSONYI, A.: Die Planungsrechnung in Wirtschaft und Industrie, Wien, München 1962

WEBER, H. H.: Lagerhaltung. In: Handwörterbuch der Wirtschaftswissenschaft, Bd. 5, Stuttgart, New York, Tübingen, Göttingen, Zürich 1980, S. 1 ff.
WITTMANN, W.: Betriebswirtschaftslehre. In: Handwörterbuch der Wirtschaftswissenschaft, Bd. 1, Stuttgart, New York, Tübingen, Göttingen, Zürich 1977, S. 585 ff.
WÖHE, G.: Einführung in die Allgemeine Betriebswirtschaftslehre, 18. Auflage, München 1993

ZEIGERMANN, J. R.: Elektronische Datenverarbeitung in der Materialwirtschaft, Stuttgart 1970
ZWEHL, W. VON: Kostentheoretische Analyse des Modells der optimalen Bestellmenge, Wiesbaden 1973
ZWEHL, W. VON: Zur Bestimmung der kostenminimalen Bestellmenge. In: WiSt — Wirtschaftswissenschaftliches Studium, 3. Jg., 1974, S. 469 ff.
ZEITUNGSARTIKEL: Beschaffungstheorie. Im Materiallager steckengeblieben. In: Der Volkswirt, 24. Jg., Nr. 17, 24. 4. 1970, S. 109 ff.

Stichwortverzeichnis

ABC-Analyse 36, 43 ff., 216
Abfallager 123, 125
Ablauforganisation 181
Abrufvertrag 100 f., 216
Absatz 23
Absatzfunktion 23
Absatzgut 30
Absatzlager 121 f.
Absatzmarkt 23
Adreßbuch 92
Agent 188
Alphanummer 41
Anbruchmenge 142
Änderungsklausel 108 f.
Anfangsbestand 146, 148, 157
Anforderungsprofil 190
Anfrage 92 f., 216
Anfragebuch 93
Anfrageentscheidung 93
Anfrageform 93
Anfragetext 93
Angebot 94 ff.
Angebotseinholung 92 f., 216
Angebotsort 27
Angebotssortiment 35
Angebotsvergleich 94 ff., 203 f., 216
Anlieferungstermin 46, 171
Anlieferungsziele 180
Anschaffungswert 149 ff.
Antizipationslager 120, 216
A-Produkt 43 f., 93, 147
Arbeit 20 f., 216
Arbeitsablauf-Wertanalyse 37
Arbeitslager 140
Arbeitsvorbereitung 32
Artikelkommissionierung 141 ff.
Artikelnummer 41 f., 155
Assortierungsfunktion 120 f.
Aufbauorganisation 181
Auflösungsstufe 47
Aufnahmeprotokoll 156
Auftragskommissionierung 142 f.
Auftragsposition 142
Auftragsvorbereitung 139, 141
Auftragszeile 142
Auktionator 188
Ausgleichsfunktion 120 f.
Auslagerung 138 ff.
Auslagerungsprozeß 141 ff.
Ausschußkosten 95
Ausschußzuschlag 56

Außenlager 123, 125
Automatisierungsgrad 123, 135 f.

Bagatellklausel 103
Bahn 116 f.
Barkauf 105, 216
Basisjahr 208 ff.
Basiszeit 145
Batch-processing 136
Baugruppe 35
Baukastenmatrix 58
Baukastenstückliste 49 f., 217
Baukastensystem 40
Baukastenverwendungsnachweis 56
Baulager 123, 126
Baustufe 47
Bauteile 24, 26, 31
Bedarf 22, 24, 45
Bedarfsanalyse 83
Bedarfsdeckung 19, 23, 88, 177 ff., 192, 203
Bedarfsentwicklung 162
Bedarfsermittlung 19, 27, 28, 32, 34 ff., 159, 182, 217
Bedarfsgegenstand 27
Bedarfsgüter 24, 26
Bedarfskommission 27, 182
Bedarfsmeldeformular 88
Bedarfsmeldung 86 ff., 160, 163, 165, 172, 192, 217
Bedarfsmeldetermin 171
Bedarfsmenge 27, 45, 177 f.
Bedarfsmodell 62, 64
Bedarfsobjekte 23
Bedarfsort 27
Bedarfsperiode 162
Bedarfsplanung 34, 159
Bedarfsprognose 77 ff., 162 f.
Bedarfsprognoseverfahren 64
Bedarfsrechnung 34, 87, 160
Bedarfssortiment 44
Bedarfstermin 27, 45, 171, 203
Bedarfsträger 27
Bedarfsziel 180
Befragung 92
Befundsrechnung 148
Belegverarbeitung 145
Bereitstellung 26, 32, 178
Bereitstellungsmethoden 192 f.
Bereitstellungsplanung 159
Bereitstellungsprinzip 26, 192 f.
Bereitstellungstermin 53, 160

Stichwortverzeichnis

Beschaffung 19, 22 ff., 29, 119, 178, 181, 185 f., 217
Beschaffungsaufgabe 26, 28, 29
Beschaffungsgrundsatz 205 f.
Beschaffungshandbuch 206
Beschaffungshäufigkeit 198 ff.
Beschaffungskosten 196 ff.
Beschaffungslager 121 ff.
Beschaffungsmanagement 206
Beschaffungsmarkt 22, 158
Beschaffungsmarktforschung 86, 89 ff., 109, 217
Beschaffungsmenge 196
Beschaffungsobjekte 24, 25, 26, 30, 31
Beschaffungsplanung 180
Beschaffungspolitik 193 ff., 206
Beschaffungsprozeß 26, 27, 28, 29, 32, 33
Beschaffungsrichtlinien 205 f.
Beschaffungswerbung 204 f.
Bestand 46, 54, 146 ff.
Bestandsaufnahme 153 ff.
Bestandsführung 160
Bestandsführungsabbilder 135
Bestandsführungsinformationen 135
Bestandshöhe 162, 196
Bestandskorrektur 153
Bestandsplanung 159
Bestandspolitik 196
Bestandsrechnung 46, 87, 138, 146, 148 ff., 160, 217
Bestandsüberprüfung 169
Bestandsziel 180
Bestätigung 109
Bestellabwicklung 107 ff.
Bestelländerung 108 f.
Bestellbedarf 45
Bestellbestand 54, 148, 163, 172, 217
Bestellbestätigung 99, 109
Bestellbuch 109, 217
Bestellentscheidung 88, 90
Bestellform 108
Bestellformular 88, 108
Bestellhäufigkeit 198 ff.
Bestellinhalt 104 ff., 193
Bestellkartei 109, 147
Bestellkosten 88
Bestellmenge 46, 104, 162 ff., 168 ff., 177, 196 ff., 224
Bestellplanung 159 ff.
Bestellpunktverfahren 163 ff., 218
Bestellqualität 104
Bestellrechnung 87, 160, 169 ff.
Bestellrhythmusverfahren 154 f., 157, 169 ff., 217
Bestellstatistik 109
Bestelltermin 46, 163, 171
Bestellung 29, 86, 98 ff., 159, 193, 214

Bestellungsziel 180
Bestellvorbereitung 88 ff.
Bestellvorbereitungszeit 171
Bestellwert 107
Betrieb 19, 20, 218
Betriebsbedarf 22, 24 ff., 218
Betriebsergebnis 153
Betriebsfunktion 19
Betriebsleistung 22
Betriebsleitung 21, 22, 23, 177
Betriebsmittel 20, 24, 26, 30 f., 218
Betriebsorganisation 181
Betriebsphilosophie 205
Betriebspolitik 177
Betriebsprozeß 22, 23
Betriebsraum 115
Betriebsstoffe 20, 21, 24, 26, 31
Betriebssubstanz 152
Betriebsziel 177
Betriebszweck 22, 23, 177
Bewegungsrhythmus 119
Bewertungskriterium 95 f.
Bewertungsskala 95 f.
Bewertungsverfahren 148 ff.
Bezug 187 ff.
Bezugsquellen 178, 187 ff.
Bezugsquellenpolitik 187 ff.
Bezugszwang 188 f.
BIE (Bundesverband Industrieller Einkauf) 29, 185 f.
Bilanzstichtag 154, 156
Binnencontainer 128
Binnenschiffahrt 116 f.
Blocklager 123, 133
BME (Bundesverband Materialwirtschaft und Einkauf) 29
Bodenlager 132 f.
Bonifikation 104, 218
Bonus 95, 202
Boxpalette 127, 129, 131
B-Produkt 45
Branchenvergleich 208
Bringsystem 146
Bruttobedarf 45, 47, 51 f., 54 f.
Bruttobedarfsrechnung 53
Bruttoeinkaufspreis 95, 202
Bruttogewicht 104, 218
Bruttosekundärbedarf 47, 52 ff., 160
Buchbestand 136, 138, 153, 156
Buchbestandspreis 150
Buchinventur 148, 156
Büromateriallager 122 f., 125

CEN (Comité Européen de Normalisation) 40
Chefeinkäufer 188
Christbaum 130
Circatermin 110

Collico-Behälter 128
Container 128, 219
C-Produkt 45, 93
Cross-Trade 116

Darbietungsfunktion 120 f.
Darlehensvertrag 100
Datenfluß 134
Datenverarbeitungsanlagen 191
Datenverarbeitungskonzept 191
Dezentraleinkauf 183 ff.
Dezentrallager 123, 136 ff.
Dienstleistungen 22, 24, 26, 30, 31
DIHT (Deutscher Industrie- und Handelstag) 29
DIN (Deutsches Institut für Normung) 40
Direktbedarfsmatrix 58 f.
Disposition 158 ff.
Dispositionsaufgabe 163
Dispositionskartei 147
Dispositionskommission 183
Dispositionsperiode 162 ff., 198
Dispositionssteuerung 160, 168
Dispositionsstückliste 49
Dispositionsstufe 47, 48, 51 ff., 219
Dispositionstermine 162
Dispositionsverfahren 160 ff.
Doppelspielrhythmus 141
Drei-Behälter-Disposition 169, 219
Drei-Sigma-Regel 82, 166
Durchlaufregal 131
Durchschnittsbestand 157, 198, 219
Durchschnittsbewertung 152
Durchschnittsverbrauch 64
Durchschnittswert 149, 152

EDV 191
Eigenherstellung 188
Eigenlager 123, 125
Eindeckzeit 158
Einfahrregal 131
Eingangsdurchschnittspreis 149, 152
Eingangskontrolle 110 ff.
Einheitsmatrix 60
Einkäufermarkt 192
Einkauf 19, 22, 23, 27, 28, 29, 32, 33, 86 ff., 187, 220
Einkaufsabteilung 25, 27, 181 ff.
Einkaufsbedarf 47, 220
Einkaufsbüro 188
Einkaufsgenossenschaft 189
Einkaufsgesellschaft 188
Einkaufsniederlassung 188
Einkaufsorganisation 183 ff.
Einkaufsplanung 180
Einkaufspolitik 184
Einkaufspreis 202
Einkaufsprozeß 86 ff., 110 f.

Einkaufsrevision 109, 207 f.
Einkaufssortiment 188
Einkaufsstückliste 49
Einkaufsvolumen 188
Einkaufswert 108
Einkaufsziel 178
Einkommensteuerrichtlinien 147, 156
Einlagerung 138 ff., 163
Einlagerungsprozeß 140
Einsatzsachgüter 26, 30, 220
Einsparung 211 ff.
Einstandspreis 95, 149 f., 202, 220
Einzelbedarfsdisposition 161
Einzelbeschaffung 192, 220
Einzelbewertung 149 f.
Einzelkommissionierung 142
Eisenbahngüterverkehr 116 f.
Endbestand 148, 157
Endlager 121
Entladestelle 88
Entnahmehäufigkeit 140
Entnahmestrategie 146
Entnahmeziel 180
Entsorgung 112
Erfolg 208 ff.
Erfolgsermittlung 109
Erfolgsmessung 208 ff.
Erfüllungsort 105, 220
Erinnerungstermin 110
Erlöse 22
Erlösmaximierung 22
Erwerbsprinzip 22, 220
Erzeugnisbaum 47
Erzeugnislager 124
Erzeugnisstruktur 46 ff.
Euro-Palette 128
Exportgeschäft 189
Extrapolation 64

Fabrikationszeit 203
Facheinkäufer 188
Fachregal 130 f.
Fehlerkoeffizient 83
Fehlertoleranz 83
Fehlervorhersage 79
Fehlmenge 165
Fehlmengenkosten 95, 165 f.
Fernverkehr 116
Fertigerzeugnislager 121, 124
Fertigerzeugnisse 20, 47 ff., 51 f.
Fertigprodukte 20, 30
Fertigproduktfunktionen 37, 38
Fertigproduktstandardisierung 39 f.
Fertigstellungstermin 52, 53
Fertigungslager 122 f.
Fertigungsprogramm 161
Fertigungsstückliste 49

Stichwortverzeichnis

Fertigungsstufe 47
Festbewertung 154
Feuerschutzbestimmungen 140
Fifo-Prinzip 130, 149 ff.
Finanzierungsfunktion 25
Finanzmittel 22, 24, 25
Firmenstudie 94
Fixgeschäft 105, 110, 202 f., 220
Fixkosten 198
Flächennutzungsgrad 156, 220
Flachlager 123, 132 f.
Flachpalette 129 f.
Flurförderzeug 132, 135
Fortschreibungsmethode 147, 154
Frachtkosten 95
Freilager 123, 126
Fremdbezug 188
Fremdlager 123, 125
Fremdtransport 115 ff.

Gabelstapler 135
Gegengeschäft 189, 221
Geld 24
Gesamtbedarf 53 f., 198
Gesamtbedarfsmatrix 58 f.
Gesamtbedarfsvektor 60
Gesamtkosten 166, 197 ff.
Geschäftsbuchhaltung 150, 153
Gewährleistung 95
Gewinn 22
Gewinnmaximierung 22
Glättung 67 ff.
Glättungsfaktor α 68 ff.
Gläubigerschutz 148
Gleitklausel 102
Gleitpreisklauseln 101 f.
Gozintograph 47, 56 f., 221
Gozintoverfahren 56 ff.
Greiflager 134, 140
Greifzeit 145
Grenzerlöse 203
Grenzkosten 202 f.
Großcontainer 128
Grundfunktionen 19, 23
Grundmodell 201
Grundsatz 205 f.
Gruppenbewertung 154
Güter 20, 21, 24 f.
Güterfernverkehr 110
Güterkraftverkehr 116 f.
Güternahverkehr 116 f.
Gütertransport 114
Güterumschlag 138
Güterverkehr 114
Gutgewicht 104, 221

Halbfertigerzeugnisse 24, 26, 30
Halboffenlager 123, 126
Halbzeug 20, 21, 26
Handel 187
Handelsbücher 155
Handelswaren 22, 24, 26, 31, 124
Handelswarenlager 123 f.
Handlager 121, 140
Harmoniebeziehung 178
Härteklausel 103
Hauptfunktion 23
Hauptlager 123, 125
Hauptstoff 31
Hausse-/Baisse-Klausel 103
Hebezeug 132
Herstellungskosten 150
Hifo 15 ff., 221
Hilfsfunktionen 23
Hilfsstoffe 20, 21, 24, 26, 31, 221
Hochregal 127, 133, 135
Hochregallager 133, 135
Höchstbestand 163 f., 167 ff., 202
Hoflieferant 204
Höhennutzungsgrad 156, 221
Holsystem 146

Identifizierung 41
Identnummer 41 ff.
Incoterms 106 f., 221
Indexklausel 102
Industriefachwirt 29
Industriepalette 129
Informationsarchivierung 89
Informationsbedarf 89 ff.
Informationsfluß 136, 180
Informationsgewinnung 92
Informationsklasse 94
Informationsquellen 89, 91 f.
Informationssammlung 89 f., 92
Informationsverarbeitung 89 f.
Informationsverdichtung 94
Informationsverknüpfung 94
Innenlager 123, 125
Input-Output-Matrix 61
Insellösung 191
Instanz 181
Instanzbildung 181
Inventar 154
Inventarliste 155
Inventur 139, 147, 153 ff.
Inventurbelege 155
Inventurmethode 147 f.
Investitionskommission 88
Inverzugsetzung 110
ISO (International Standardization Organization) 40, 128
Iso-Transcontainer 128

Stichwortverzeichnis

Istbestand 138, 153
Ist-Eindeckungsmenge 169, 171 f., 221
Ist-Eindeckungstermin 171 ff.
Ist-Ist-Vergleich 208 ff.

Jahresziel 180
Just in time 159, 192 f.

Kalkulationsstückliste 49
Kan-ban-System 159, 192 f.
Kapitalbindungskosten 198 f., 203
Kapitalerhaltung 153
Kartellrecht 189
Kaufvertrag 99
Kennzifferbildung 156 ff., 209 ff.
Klassifizierungsnummer 41 ff.
Kleinbestellung 108, 222
Kleincontainer 128
Kleinmaterial 108
Klischeekosten 95
Koinzidenzannahme 195
Kommissionierautomaten 142
Kommissionierer 142
Kommissioniergerät 141
Kommissionierkosten 144
Kommissionierstelle 142
Kommissioniersystem 142
Kommissionierung 134, 139, 141 ff., 222
Kommissionierungsart 141 f.
Kommissionierungsaufgabe 141
Kommissionierungsleistung 144 ff.
Kommissionierungslisten 141 f.
Kommissionierungstypen 144
Kommissionierungsvorgang 144
Kommissionierungsweg 141
Kommissionierungszettel 141
Kommissionierzeit 144 ff.
Kommissionslager 125, 222
Konfliktbeziehung 178
Konkurrenz 202 f.
Konkurrenzforschung 94
Konkurrenzvergleich 208
Konsignationslager 125, 222
Konstruktion 36, 48 f.
Konstruktionsstückliste 49
Kontaktpflege 86, 97 f.
Kontrollaufgaben 110 ff.
Kontrolle 21, 111, 177
Kontrollsystem 206 ff.
Konventionalstrafen 110, 203
Konzept-Wertanalyse 37
Konzernbezug 188
Kooperation 189 f.
Kooperationsvertrag 189
Koordination 182, 184
Kosten 197 ff.
Kostenanalyse 203

Kostenelementklausel 102, 222
Kostengerüst 147
Kostenminimierung 22, 177 ff.
Kostenrechnung 146
Kostenziel 180
Kraftverkehr 116 f.
Kredit 24
Kreditkauf 105, 222
Kundendienst 204
Kursrisikozuschlag 95

Ladeeinheit 126
Ladenhüter 157, 171
Lager 28, 32, 119 ff.
Lagerart 119, 122 ff.
Lagerauftrag 46, 141 ff., 160 f.
Lagerbehälter 127 ff.
Lagerbestand 54 f., 136, 148, 153, 157 ff., 170, 222
Lagerbuch 156
Lagerbuchhaltung 134, 138 f., 146 ff.
Lagerbüro 141
Lagerdauer 157 f., 198, 200, 210, 219
Lagerei 125, 222
Lagereinheit 126
Lagereinrichtung 127 ff., 138, 141
Lagerfach 140
Lagerfachkarte 140, 147
Lagerfläche 132 f., 156
Lagerfunktion 119 ff.
Lagergut 119, 124 ff.
Lagerhaltungskosten 158, 197 ff.
Lagerhaltungskostensatz 158, 222
Lagerhöhe 133, 156
Lagerhüter 130, 157, 171
Lagerkapazität 135 f., 140
Lagerkartei 138, 147
Lagerkommission 183
Lagerkosten 196 ff.
Lagerkostensatz 158, 222
Lagermaschine 133
Lagermotiv 120 ff.
Lagernutzungskoeffizient 156
Lagerplanung 180
Lagerplatz 140
Lagerplatzbestimmung 140
Lagerpolitik 156 ff., 193
Lagerraum 156
Lagerreichweite 158
Lagerstatistik 138 f., 156 ff.
Lagersteuerung 135
Lagerstufe 54, 119 ff.
Lagertechnik 126 ff.
Lagertyp 119, 122 ff.
Lagerumschlagshäufigkeit 157, 209
Lagerung 119 ff., 182
Lagerverwaltung 141, 146

Stichwortverzeichnis 239

Lagerweg 133
Lagerwesen 146, 182
Lagerwirtschaft 156
Lagerziel 178
Lagerzone 142
Lagerzweck 119 f.
Länderstudie 94
Landtransport 116
Lastkraftwagen 117
Leasingvertrag 100 f.
Leckage 104, 222
Leihvertrag 100
Leistungserstellung 22, 23, 114, 109
Leistungsort 105
Leistungssystem 181
Leistungsvermarktung 23
Leistungsverwertung 114
Lieferant 27, 96 f., 178, 193, 203, 205 f.
Lieferantenauswahl 203
Lieferantenbewertung 95 f., 204
Lieferantendatei 109
Lieferantenfindung 205
Lieferantenpolitik 203 f., 205
Lieferantenstandort 115
Lieferantentreue 208
Lieferantenvertreter 97
Lieferantenziel 180
Lieferantenzuverlässigkeit 95 f.
Lieferbedingungen 91, 105 f., 193
Lieferbereitschaft 159, 161, 221
Lieferfähigkeit 27
Liefermenge 177
Lieferpünktlichkeit 203
Lieferschein 111, 138
Liefertermin 105, 110, 203
Lieferterminüberschreitung 165
Lieferung 27, 163
Lieferungsverzug 110
Liefervorrechtsklausel 103
Lieferzeit 27, 163, 171 ff., 193, 203
Lieferzeitüberschreitung 165
Lifo 150 f., 222
Linienschiffahrt 116
Lofo 150, 152, 223
Logistik 181, 186 f.
Lohngleitklausel 102
Lohnindex 102
Lokalisierprinzip 140, 223
Loyalitätsklausel 103
Lufttransport 116

MAD (Medium Absolute Deviation) 82 f., 167
Magazinierprinzip 140, 223
Mahnung 110
Makler 188
Mängelanzeige 111, 223
Management 21, 180

Mann-zur-Ware-Kommissionierung 142
Markt 90, 223
Marktbeobachtung 92, 223
Marktergebnisse 90
Marktexperiment 92
Marktform 90, 194 f., 223
Marktforschungsinstitut 92
Marktkenntnisse 202
Marktmacht 184
Marktorientierung 32
Marktseitenverhältnisse 90, 194, 223
Markttransparenz 89, 202
Massenleistungsfähigkeit 117 f.
Material 30, 178, 223
Materialabfallager 123 ff.
Materialanforderung 87, 141
Materialausschuß 161 f.
Materialbedarfsdeckung 178
Materialbedarfsplan 45
Materialbedarfsplanung 35, 45 ff., 216, 228
Materialbegriff 30
Materialbewegung 119, 147, 154
Materialcode 41
Materialdatei 109
Materialdisposition 46, 138 f., 147, 158 ff., 161, 180, 182, 223
Materialeigenschaften 90
Materialeliminierung 195
Materialentnahme 141, 147, 164
Materialentnahmeplan 160 f.
Materialentnahmebeleg 146
Materialfaktor 30, 31
Materialfluß 30, 114 f., 119, 134, 223
Materialflußabbilder 135 f.
Materialfunktionen 37, 38
Materialinnovation 195
Materialkosten 36, 90, 146
Materiallager 54, 123 f.
Materialnormung 39 f.
Materialnummerung 41 ff.
Materialplanung 32
Materialqualität 177, 195 f.
Materialrationalisierung 35 ff., 196
Materialrechnung 146
Materialschlüssel 41
Materialschwund 140
Materialsorte 35 f., 41, 224
Materialsortiment 35, 36 ff., 182, 196
Materialsortimentsplanung 35 ff.
Materialstandardisierung 36, 39 f.
Materialtransport 114 ff.
Materialvariation 195
Materialverbrauch 61 ff.
Materialvereinheitlichung 39 f.
Materialverwaltung 182
Materialwirtschaft 19, 22, 23, 29 ff., 180 ff., 224

Stichwortverzeichnis

Materialwirtschaftspolitik 176 ff.
Materialwirtschaftsprozeß 32
Mechanisierung 133 f.
Meistbegünstigungsklausel 103
Meldebestand 163 ff., 224
Meldebestand-Höchstbestand-Strategie 169
Meldebestand-Optimale-Bestellmenge-Strategie 168
Meldebestandspunkt 163
Menge 146 ff., 193
Mengenkontrolle 111
Mengenoptimum 177 f.
Mengenpolitik 196 ff.
Mengensicherung 86, 202
Mengenübersichtsnachweis 56
Mengenübersichtsmatrix 60
Mengenübersichtsstückliste 49 ff., 224
Mietvertrag 100
Mindermengenzuschlag 95, 105
Minderung 111
Mindestbestand 165, 168
Minimum-Maximum-Prinzip 169, 224
Mittelcontainer 128
Mittelentscheidung 180
Mittelwert 64 ff.
Modellkosten 95
Modellparameter 201
Modellprämissen 201
Monatsziel 180
Monopolfall 194, 203
Monopson 194
Muster 104

Nacheinanderkommissionierung 144
Nachfrist 110
Nahverkehr 117
Nebeneinanderkommissionierung 144
Nebenfunktionen 23
Nebenlager 123, 125
Nebenleistungspolitik 193, 204
Nettobedarf 45, 47, 160 f., 224
Nettobedarfsrechnung 54 ff.
Nettoeinkaufspreis 95, 202
Nettogewicht 104, 224
Netzbildungsfähigkeit 117
Neulieferung 111
Neutralitätsbeziehung 178
Niederstwertprinzip 148 f., 153
Norm 39 f.
Normalbestellung 107 f., 224
Normalverteilung 79, 166
Normung 36, 39 f., 224
Normungsträger 40
Nummernschlüssel 41 f.
Nummernsystem 42

Off-line 135
Oligopol 193
On-line 135
Optimum 178
Optionsvertrag 101, 196, 225
Ordergeschäft 109
Ordnungsinstrument 180
Organisation 21, 180 ff., 206, 225
Organisationsprinzip 184 f.
Organisationsstelle 181
Originärbedarf 22, 24 f.
Outsourcing 190

Pachtvertrag 100
Packmittel 126 ff.
Paletten 126 ff., 225
Palettenregal 127, 131 f.
Parallelkontrolle 206 f.
Parallellager 121
Parallelverschlüsselung 42
Paternosterregal 130
Pendelkarte 88, 147
Periodenbedarf 27, 169
Personal 24 f., 190 f.
Personalabteilung 25
Personaleigenschaften 190
Personalkenntnisse 190
Personenverkehr 114
Pfennigmaterial 108
Picklager 140
Planelastizität 165
Planrechnung 147
Planung 21
Planungshorizont 45, 180
Planungsperiode 45 f., 64
Politik 176 ff., 225
Polypol 194, 202
Polypson 194
Pool-Gitter-Boxpalette 129 f.
Pool-Palette 129
Positionierung 139 f.
Potentialfaktor 30
Präferenzen 202 f.
Preis 27, 193
Preisanalyse 203
Preisbildungsmechanismus 202
Preisdatei 109
Preisentwicklung 211 ff.
Preisgleitklausel 101 ff., 216, 219, 224
Preisindex 211 ff.
Preiskalkulation 146
Preisklausel 101 ff., 105
Preismeldestelle 190
Preisnachlaß 105, 202
Preispolitik 202 f.
Preisvorbehaltsklausel 101

Stichwortverzeichnis 241

Preiszuschlag 95, 105
Pressespiegel 97
Primärbedarf 34, 160, 225
Primärbedarfsvektor 60
Primärforschung 92, 225
Probelauf 196
Probezeit 111
Produktentwicklung 27
Produkt-Wertanalyse 37
Produktionsfaktoren 20, 21, 22, 24, 25, 26
Produktionsfaktorsystem 20 f.
Produktionsfunktionen 23
Produktionsplan 45
Produktionsprogramm 35
Produktivitätsansatz 209 f.
Produktivlager 121, 225
Produktpräferenzen 90
Produktstudie 94
Produkttypung 40 f.
Prognose 61 ff., 94, 160, 225
Prognoseaussage 160
Prognosefehler 69 ff., 79 ff.
Prognoseverfahren 64 ff., 160
Prognosewahrscheinlichkeit 81
Projektdisposition 161
Prüfbericht 111
Prüftermin 169
Pufferfunktion 120

Qualität 104, 111, 178 f., 193, 195 f.
Qualitätseinhaltung 96
Qualitätsklasse 104
Qualitätskontrolle 111
Qualitätsoptimum 178 f.
Qualitätspolitik 195 f.
Qualitätssicherung 86, 196
Quartalziel 180

Rabatte 95, 105, 202
Rahmenvertrag 100 f., 196, 226
Raumnutzung 133, 156
Raumnutzungsgrad 156, 226
Raumüberbrückung 114
Real-time-processing 136
Rechnungsmenge 104
Rechnungsprüfung 86 f., 112
Rechnungswesen 146, 148
Recycling 86, 112
Refaktie 104, 226
Regal 127, 129 ff., 226
Regalabbilder 135
Regallager 123, 133 ff.
Regalnutzungskoeffizient 134
Regalzugriff 133
Regressionsanalyse 71
Reingewicht 104, 226
Reklamation 110 f.

Reklamationsanspruch 111
Rentabilitätsuntersuchung 40
Repetierfaktor 30
Reservierungsbestand 54
Restpreisklausel 103
Revision 207 f.
Richtlinien 205 f.
Ringhandbuch 206
Rohstoffe 20, 21, 24, 26, 226
Rollgeld 95
Rückrechnung 147 f.
Rungen-Palette 127, 131

Sachgüter 26
Sachmängel 110
Sachnummerung 41
Saisonkoeffizient 77
Saisonperiodenwert 78
Sammelbedarfsmeldung 88
Sammeldisposition 161
Schadenersatz 111
Schiedsgerichtsklausel 103
Schienentransport 116
Schifftransport 116
Schulden 154
Schüttlager 132
Schwund 160 f.
Seeschiffahrt 116, 118
Sekundärbedarf 34, 226
Sekundärforschung 92, 226
Serienkommissionierung 142 f.
Service 202, 204
Servicegrad 81 f., 159, 161, 165 f., 226
Sicherheitsbestand 82, 164, 165 ff., 196
Sicherheitsfunktion 120
Sicherheitskoeffizient 158, 226
Sicherheitszeit 165, 171 f.
Skonto 95, 105, 202
Skontrationsmethode 147
Sollbestand 153
Soll-Eindeckungsmenge 169, 171, 202, 227
Soll-Eindeckungstermin 171 f., 227
Soll-Eindeckungszeit 171 f., 227
Soll-Ist-Vergleich 208 ff.
Sonderangebot 202
Sortimentsbereinigung 40
Sortimentsbreite 36
Sparsamkeit 210 ff.
Sparte 185
Spekulationsgewinn 202
Spekulationsfunktion 120 f.
Spezialförderzeug 133
Spezifikation 93, 196
Spitzenmenge 203
Spotangebot 202
Stammbaum 47
Standardabweichung 79 ff., 166

Standard-Collico 128
Standardisierung 39 ff., 227
Standardkosten 153
Standards 153
Ständerregal 130
Standort 114
Stapelfähigkeit 133
Stapellager 133, 136
Statistik 156, 206
Stellenbeschreibung 181
Stellenbildung 181
Stellengliederung 181
Stetigförderer 132
Steuerpult 136
Stichprobe 111, 207
Stichtagsinventur 154 f.
Stofflager 124
Straßentransport 116
Strategie 163
Strukturstückliste 49, 51 f., 227
Strukturstufe 56
Strukturverwendungsnachweise 56
Stückliste 46, 49 ff., 227
Stücklistenauflösung 49 ff.
Stücklistenorganisation 47
Subsistenzbedarf 22, 227
Substitutionsvorschlag 196
Sukzessivlieferungsvertrag 100, 227

Tageskauf 105, 227
Tagespreis 149
Tagespreisklausel 102
Tageswert 149
Tagesziel 180
Tara 104, 226
t-B_h-Strategie 170
Teile 49
Teileverwendungsnachweis 46, 56, 228
Teilpreis 95
Teleskopmast 135
Termineinhaltung 96
Terminkalender 110
Terminkarten 110
Terminkontrolle 172
Terminmappe 110
Terminpolitik 203
Terminrechnung 170 ff.
Terminsicherung 86, 110
Terminüberwachung 110, 228
Terminverfolgung 109 f., 203
Tertiärbedarf 34, 162, 228
Totzeit 145
Trampschiffahrt 116
Transport 19, 27, 28, 32 f., 114 ff., 182
Transportarten 115 ff.
Transportdienste 27
Transporteinheit 126

Transportkette 117
Transportmittel 127, 132 ff.
Transportwesen 114 ff., 182
Transportziel 180
Trendgerade 71, 73
Trendkorrektur 75
Trendrechnung 71 ff.
Typ 39 f.
Typenbereinigung 40
Typung 39 ff.

Überprüfungzeit 165
Übersichtstafeln 110
Überwachungsaufgaben 110 ff.
Umformung 138 f., 141
Umlaufregal 130 f., 133
Umformungsfunktion 120 f.
Umschlagshäufigkeit 157, 228
Unternehmenserfolg 208
Unternehmensphilosophie 179
Unternehmenspolitik 179
Unternehmung 22, 228

Value Administration 37
Value Analysis 37
Value Engineering 37
Value Management 37
Value Organisation 37
Variantenstückliste 52
VDA (Fachverband der Automobilindustrie) 40
VDE (Verband Deutscher Elektrotechniker) 40
VDI (Verein Deutscher Ingenieure) 40
Verbrauch 47, 146, 227
Verbrauchsermittlung 147
Verbrauchsfaktor 30 f., 228
Verbrauchsfolgefiktion 150 f.
Verbrauchsfolgemethode 150 ff.
Verbrauchsrechnung 139, 146 ff.
Verbrauchsüberschreitung 165
Verbuchungsfehler 153
Verbundnummernsystem 42 f.
Veredelungsfunktion 120 f.
Verfügbarkeitskontrolle 160 f.
Verfügbarkeitstermin 171
Verhaltensregel 205
Verhandlungs-Check-Liste 98
Verhandlungsergebnis 98
Verhandlungsgeschick 98
Verhandlungsstrategie 98
Verhandlungstechnik 98
Verkäufermarkt 187
Verkauf 185 f.
Verkaufslager 122 f.
Verkehr 114
Verkehrsmittel 117

Stichwortverzeichnis

Vermarktung 119
Vermögen 154
Verpackung 104 f., 111
Verpackungsart 105
Verpackungsfrei 105
Verpackungsgutschriften 105
Verpackungsmittel 126 ff.
Verpackungsrücksendungskosten 95
Verpackungsvorschrift 105
Verrechnungspreis 149, 153
Versandanzeige 110 f.
Versandlager 121
Verschieberegal 130 f., 133
Versicherungskosten 95
Versorgungsfunktion 23, 25, 26
Verteuerung 212
Vertrag 99
Vertragsarten 99 ff.
Vertragsstörung 86, 98
Vertragsverhandlung 98
Vertreter 97, 188
Vertreterbesuche 97
Vertriebslager 123
Verwaltungsaufgabe 138 ff.
Verweildauer 52, 158
Vierrad-Dieselstapler 135
Vierwegpalette 129
Vorauszahlung 203, 228
Vorgesetztenkontrolle 206
Vorlaufzeit 52, 228
Vormerkbestand 54, 148, 160, 228
Vormerkkartei 147
Vormerkvertrag 101
Vorratsfunktion 120
Vorratshaltung 192
Vorratslager 134, 140, 164
Vorratsvermögen 154
Vorzahlungskauf 105, 228

Wahrscheinlichkeit 162
Währungsrisiko 105
Wandlung 111
Warenannahme 27, 28, 32, 33, 110 ff., 138, 163, 182, 202
Warenausgang 139, 141, 146
Wareneingang 27, 138, 139, 150 ff.
Wareneingangsmeldung 111
Wareneingangsschein 138
Warenentnahme 141 ff.
Warenmanipulation 141

Ware-zum-Mann-Kommissionierung 142
Wartungsdienst 204
Wassertransport 116
Werbemittel 204 f.
Werbepolitik 204 f.
Werbeziel 204
Werklieferungsvertrag 99 f.
Werkstattbestand 54, 148, 162
Werkstattlager 121, 123
Werkstoff 20, 24, 26, 31, 228
Werksverkehr 115
Werkvertrag 99
Werkzeugkosten 95
Werkzeuglager 123 f.
Wertanalyse 36 f., 203, 229
Wertanalyseteam 38
Wertberichtigung 153
Wertbestand 198
Wiederbeschaffungszeit 46, 163 ff., 229
Wiederbeschaffungswert 149 f., 152 f.
Wiederholteil 48, 229
Wirtschaftlichkeit 23, 177, 203, 229
Wirtschaftlichkeitskontrolle 153
Wirtschaftsgüter 20
Wirtschaftssubjekte 24
Wochenziel 180

Zahlungsbedingungen 91, 105, 193, 219
Zahlungstermin 105
Zentraleinkauf 183 ff.
Zentrallager 123, 133 ff.
Ziel 176 ff., 206
Zielbeziehung 178
Zielbündel 178
Zielformulierung 177 ff.
Zielgruppe 205
Zielkauf 105, 229
Zieloperationalisierung 178 ff., 229
Zielquantifizierung 178
Zollgebühr 95
Zulieferteile 24, 26, 31
Zurichtetätigkeit 141
Zusatzbedarf 53
Zuschneidetätigkeit 141
Zwangslaufkontrolle 207
Zwei-Behälter-Disposition 164, 229
Zweiwegpalette 129
Zwischenlager 121
Zwischenprodukt 31, 178